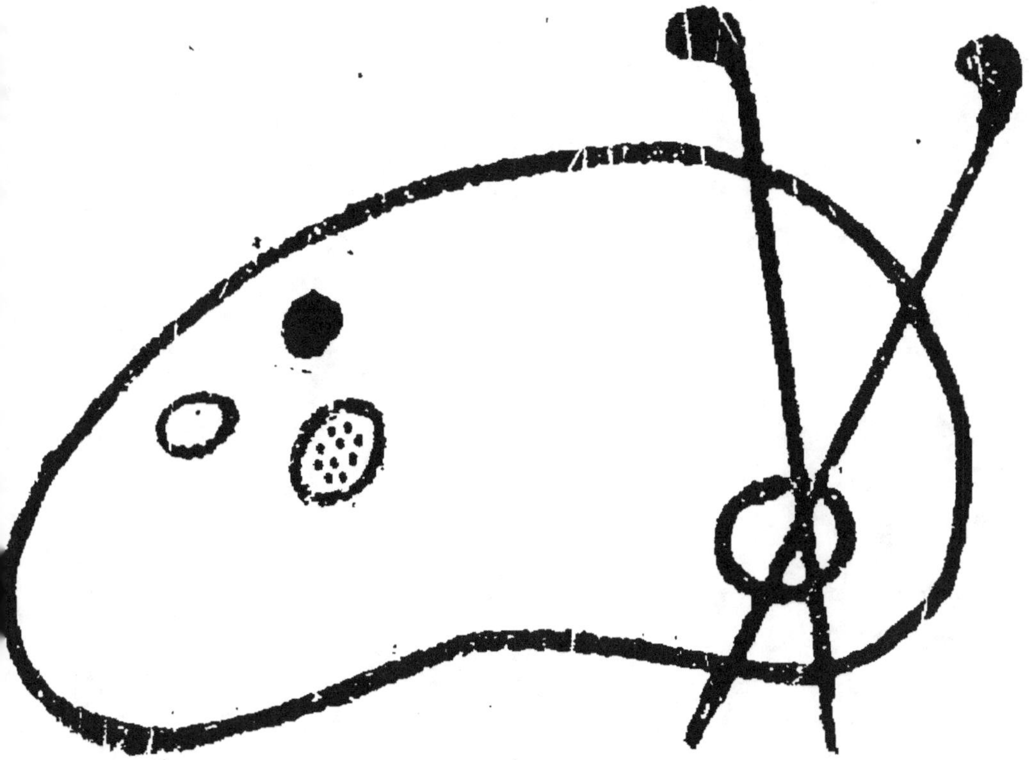

Couvertures supérieure et inférieure
en couleur

LK7 6419

PETITE
ENCYCLOPÉDIE
RÉCRÉATIVE

Réserve du droit de propriété du titre, et interdiction de reproduire l'ouvrage en tout ou en partie sans le consentement de l'Auteur et de l'Éditeur. — Toutefois, cette interdiction ne s'applique pas aux citations de fragments qui seraient faites par les journaux de Paris.

PARIS

A

VOL DE CANARD

Impressions de Voyage

DANS LES 13 ARRONDISSEMENTS DE LA CAPITALE

RECUEILLIES ET PUBLIÉES

PAR

EUGÈNE FURPILLE

PARIS

PASSARD, LIBRAIRE-ÉDITEUR

7, Rue des Grands-Augustins.

Réserve de tous droits d'après les traités

DIALOGUE

SERVANT DE PRÉFACE

ENTRE

L'ÉDITEUR ET UN VOLATILE DU XIe ARRONDISSEMENT,

(Quartier de la Vallée)

—

LE VOLATILE. — Libraire, j'aperçois sur ces rayons plusieurs couvertures d'une entière blancheur... c'est-à-dire *jauneur;* y a-t-il de l'indiscrétion à vous demander ce que peuvent être ces in-32?

L'ÉDITEUR. — Ce sont les premiers

exemplaires d'un livre nouveau que je projette... dans la circulation.

LE VOLATILE. — Et qui a pour titre ?

L'ÉDIDEUR. — *Paris à Vol de Canard;* c'est ronflant, n'est-ce pas?

LE VOLATILE. — Ronflant? vous voulez dire gloussant!... Et que contient, s'il vous plaît, ce livre projeté?

L'ÉDITEUR. — Il contient... ma foi, j'ai bien peur qu'il ne contienne rien !

LE VOLATILE. — Vous m'étonnez!

L'ÉDITEUR. — Entendons-nous, je veux dire que le plumigère qui a griffonné ce chef-d'œuvre n'a pas entendu le moins du monde faire une histoire de Paris, sérieuse ou comique, grave ou bouffonne, pleine de détails réels ou de renseignements erronés, en un mot, justifier le nom de baptême qu'il a imposé à son manuscrit, en copiant Sauval ou les *Petits Paris*, Dulaure ou *Paris anecdotique, pittoresque et monumental*, mais qu'il s'est uniquement proposé d'écrire tout ce qui passerait par le bec de sa plume, à propos de la capitale.

LE VOLATILE. — J'ai vu chez l'armurier Devisme bien des drôles de pistolets, mais cependant beaucoup moins étonnants, je le confesse, que votre griffonneur. Ah ça! sur quel canevas va-t-il donc broder son enchiffrénement, ce styliste atteint de coryza, puisque le titre de son livre n'est qu'un titre de passe-passe, et une provocation fallacieuse adressée aux flâneurs? De quoi va traiter sa verve sternutatoire?

L'ÉDITEUR. — *De omnibus rebus et quibusdam aliis.*

LE VOLATILE. — Vous savez des mots latins? Malepeste!

L'ÉDITEUR. — Six, ni plus ni moins, ceux que je viens de vous citer.

LE VOLATILE. — Et seriez-vous assez bon pour me traduire cette citation?

L'ÉDITEUR. — Volontiers! elle signifie que l'auteur a laissé déborder sa veine poétique sur tous les objets qui lui passaient par la cervelle, et qui en lui rappelant directement ou indirectement la grande métropole, éveillaient dans son esprit l'idée d'un détail inhérent à la vie parisienne, ce mythe tant de fois expliqué, et presque toujours si peu compris.

LE VOLATILE. — Alors, selon vous, cet ouvrage n'est qu'un débordement de veine Parisiaque en un volume?

L'ÉDITEUR. — Précisément; et du

prix de 1 fr. 50 c. à domicile pour toute la France.

LE VOLATILE. — Merci bien du renseignement. Et, là, sérieusement, vous comptez sur ce papier noirci pour faire fortune en peu de temps, pour devenir le Mirès ou le Millaud du petit format ?

L'ÉDITEUR. — Si j'y compte, monsieur, si j'y compte? Un manuscrit si beau, si bon, si gai, si drôle, si crâne, si gamin, si taquin, si coquin, si prime-sautier, si brillant, si fulgurant, si resplendissant, si ébouriffant, si chatoyant, si ondoyant, si foudroyant, si abracadabrant !...

LE VOLATILE. — Tudieu! tudieu! quel jet de gaz !... Arrêtez-vous, libraire, vous allez vous incendier vous-même; d'ailleurs, tous les plaidoyers que vous pourriez prononcer en faveur de votre brochure n'empêcheront pas que la critique...

L'ÉDITEUR. — La critique, monsieur, a épousé Phèdre en secondes noces, chacun sait cela, comme on dit dans le *Châlet*.

LE VOLATILE. — La critique a épousé Phèdre?

L'ÉDITEUR. — Sans doute, puisqu'elle est aisée?

LE VOLATILE. — Ah! très joli, celui-là! Il n'avait pas encore été fait depuis l'entrée d'Henri IV à Paris. C'est une leçon de calembour que vous me donnez là, n'est-ce pas, libraire?

L'ÉDITEUR. — Cette leçon vaut bien 1 fr. 50 c., sans doute.

LE VOLATILE. — Ah! c'était pour en arriver là que vous me reteniez depuis une demi-heure dans votre échoppe? Eh bien! soit, les voilà vos un franc cinquante; mais je vous en préviens, je vais de ce pas faire éreinter votre livre jaune dans la *Casquette de loutre*, le *Va-nu-pieds littéraire* et le *Crapaud impartial*, à la rédaction desquels j'ai l'honneur de collaborer.

L'ÉDITEUR. — Bravo! bravissimo! Ereintez, éreintez, il en restera toujours quelque chose : un peu de bruit, et peut-être beaucoup de vente, je n'en demande pas davantage! Au revoir, cher Volatile!

LE VOLATILE. — Au revoir! cher fabricant de petits-fours!

Duo de sortie.

AIR de *Robert-le-Diable:*

L'ÉDITEUR. —

Ah! l'honnête homme,
Le galant homme,
Il prend mon tome,
Sans marchander, etc., etc.,

xij

LE VOLATILE. —

    Faiblesse humaine,
    Que l'on entraîne,
    Que l'on enchaîne.
    Pour un cinquante! etc., etc.

(Ils sortent en s'accablant de poignées de main, et en s'exécrant au fond du cœur.)

CANARDORAMA.

Canard, oiseau modeste et peu apprécié; canard, honnête invention du journalisme à court de copie; canard, qui peuples de serpents de mer, de trésors trouvés dans des paillasses, de veaux à cinq têtes et de pluies de grenouilles les grands formats de la presse périodique; canard, sois pour un instant notre Pégase; attelle-toi complaisamment au char poétique dans lequel nous allons monter; prends ton vol, emporte-nous dans l'espace, tournoie dans le firmament, et fais-nous planer pendant quelques minutes au-dessus de ce fleuve, de ces palais, de ces maisons, de ces masures, de ces jardins, au-dessus de ce pandæmonium qui, à ce mot d'appel : Paris! répond : Présent! par un million de voix.

— Canard, que vois-tu?
— Je vois la Seine qui se déploie, les

bâtisses nouvelles qui plâtrojent, des voitures qu'on charrie, les hommes qui se coudoient et les chiens qui aboient.

— Canard, que vois-tu?

— Je vois des ouvriers qui se rendent à leurs ateliers, des ouvrières à leurs magasins, des employés à leurs bureaux, des agioteurs à la Bourse, des acteurs à leur répétition, des mariés à l'église, sans compter les morts qui se rendent au cimetière, et beaucoup de vivants qui se rendent malheureux.

— Canard, que vois-tu?

— Je vois des femmes qui accouchent, des enfants qui tettent, des cuisiniers qui fricotent, des marchands de vin et des cochers qui versent, des ivrognes et des spéculateurs qui avalent, les uns du vin frelaté et les autres des bouillons; je vois aussi des affamés qui n'ont rien du tout à avaler.

— Canard, que vois-tu?

— Je vois des romanciers qui bâtissent des livres à la toise, des dramaturges qui construisent des comédies au mètre, des poètes Pompadour qui aiguisent des pamphlets, des satiriques qui fourbissent des madrigaux, des cerveaux brûlés qui font tourner des tables, et des tables qui font tourner les cervelles.

— Canard, que vois-tu ?

— Je vois des hommes qui achètent l'amour à des femmes, qui le revendent à d'autres hommes qui le rachètent à d'autres femmes.

— Canard, que vois-tu ?

— Je vois des artistes qui escomptent leur gloire à six pour cent d'intérêt, et un huitième de commission ; je vois des talents sans renommée et de la renommée sans talent ; des raisons privées d'enthousiasme, et de l'enthousiasme privé de raison.

— Canard, que vois-tu ?

— Je vois un grand théâtre qui s'appelle le monde, où les badauds payent seuls pour avoir le droit d'applaudir ou de siffler ; je vois le parterre qui frappe du pied, le public des loges qui bâille d'ennui, les dames des avant-scènes qui étalent pudiquement l'impudeur de leurs épaules, les comédiens qui pâlissent de fatigue sous leur rouge, le souffleur qui rit dans son terrier, et la fatalité qui tient le bâton de chef d'orchestre, pour accompagner les chœurs de sortie ; ce vaudeville-là se joue depuis tantôt 6,000 ans.

— Canard, que vois-tu ?

— Je vois un vaste hippodrome, autour duquel une multitude d'écuyers et d'écuyères exécute un immense steeple-chase à la fortune; les uns se heurtent contre la haie des difficultés, les autres contre la barrière de la conscience; le plus grand nombre, avant d'arriver au but, roule meurtri, et les membres disloqués, au milieu de l'arène; deux ou trois élus, à force d'agilité, d'adresse, de tours de passe-passe, de vraie science ou de bonheur, atteignent la borne aurifère et enlèvent le prix.

— Canard, que vois-tu ?

— Je vois un restaurant gigantesque, où le plaisir et l'espérance font asseoir les convives; la jeunesse écrit le menu, l'imagination sert les plats, le caprice varie les vins, et remplit les coupes; au dessert, la mort fait passer chacun au comptoir et présente la carte à payer.

— Canard, que vois-tu ?

— Je vois... je vois des choses si terribles et si comiques, que l'expression manquerait pour les rendre dans la langue..... des canards; traduisez-les donc, si vous pouvez, dans celle des hommes; il y a de quoi rire, il y a de quoi pleurer; allons, descendez, regardez, écrivez; la matinée est belle, ainsi que l'affirme, à l'Opéra, ce farceur de Masaniello...

— Mais, canard que tu es, où diable nous mènes-tu ?

— Suivez-moi, vous le verrez ! En avant ! en avant ! c'est l'instant ! c'est le moment !

LES PENSÉES
D'UN PAVÉ DE PARIS,
POUR FAIRE SUITE AUX APHORISMES DE VAUVENARGUES,

Et servir de règle de conduite aux personnes sans principes, qui désireraient se fixer à Paris.

I. Le *poing* est la mesure de l'étendue... des droits de l'homme.

II. L'omnibus est le chemin le plus long d'un point à un autre.

III. Le restaurant à 32 *sous* est comme le soleil, il *cuit* pour tous.

IV. Deux bons habits valent mieux qu'un.

V. L'Institut est l'écurie de Pégase. — Pauvre Pégase!

VI. Méfiez-vous d'une lorette qui prend du tabac.

VII. On voit tout en beau sur la terrasse de Saint-Germain-en-Laye.

VIII. Quand on a des cors, c'est pour longtemps.

IX. Le facteur parisien reste solide aux postes.

X. Plus que tous les autres, les cochers ont besoin de guides.

XI. Gardez-vous de suivre les grosses voitures qui passent à onze heures du soir.

XII. Se plaindre de palpitations, est la marque d'un mauvais cœur.

XIII. Entre balayeurs il ne faut pas disputer *d'égouts*.

XIV. Ce qu'on ne paye pas revient toujours fort cher.

XV. Orateur qui parle, cloche qui résonne.

XVI. A l'écarté, plus on a d'atouts, plus on rit.

XVII. Le monde et les femmes : grande succursale de l'École des mines.

XVIII. Ne pas connaître *ses auteurs* est le fait d'un enfant trouvé.

Notice historique sur Paris.

Cette ville, d'abord appelée Lutèce à cause de la boue (*lutum*) qui fait encore aujourd'hui son plus bel ornement, fut ensuite nommée tout à coup Paris, sans que les historiographes aient pu réellement deviner pourquoi. L'obscurité qui plane sur l'étymologie de ce dernier nom a même porté plusieurs savants recommandables à jeter leur langue aux chiens, et c'est peut-être ce qu'ils pouvaient en faire de mieux. Toujours est-il que Lutèce, simple bourgade où l'empereur Julien avait fait bâtir une maison de refuge pour les propriétaires ruinés par les non-valeurs (*le palais des Thermes*), ne tarda pas, les siècles aidant, à s'arrondir et à faire parler d'elle dans la banlieue. C'est aujourd'hui une petite ville de quelque importance, et dont on peut affirmer, sans audace, que le nom commence à être un peu connu. Elle est redevable de ses pavés à Henri IV, de ses réverbères à Louis-XIV, et de la rue de Rivoli au marteau moderne. Ainsi marche la civilisation. Chose étrange! on trouve de tout à Paris, excepté des Parisiens. Le sang parisien, proprement dit, le *bon sang* surtout, n'existe pas; la race parisienne aborigène est une race de convention, une race imaginaire, un mythe, comme le grand serpent de mer du *Constitutionnel*, ou les confidents de tragédie. Quelques historiens n'ont pas craint cependant de fabriquer pour les besoins de leur système un type parisien primitif, qui descendrait, suivant eux, du beau Pâris, venu tout exprès en Gaule, après la prise de Troie. Cette hypothèse ne supporte pas l'examen. Pâris fut tué sur le mont Ida par Pyrrhus, impatient de venger son père Achille. C'est M. de Chompré qui nous l'apprend, et d'ailleurs, quand il n'en serait pas ainsi, nous ne retrouvons dans nos mœurs, notre costume et notre langage, aucun vestige des usages, des habits et de l'idiome troyens : la langue parisienne ne ressemble pas à la langue de Troie.

STATISTIQUE.

POPULATION.

La population du département de la Seine, s'élevant, d'après le dernier recensement à 1,331,783 habitants, et la superficie de ce même département à 603,453 hectares, il en résulte que chaque habitant occupe sur ce globe une place de 45 ares, ou de 4 mètres carrés et demi, juste la dimension du grand salon de Flore, à la barrière Montparnasse, ce qui est vraiment fort gentil pour une personne seule.

Sur ce chiffre de 1,331,783 âmes, on peut compter environ 0,667,990 ânes, c'est-à-dire un peu plus de la moitié.

Le relevé constate 4,543 médecins et 7,859 avocats, dont la capitale a augmenté son personnel depuis dix-huit mois. C'est effrayant !

Les naissances peuvent se classer ainsi qu'il suit pour 1856 :

1° Hors mariage. . .	33,893
2° En état de mariage.	15,622
Différence. . .	18,271

Ce qui prouve, une fois de plus, que la population parisienne tend à se moraliser de jour en jour.

CONSOMMATION.

Il se consomme tous les ans à Paris :
Cheval. . . . . 62,540 kil.
Génisse plus ou moins hydrophobe . . . . 33,221 kil.
Anciennes culottes de gendarme fortement usées. 43,758 kil.
        Total égal. . 149,519 kil.
de bœuf, veau et mouton.

Il se boit tous les matins :
Chicorée. . . . . 431,000 kil.
Cervelle d'agneau délayée. . . . . 785,000 lit.
        Total égal . 785,000 lit.
de café au lait.

Enfin on absorbe :
Bordeaux. . . . . 37,853 lit.
Bourgogne. . . . . 36,951 lit.
Crûs divers. . . . . . . 41,226 lit.
        Total égal. 116,030 lit.
Clos-Suresnes ou Château-Campêche.

Aussi, l'influence d'un pareil régime

alimentaire continue-t-elle à faire sentir plus que jamais ses heureux effets sur la santé publique.

CLIMAT ET TEMPÉRATURE.

La température et le climat de notre capitale sont des plus égaux, et, en même temps, des plus salubres. Le tableau suivant, dressé par d'habiles statisticiens, depuis 1800 jusqu'en 1854, peut donner une idée du ciel toujours pur dont on jouit sous la coupole azurée de notre latitude, depuis le commencement de ce siècle.

Années.	Chaleur insupportable.	Froid impossible.	Pluie.	Beaux jours.
1800	30 j.	51 j.	224 j.	60 j.
1801	27	54	227	57
1802	36	45	229	55
1803	32	49	231	53
1804	37	44	232	52
1805	31	50	235	49
1806	29	52	239	45
1807	25	56	240	43
1808	27	54	210	46
1809	33	48	241	45
1810	28	53	242	44
1811	27	54	243	43

Années.	Chaleur insupportable.	Froid impossible.	Pluie.	Beaux jours.
1812	36	45	244	42
1813	35	46	242	44
1814	32	49	245	41
1815	30	51	246	40
1816	37	44	248	38
1817	32	49	249	37
1818	31	50	250	36
1819	29	45	251	35
1820	25	44	252	34
1821	26	42	253	33
1822	27	55	254	32
1823	33	43	255	31
1824	34	40	256	30
1825	35	39	257	29
1826	32	44	258	28
1827	26	41	259	27
1828	25	38	260	26
1829	30	36	261	25
1830	25	42	262	24
1831	26	41	263	23
1832	27	27	264	22
1833	24	29	265	19
1834	23	37	266	18
1835	31	34	267	17
1836	29	35	268	16
1837	27	33	269	15

Années.	Chaleur insupportable.	Froid impossible.	Pluie.	Beaux jours.
1838	26	36	270	14
1839	24	28	271	13
1840	32	25	272	12
1841	30	43	273	11
1842	28	41	274	10
1843	29	44	275	9
1844	26	53	276	8
1845	33	48	275	9
1846	27	54	276	8
1847	25	56	277	7
1848	29	52	278	6
1849	31	50	279	5
1850	37	44	280	4
1851	33	48	281	3
1852	28	53	282	2
1853	27	54	283	1
1854	36	45	284	0

Ainsi, tous comptes faits, il résulte de ces calculs que, dans l'année 1854 notre beau ciel parisien n'a pas joui d'une seule journée un peu propre; et qu'on vienne dire maintenant que notre atmosphère n'est pas en progrès!

PRODUCTION.

Le territoire du département de la

Seine, en général, et celui de notre métropole, en particulier, est un des plus fertiles qui existent On ne saurait se faire une idée de la multitude de choses inutiles qui poussent, comme des champignons, entre les pavés de ce sol fécond par excellence. L'aperçu que nous publions ci-après, et dans lequel nos produits indigènes se trouvent classés par ordre alphabétique, pourra donner aux gens ignares une légère teinture de l'essor immense pris, depuis quelques années, par la fabrication parisienne.

TABLEAU COMPARATIF

Des produits de l'industrie parisienne pendant les années 1806 et 1856.

Produits.	Année 1806.	Année 1856.
Amadou, kil........	1,664,731	8,717,320
Académiciens........	1	4
Amours vrais........	10	0
Amours faux........	311,718	4,246,801,357
Architectes........	344	3,345,171
Auvergnats........	7,604	2,268,457,310
Balais de crin........	222,834	611,877,969
— de chiendent..	111,423	313,433,454
Ballets-pantomimes..	7	165
Bacheliers ès lettres.	333,212	4,371
— ès billard....	121,062	133,344,401
Badauds............	312,023	3,421,102

	Année 1820.	Année 1850.	Année 1870.
Béotiens.............		631,789	1,123,450
Biberons.............		22,317	128,780
Bureaucrates.........		1,623	101,101
Calembours...........		211,317	311,231,867
Canards.............		112	12,098,705
Canotiers............		64	33,753
Carottes (du q. latin).		122,309	171,216,813
Coq-à-l'âne et cuirs..		3,117,081	2,351,792,161
Déclarations de faillite		203	433,918
Dentistes sans pareils.		2	23,135
Engelures............		2,231	120,161,321
Épiques (poèmes).....		14,513	0
Fours (dramatiques).		87	729,313
Frotteurs............		2,357	15,727
Gabelous.............		4,624	12,311
Garçons de café......		18,310	221,975,612
Huîtres (d'Ostende)...		36,343	4,921,315
Huîtres (des salons)..		642,631	717,101
Ivrognes,...........		616,210	17,263,505
Liaisons dangereuses.		308,151	23,519,860
Mariages suivis de désagréments.........		27,113	617
Morue salée.........		33,613	18,216,325
Névralgies...........		121	43,654
Ours dramatiques....		614	851,321
Paresseux...........		57,413	413,375
Pédants.............		22,312	27,812
Quolibets............		213,857	17,261,133
Raseurs (barbiers)....		12,181	812
Raseurs (moralement parlant)............		56,609	1,729,813
Toqués..............		438	433,517
Tragédies...........		37 c. 5 a.	11 a.
Vaud.-villes.........		689	17,812
Voleurs.............		40,515	712,816
Zélés (domestiques)...		83	4

Ce tableau comparatif nous suggère les observations pleines d'amertume que voici :

1° Le nombre des amours faux, des passions postiches, celui des Auvergnats, des étudiants en carambolage, et des calembours, s'augmente de jour en jour dans notre belle patrie, et cette augmentation prend des proportions de plus en plus fâcheuses ;

2° Celui des *carottes* tirées à leurs parents par des fils respectueux et goguenards, celui des *cuirs*, des garçons de café, des huîtres (de salons), des engelures et des *canards* atteint aussi un chiffre relativement gigantesque. — Le journal l'*Assemblée nationale* figure pour une part très considérable dans la fabrication du produit cité en dernier lieu ;

3° En revanche, le nombre des poèmes épiques a sensiblement diminué, et la tragédie, qui se comptait autrefois par douzaines, ne figure plus sur l'inventaire de 1856 que pour le chiffre 1, et encore cette tragédie unique, cette *Medea* seule de son espèce, n'est-elle plus qu'une traduction italienne et cisalpine, disons mieux, une *Ristoration* à la Métastase, des alexandrins de M. Legouvé.

4° La quantité de notaires qu'édite annuellement notre cité natale ne s'est pas beaucoup accrue; mais, en revanche, la masse des *raseurs* et celle des *toqués* est devenue tout à fait inquiétante pour la génération qui nous succédera, et les domestiques zélés qui, en 1806, étaient au nombre de 33, sont réduits à 4, quatuor modeste et vertueux qui doit faire rougir de honte leurs indignes confrères.

Espérons que le jury de l'Exposition universelle de Vienne voudra bien, en 1858, classer et qualifier suivant leurs mérites, sur les vastes étagères du *Prater*, tous ces produits si variés et si utiles, dont la France industrielle a bien le droit de s'enorgueillir, et terminons cette courte revue de l'élaboration parisienne, par l'énonciation, très brève d'ailleurs, des articles que nos compatriotes ont cru devoir retrancher sur leur consommation journalière, pour les porter au dehors, aussi bien que de ceux dont nos voisins d'outre-Manche, d'outre-Rhin, d'outre-Pyrénées et d'outre-Atlantique ont réalisé l'importation dans nos 13 arrondissements.

EXPORTATION.

Pendant le cours de la dernière année, nous avons exporté :

En Angleterre, des vaudevilles frelatés, des comédies poitrinaires, des drames pleurnicheurs et décrépits ;

En Allemagne, des traités d'économie politique qui n'apprennent à rien économiser, des joueurs de trente-et-quarante et des chanteuses enrhumées ;

En Amérique, des chercheurs d'or qui ne demandent qu'à se *placer*, des journalistes sans ouvrage, et des coiffeurs partis à la chasse des chevelures ;

En Espagne, des lorettes qui fument le cigare, et jurent le fameux *carajo del demonio* comme le premier picador venu.

IMPORTATION.

En revanche, l'Angleterre nous a fait cadeau de robes à 375 volants, de favoris dit *mousseux*, de paletots en caoutchouc qui parfument l'atmosphère dans laquelle ils passent, de voiles que les amateurs du *turf* portent sur leurs chapeaux aux sports de Longchamps, et de la fameuse mode, qui oblige une femme du monde à serrer brutalement la main d'un ami qu'elle rencontre à la promenade ;

L'Allemagne nous a fourni des touristes porteurs de lunettes et de cheveux blonds mal peignés, mangeant de la choucroûte à tous leurs repas, et divaguant sur l'esthétique ou la philosophie hégélienne, en fumant leurs longues pipes à fourneaux de porcelaine ;

L'Espagne nous a envoyé la Petra Camara et la Pepa Vargas, deux adorables danseuses ;

Et l'Amérique a installé dans le passage Jouffroy feu *le buffet* américain.

LANGAGE.

La langue parlée à Paris et dans les environs est plus variable qu'un baromètre, et change selon les temps, selon les latitudes surtout. L'argot de coulisses, l'argot d'atelier, l'argot de bureau, l'argot de caserne se mêlent, se confondent et se croisent en tous sens avec l'argot des salons, celui des halles et celui des magasins. On trouvera à la fin de ce volume, sous le titre du *Professeur de langue bleue*, glossaire *franco-parisien*, un recueil *choisi* des termes les plus pittoresques empruntés à ces divers jargons, qui caractérisent d'une façon si étrange l'époque actuelle. A Paris, les chaudronniers parlent *chuint-flourois*, les tailleurs et les bottiers parlent alsacien, tandis que les fumistes et les gens mal élevés parlent comme des Savoyards.

HYGIÈNE PUBLIQUE.

Habitation. — Alimentation — Costumes. — Ameublement.

Nul peuple n'apprécie mieux que la race parisienne les bienfaits de l'hygiène et les douceurs du confortable. La manière dont ce peuple intelligent se loge, se nourrit, s'habille et se meuble, en est la preuve.

Voici quelques échantillons explicatifs de cette manière.

Logements.

Hôtels des faubourgs Saint-Germain et Saint Honoré. — Longues et tristes cours pavées, immenses chambres où le froid, l'humidité et la moisissure règnent depuis des siècles. — Meubles et portraits de famille; vieux habits, vieux galons. — *Communs*, destinés au logement de tous les gens de service, et parfaitement dénommés d'ailleurs : rien n'est plus commun que les personnages qui les habitent. — Jardin rabougri, où s'étiolent piteusement quelques arbustes hâves et vieillots.

Appartements ordinaires (pour rentiers et bourgeois.)

Antichambre avec patères et porte-parapluie. Salle à manger où le poêle antique veille accroupi dans sa niche, et lance vers le plafond sa flamme de plâtre peinte en vert. — Une ou deux chambres à coucher dont les accessoires varient suivant l'état civil des propriétaires : si le maître du lieu est marié, ou célibataire à prétentions, l'appartement est orné d'une armoire à glace; les meubles seront très usés, et de forme archaïque, si le Philémon et la Baucis qui s'en servent n'en ont pas changé depuis le jour de leurs noces. Les pendules à

Mameluck d'or pleurant leur coursier d'argent, dominent chez les naturels des rues Charlot et Pavée (au Marais), qui professent aussi un culte tout particulier pour les serins empaillés et mis sous globe, les paniers de coquillages achetés au Havre, les tableaux-horloges (vue d'un glacier en Suisse, ou d'une falaise près de la mer), les devants de cheminée dont les sujets sont tirés des fables de La Fontaine, les rideaux de salon en calicot rouge avec embrasses et bordures jaunes, les portraits d'oncles en habit bleu à boutons de métal, et à cravate empesée, ou de tantes en vastes bonnets à coques, avec tours chevelus à triple frisure, les ronds de serviette brodés en perles : *Gage de tendresse* ou *Hommage de la reconnaissance*, les pianos carrés et les baromètres. Les gardes du commerce qui ont joué, et gagné à la Bourse, les notaires engraissés, et les pâtissiers enrichis affectionnent l sujets de pendule *sérieux*, tels que Molière écrivant le *Misanthrope*, Papin découvrant la vapeur, ou un lion doré à tête de caniche tenant une boule d'argent sous sa patte gauche.

Appartements de lorettes.

Le salon de réception, le cabinet d'affaires et de travail, l'officine, le laboratoire, en un mot la pièce importante de ce genre d'appartement, c'est la chambre à coucher.

Logements de boutiquiers.

Un magasin où l'on voit un peu le jour, et où l'on respire l'air tout au plus, — grâce à l'étroitesse du local et à la chaleur du gaz; une arrière-boutique où l'on ne voit rien, et où l'on ne respire pas, c'est là la chambre à coucher du petit commerçant. A-t-on besoin de voir et de respirer quand on dort? Un appui de fenêtre ou un lambeau de cour sur ou dans lequel la ménagère prépare sa modeste cuisine en plein air, comme celle des patriarches de la Bible.

Loges de portiers.

Recette pour obtenir une loge de cette catégorie : prenez, au rez-de-chaussée d'une maison, un mètre carré ou un mètre et demi d'espace, tout au plus; grevez ce réduit d'une soupente, d'une porte vitrée et d'un vasistas; embaumezle, matin et soir, d'une forte odeur de soupe aux choux et de vieux habits; embellissez-le d'un établi de tailleur, d'une légion de clefs, d'un régiment de bougeoirs, d'un bataillon de lettres et d'un escadron de journaux ; dessinez, par la pensée, sur la toile de fond de cette décoration, la silhouette du portier assis à l'orientale et garnissant de *poignards* les vieux pantalons du voisinage ; placez dans la petite cour le profil acariâtre de la portière, pensivement appuyée sur son balai, — et servez chaud !

Logements de prolétaires.

Ici règne la pauvreté, résultat du malheur ou du désordre, quelquefois de tous les deux. — Qui pourrait compter les couchettes sans matelas et les cheminées sans feu de ces pauvres demeures? Autant vaudrait dénombrer les grains de sable entassés sur le rivage de la mer! comme dit le Psalmiste. Heureusement l'assistance publique et la charité privée sont là, sinon pour annihiler le fléau du paupérisme, du moins pour l'atténuer en grande partie.

ETHNOGRAPHIE.

Considérations sur les races humaines de la latitude parisienne.

C'est aujourd'hui une vérité banale, à force d'avoir été ressassée, que l'on trouve à Paris extrêmement peu de Parisiens. Quelques savants sont même allés jusqu'à soutenir que le type parisien aborigène, que la race autochtone n'existait pas, et que la population actuelle de cette ville n'était qu'un agréable pot-pourri, dans la composition duquel entraient toutes les fractions du grand rameau caucasique blanc : Germains, Saxons, Auvergnats, Bédouins, Normands, Bourguignons, Vaugirardais, Provençaux, Romainvillais, toutes, excepté la fraction parisienne, pure chimère, mythe anthropologique, tout au plus bon pour amuser les commis voyageurs et bercer les lecteurs du *Constitutionnel*. Sans partager complétement le scepticisme de ces princes de la science, nous croyons, à leur exemple, que le Parisien pur sang est aujourd'hui un être à part, un produit rare et exceptionnel, qui se raréfie de plus en plus, comme le race des carlins, disparue depuis vingt-cinq ans. Ce qui prouve que nous disons vrai, c'est le calcul fait par M. le président de la Société ethnographique de Paris, lors d'une descente par lui opérée dans un des plus splendides hôtels garnis de la rue Mouffetard, en juillet 1856. Nous communiquons ci-après à nos lecteurs le résultat de ce calcul :

Ensemble des locataires :   240
(Sur 24 lits, 10 personnes par lit.)

Auvergnats,	69
Savoyards,	42
Alsaciens,	39
Bretons,	6
Pontoisards,	5
Crétins du val d'Andorre,	20
Bêtes du Gévaudan,	12
Serins des Cévennes,	15
Idiots du Dauphiné,	22
Jocrisses du pays de Caux,	8
Parisiens,	2
Total :	240

DIVISION GÉOGRAPHIQUE.

La capitale de notre belle France se divise en 13 arrondissements qui tous ont leur situation géographique et leur spécialité naturelle parfaitement déterminées.

Premier Arrondissement.

Composé des quartiers du Roule, des Champs-Elysées, des Tuileries, et de place Vendôme.

Le 1er arrondissement s'étend depuis la rue de la Chaussé-d'Antin, siége du monde élégant, du café Bignon, et de la Société centrale d'épicerie, jusqu'aux barrières Clichy, de Monceaux, de Courcelles et de l'Etoile; il redescend la grande avenue des Champs-Elysées, côtoie le café Piccolo, longe le Cours la Reine et les dépendances du Palais de Cristal, enserre dans ses filets la place de la Concorde jusqu'au pont du même nom, et, ne s'arrêtant qu'à la place du Carrousel, coupe en deux la fastueuse rue de Rivoli, ainsi que ses artères adjacentes, les rues d'Alger, du Dauphin de Castiglione du Mont-Thabor, de Mondovi, Saint-Florentin, Saint-Honoré et Royale. C'est le quartier des heureux du jour, c'est le pays des riches hôtels, des somptueuses maisons meublées à l'usage des Anglais, des gantiers fashionables, des pâtissiers dandies, des bijoutiers qui exposent deux ou trois millions de joyaux dans les vitrines de leurs boutiques, des glaciers dont les magasins sont tendus en percaline rose, et des garçons de café coiffés à la Fechter. Dans cette région où le numéraire afflue, les voitures ne manquent pas; de tous côtés, les wursts, les briskas, les américaines, les broughams, les tandems, les phaétons, attelés en flèche, voltigent sur le macadam; ce ne sont que grooms en livrée, et cochers à chapeaux ornés de cocardes. Les mères de famille abondent aussi dans cette portion de la capitale; quand une femme est grosse de son premier enfant, on a coutume de dire qu'elle est dans le premier arrondissement.

Deuxième Arrondissement.

Composé des quartiers du Palais-Royal, de la Chaussée-d'Antin, Feydeau, et du faubourg Montmartre.

C'est au point d'intersection du Palais-Royal et des Tuileries que commence cet industrieux, riche et turbulent arrondissement, qui résume dans ses quatre quartiers toutes les forces vives de la capitale : — Paris agioteur, à la Bourse ; Paris dramatique, au Théâtre-Français, à ceux du Palais-Royal et des Variétés, à l'Opéra-Comique et à l'Opéra ; Paris flâneur, fumeur et dîneur, sur le boulevard des Italiens, et Paris lorette ou artiste, dans le quartier Saint-Georges...

Tirez au cordeau une ligne immense, qui parte du Palais-Royal et qui descende jusqu'à l'église Saint-Roch ; faites-la remonter ensuite par les rues de la Sourdière, Gaillon, Louis-le-Grand, de la Chaussée-d'Antin et Blanche, jusqu'à la barrière de ce dernier nom, ainsi baptisée probablement, parce que les murailles en sont noires ; effectuez ensuite un léger retour d'équerre vers le chemin de ronde, à votre droite ; franchissez la barrière Rochechouart, cette complice nocturne du Château-Rouge, sautillez sur la rue Rochechouart, voltigez sur celle de la Tour-d'Auvergne, où l'École-Lyrique nous élève à la brochette des Cerrito en herbe et des Cruvelli en bas âge, enjambez les rues Montholon et Bleue, la cité Trévise, la rue du même nom, et après avoir débarqué rue Rougemont, posez le pied sur le boulevard Poissonnière, et attachez un bout de votre ficelle aux fenêtres du restaurant Lequen, à deux pas de la maison du Pont-de-Fer ; — là, faites une pause, la rapidité avec laquelle vous venez de voyager nécessitant ce temps d'arrêt. Après quelques minutes de repos, reprenez votre course aérienne, frôlez en passant le théâtre des Variétés, et le passage des Panoramas ; regardez, sans y toucher, les rues Saint-Marc et Feydeau, la Bourse, la rue et le passage Vivienne, la galerie Colbert, et la rue Neuve-des-Petits-Champs, et revenez sur la place du Palais-Royal, par la rue des Bons-Enfants. C'est tout, c'est bien tout ; nous voilà arrivés, mais convenez qu'il faut des jarrets solides pour parcourir d'une seule traite, et sans lassitude, les domaines de S. A. municipale, le 2e arrondissement.

Troisième Arrondissement.

Composé des quartiers du faubourg Poissonnière, Montmartre, Saint-Eustache et du Mail.

Cet arrondissement, qui affecte les contours réguliers du rectangle, ne dément pas au fond la régularité de sa forme; les bipèdes qui l'habitent sont de mœurs douces, d'habitudes rangées et commerciales ; fabricants de *blanc* de la rue des Jeûneurs, commissionnaires en *noir* de la place des Victoires, marchands de châles, banquiers, boutiquiers, confectionneurs, chefs de rayon à *la Ville de Paris*, ou simples commis à *Saint-Joseph*, tous montent exactement leur garde à la mairie, rue de la Banque, payent leurs impositions, jouent aux dominos, et portent des bonnets de coton.

La ligne frontière du 3e arrondissement commence à l'église Saint-Eustache, et remonte la rue Montmartre jusqu'au boulevard ; là, elle suit le côté droit du faubourg jusqu'à la rue des Martyrs, remonte cette rue et ne s'arrête qu'à la barrière, puis oblique à gauche, atteint la barrière Poissonnière, descend le faubourg, dont cette barrière emprunte le nom, et gardant très soigneusement le côté des numéros pairs, longe les murs du Conservatoire pour déboucher sur le boulevard, qu'elle traverse; elle arrive ensuite dans la rue Poissonnière, où elle continue de manifester la plus grande horreur pour les chiffres impairs, puis, mettant à la queue l'une de l'autre les rues du Petit-Carreau et Montorgueil, elle jette un coup d'œil sur la halle aux huîtres et sur Philippe, et se trouve revenue à son point de départ, l'église Saint-Eustache. Du corps de garde qui défend les murs de ce beau vaisseau ogival, elle s'élance rue Traînée, ou plutôt sur le pavé qui fut autrefois la rue Traînée, grâce aux démolitions qui ont répandu à flots la lumière, le jour et les plâtras sur le quartier Saint-Eustache ; elle traverse la rue Coquillière, s'empare de la rue Croix-des-Petits-Champs, pour moitié, fait un circuit près des bâtiments neufs de la

Banque, contourne la rue de la Vrillière, et englobant dans ses conquêtes les rues Notre-Dame-des-Victoires, du Mail et de la Banque, elle termine sa deuxième course à l'angle de la rue, et du boulevard Montmartre.

Quatrième Arrondissement.

Composé des quartiers Saint-Honoré, du Louvre, des Marchés et de la Banque.

Cette portion de la capitale a plus de droits que toute autre à s'intituler *Paris démoli et reconstruit;* les feues rues de Rohan, du Musée, Froidmanteau, du Coq-Saint-Honoré, du Chevalier-du-Guet, Bertin-Poirée, des Mauvaises-Paroles, Jean-Pain-Mollet et de la Vannerie, ont étendu galamment par terre les pans de leurs murailles noircies, pour servir de tapis à la luxueuse rue de Rivoli, de même que Walter Raleigh jeta son manteau de cour aux pieds de la reine Elisabeth; de leur côté, Mesdames les Halles centrales ont jugé à propos de se donner de l'air, en mettant à bas l'enclos de masures qui dérobaient à la Pointe-Sainte-

Eustache la façade architecturale de la fontaine des Innocents; le 4e arrondissement ressemble aujourd'hui à un ver à soie qui vient de faire peau neuve, et il peut soutenir d'autant mieux cette comparaison, qu'il se déroule comme les zigzags d'un annelide, de la Banque de France à la rue Saint-Denis, et du marché aux poissons à la place de l'Oratoire. — N'oublions pas, dans cette série de constructions contemporaines, les bâtiments neufs du Louvre.

Le vieux palais de Catherine de Médicis, honteux de rester les bras croisés quand toutes les maisons voisines travaillaient, s'est mis résolument à la besogne, et a fait disparaître, en un clin d'œil, la solution de continuité qui déparait l'ensemble de ses édifices; la morte-saison, la saison de la mue a cessé pour lui; aujourd'hui, comme un généreux oiseau, il déploie toutes ses ailes.

Les magasins étincelants de glaces et de dorures, que la rue de Rivoli fait chatoyer sur son ostensoir, les échoppes verdurières, poissonnières, butyripoles ou carniformes de la halle, les sombres magasins de draps et de bonneterie en gros du quartier des Bourdonnais, forment les caractères principaux du 4e arrondissement. Dans le quartier des Bourdonnais on s'occupe de draps, et on parle *bas*. C'est là qu'est né Jérôme Paturot, ce classique apologiste des jupons de futaine, des pantalons à pieds en molleton, et des gilets de tricot.

Cinquième Arrondissement.

Composé des quartiers de la Porte-Saint-Martin, du faubourg Saint-Martin, du faubourg Saint-Denis, Montorgueil et Bonne-Nouvelle.

Trapèze resserré entre la rue Montorgueil, côté droit, les rues Poissonnière, du Faubourg-Poissonnière, les barrières Poissonnière (que de Poissonnière!), de La Chapelle, de La Villette, les faubourgs Saint-Denis et Saint-Martin, le boulevard Saint-Denis (numéros pairs), le boulevard Saint-Martin (numéros pairs), et la rue Saint-Denis (numéros impairs, jusqu'au 147). Cet arrondissement, comme les 7e, 8e et 9e, est le foyer natal du gamin parisien, du loustic attaché à l'établi, ou à l'usine, de l'ouvrier en cuivre, en bronze, en articles de Paris, en pianos, en gants, en décors, en fleurs, en plumes, en chaises, en confections de toute classe et de toute espèce, qui occupent, nuit et jour, des milliers de familles, s'expédient par avalanches à l'étranger, et marquent, bon gré mal gré, les quatre continents à l'estampille ineffaçable de la France civilisée. Sur le boulevard Bonne-Nouvelle s'élève l'ancien Spectacle-Concert, et à quelques pas de ce théâtre le fameux marchand de galette; la Providence a sagement placé le remède à côté du mal.

Sixième Arrondissement.

Composé des quartiers des Lombards, de la Porte-Saint-Denis, Saint-Martin-des-Champs, et du Temple.

Quadrilatère, borné au nord par la barrière de la Courtille et la rue du Faubourg-du-Temple, à l'est par les boulevards Saint-Denis et Saint-Martin (numéros impairs), au sud par les rues Saint-Martin et des Lombards, et à l'ouest par la rue et le boulevard du Temple, la rue et le boulevard des Filles-du-Calvaire.

Traîtres et pères nobles, enflez jusqu'au cuivre vos voix mélodramatiques et plaintives; amantes, gémissez; Ravels du boulevard, nasillez vos mots à effet; Déburau et Paul Legrand, enfarinez-vous; titis, brandissez la pomme cuite; écuyers du Cirque-Napoléon, déchirez au vol le papier Joseph des cerceaux; mariniers et éclusiers du canal, donnez l'impulsion aux bachots; et vous, droguistes ou confiseurs de la rue des Lombards, fidèles bergers du tussilage, de la praline rose, et de la gomme concassée, tamisez, triez, pesez, soupesez, faites des cornets. *Trahit sua quemque voluptas*, à chacun suivant sa capacité; peut-être, à tout prendre, vaut-il mieux encore faire des cornets que des mélodrames; au moins, quand le cornet ne sert pas, le papier vous reste.

Septième Arrondissement.

Composé des quartiers Sainte-Avoye, du Mont-de-Piété, du marché Saint-Jean et des Arcis.

C'est sur le territoire de cet arrondissement que la rue de Rivoli a pratiqué ses plus larges trouées. La rue des Arcis percée, l'ignoble ruelle des Ecrivains anéantie, le marché aux habits qui l'ens tourait rasé jusqu'au niveau du sol, la tour Saint-Jacques-la-Boucherie rendue à l'air et à la lumière, la place du marché Saint-Jean qui bientôt ne sera plus qu'un nom historique ; enfin le splendide boulevard de Sébastopol qui a éventré sur son passage en 1855 et 1856 tant de mesures prodigieuses, depuis l'antique restaurant du *Veau qui Tette*, jusqu'à la rue Grénéta, sans compter celles qu'il se propose de perforer en 1857 ; telles sont, en résumé, les améliorations que l'édilité municipale a fait subir à ce fragment du vieux Paris. Disons toute la vérité, le fragment avait besoin de cela. Nous ne voudrions pas ameuter contre le bec de nos canards la colère de MM. les marchands de pains de sucre en gros et en demi-gros, et faire avoir à d'innocents volatiles une fâcheuse affaire avec tous les vendeurs de thés, de mélasse, de cire, de bougies, de miel, de potasse, de café, d'indigo et de toutes les autres denrées coloniales qui trônent ici presque sans réserve ; mais, franchement, leur pays n'est pas beau ; les six et seuls édifices qu'on y remarque, ou à peu près, sont Saint-Merri et l'Imprimerie impériale, la tour Saint-Jacques-la-Boucherie, Saint-Nicolas-des-Champs, le Conservatoire impérial des Arts et Métiers et le Mont-de-Piété ; passe encore pour les cinq premiers, mais le sixième !... Tout ce qu'on peut dire de lui, c'est que c'est un monument à effets.

Huitième Arrondissement.

Composé des quartiers du Marais, du Faubourg-Saint-Antoine, Popincourt et des Quinze-Vingts.

Faites donc un dessin géométrique tant soit peu correct, avec le tracé d'un arrondissement, dont la circonscription s'étend de la rue Ménilmontant à la barrière du Trône, en revenant par la barrière de Charenton, jusqu'à la rue des Filles-du-Calvaire, par la place de la Bastille, les rues Saint-Antoine, Saint-Louis et le Marais, où vivent ces oiseaux palmipèdes qu'on nomme rentiers, et qui ont conservé, en dépit de la dépravation moderne, le respect des coutumes héréditaires, et du nain jaune à deux centimes et demi la fiche! Apprendre à nos lecteurs que la fabrication des meubles et du papier peint ont de tout temps fait élection de domicile au faubourg Saint-Antoine, que les usines à hautes et à basses cheminées couvrent la surface du quartier Popincourt, et que le boulevard Beaumarchais, avec ses élégantes maisons à terrasses et ses boutiques richement ornées, se donne des airs de boulevard Italien, ce serait en quelque sorte lui envoyer un billet de faire-part du décès d'Henri IV, et nous ne voulons pas lui manquer de respect à ce point-là !

Neuvième Arrondissement.

Composé des quartiers de l'Hôtel-de-Ville, de l'Arsenal, de l'île Saint-Louis et de la Cité.

Région aquatique qui trempe le bout de ses quais au bas des ponts de la Tournelle, Marie et Louis-Philippe. L'île Saint-Louis et la Cité s'y donnent la main, à travers les arbres du jardin de l'Archevêché ; le beffroi de Saint-Gervais y salue d'un air de protection la flèche sculptée à jour de Saint-Louis-en-l'Ile ; l'Arsenal et sa vieille bibliothèque y échangent des regards d'intelligence avec les greniers d'abondance du boulevard Bourdon, ou la façade œnophile de l'Entrepôt aux vins, et, plus loin, l'Hôtel-de-Ville, pimpant et rajeuni, sourit avec complaisance à la caserne Napoléon. — Négociants en liquides, artistes installant leurs ateliers dans les hôtels grandioses de l'Ile Saint-Louis, blanchisseuses dans leurs bateaux, marchands de fruits déchargeant leurs paniers, charbonniers plus noirs que leurs sacs, militaires bivouaquant dans leurs baraques du quai Morland ou de celui des Célestins, les sites les plus divers, les aspects les plus contrastés se présentent à chaque pas dans le 9e arrondissement. On y contemple tour à tour le grave et le doux, le comique ou le triste : ici, une fringante canotière à chemise rouge et à taille de guêpe ; plus loin, l'affreux carrick jaune d'un cocher des omnibus (ligne T.)

Dixième Arrondissement.

Composé des quartiers des Invalides Saint-Thomas-d'Aquin, Saint-Germain et de la Monnaie.

Le 10ᵉ arrondissement commence par la Monnaie et finit par les Aveugles. Sous l'écart de cette immense enjambée, viennent se grouper, sur la rive gauche de la Seine, tous les quais jusqu'à la barrière de Grenelle, les Invalides, le Champ-de-Mars, l'École militaire, l'église Saint-Sulpice, les rues de Vaugirard (pour partie), de Grenelle, de Sèvres, Saint-Dominique, de Lille, de Varennes et leurs affluentes; puis les grandes artères perpendiculaires à ces veines horizontales : les rues de Bourgogne, du Bac, des Saints-Pères, de Seine-Saint-Germain, de Tournon et Mazarine. C'est l'arrondissement des ministères, du conseil d'État, de la Cour des comptes, du palais du Corps-Législatif et des grands hôtels nobiliaires; mais, comme tout n'est pas rose en ce monde, c'est aussi le rivage où fleurit le théâtricule du Gros Caillou. Dame! que voulez-vous? où n'est pas parfait.

Onzième Arrondissement.

Composé des quartiers du Palais-de-Justice, de l'École-de-Médecine, de la Sorbonne et du Luxembourg.

Le 11e arrondissement a le Palais-de-Justice, très beau monument; — il a le marché de la Vallée, superbe édifice; — il a la Sorbonne : nous la vénérons; — le Luxembourg : nous nous inclinons devant ses plates-bandes; — enfin il a l'École de médecine : nous n'avons aucune raison d'en vouloir à la Faculté; mais, en revanche, il a deux choses que nous ne lui pardonnerons jamais : c'est l'Odéon et le théâtre Bobino.

Douzième Arrondissement.

Composé des quartiers Saint-Jacques, de l'Observatoire, du Jardin-des-Plantes et Saint-Marcel.

Prenez votre parapluie, si vous en avez un, ou l'omnibus (ligne V), si vous n'en avez pas; descendez de ce véhicule sur la place du Petit-Pont; montez la rue Saint-Jacques jusqu'à la barrière; engagez-vous hardiment dans le quartier

Mouffetard ; passez près des tanneries, en ayant soin toutefois de vous boucher le nez : ôtez votre chapeau devant les Gobelins et le Val-de-Grâce ; mais détournez-vous quand vous apercevrez l'hôpital du Midi. L'impression générale que suggère l'aspect de cet arrondissement, où foisonnent les hôpitaux et les pensions bourgeoises, c'est-à-dire la maladie, la vieillesse et la misère, est certainement peu gaie. Enfin!... ainsi que l'a dit M. Prudhomme, il en faut comme cela !

Faisons suivre ces courtes réflexions d'un aperçu plus court encore sur les vicissitudes historiques qu'a subies la capitale, et dont le sommaire chronologique nous a été fourni par un obligeant érudit qui sait beaucoup, et qui est très bien placé pour savoir, puisqu'il descend tous les matins de la rue des Martyrs, et, par les femmes, du secrétaire de l'intendant de l'homme d'affaires du sous-portier de l'Académie des inscriptions et belles-lettres.

Sommaire historique sur la capitale et ses environs.

85 avant J.-C. — Jules César passe la revue de ses troupes dans la petite île de *Lutetia* (la Cité). Il fait rester ses soldats, pendant trois heures, dans le macadam, — debout.

201 après J.-C. — L'impératrice Hélène, épouse de Constance Chlore, passe le temps de sa grossesse aux Prés-Saint-Gervais. Elle accouche de Constantin, dont l'arrière-petit-fils est aujourd'hui fabricant de plumes et de fleurs au coin de la rue Neuve-des-Petits-Champs.

258 — Réclamation des locataires de la rue de La Harpe auprès de l'empereur Julien. Ils prétendent, avec quelque apparence de raison, que l'élévation du palais des *Thermes* ne fait pas baisser les leurs.

423. — Aétius, patrice des Gaules, demande au roi Mérovée s'il pourrait lui expédier quelques secours contre Attila, soit en hommes, soit en numéraire : Mérovée lui envoie 20,000 Franks.

467. — Childéric trouve un asile en Thuringe, chez Basin, roi de ce pays.

Pour le remercier de ce service, il s'enfuit en emportant la femme et la culotte de Basin. Plus tard, il dépose la femme aux Madelonnettes, et, la culotte, *à la Belle-Jardinière*, rue de la Cité.

624. — Sainte Clotilde fonde l'église qui porte son nom dans le faubourg Saint-Germain. (Elle n'est pas encore achevée depuis douze siècles.) En 640, trouvant que les travaux n'avancent pas, elle donne aux architectes une chasse impitoyable : l'endroit en garde le nom de place Belle-Chasse.

625. — Clovis pose la première pierre de la tour Sainte-Geneviève, et préside la distribution des prix de l'École polytechnique dans la rue à laquelle il a donné son nom. Il engage MM. les *Taupins* à s'occuper un peu plus de géométrie, et un peu moins de calembours.

665. — Saint-Cloud, poursuivi par son oncle Clotaire, se réfugie à l'hôtel de la *Tête-Noire*, où on lui sert un fricandeau cuit dans une casserole peu étamée. Il institue une foire célèbre.

680. — Fondation de Saint-Germain-des-Prés par Childebert Ce monument ne plaît pas d'abord, et fait *four*. Le roi,

désappointé, perce la rue du Four-Saint-Germain.

775. — Pépin mène une colonie d'ânes à Montmartre : la population de cette commune augmente.

840. — Charles le Chauve achète un flacon d'eau de Lob, et perd le peu de cheveux qui lui restaient. Il prie Stanislas de lui fabriquer une *réchauffante*.

1034. — Premières boutiques de chapeliers. Hugues Capet est porté au trône.

1094. — Pierre l'Ermite traverse Paris à la tête de dix mille hommes : tout le monde se met aux fenêtres pour voir les croisés.

1148. — Fondation du Temple par Hugues de Payens. Les marchands d'habits commencent à affluer dans la capitale.

1257. — Saint Louis bâtit la Sainte-Chapelle et construit le Palais-de-Justice. Première apparition des avocats.

1270. — Le surintendant Marigny, logé aux Champs-Elysées, répond sur un ton si ferme à Louis le Hutin, que le peuple le surnomme *le carré Marigny*. — Le nom en reste à sa propriété.

1483. — Charles VIII s'offre à loger

gratuitement, rue de la Fidélité, les femmes mariées de Paris et des environs qui pourront justifier d'une constance irréprochable depuis l'instant de leur mariage. Tous les logements restent vacants.

1572. — Henri, duc de Guise, qui ne veut pas laisser vivre l'amiral Coligny à la sienne, le fait assassiner rue Béthisy, dans la nuit de la Saint-Barthélemy. Cet accident produit tant d'effet sur l'amiral, qu'il en meurt.

1664. — Louis XIV signe les lettres patentes qui nomment M. Perrin directeur de l'Opéra. 200 ans plus tard, cet administrateur change de théâtre, et passe à l'Opéra-Comique.

1667. — La ville élève au roi les deux arcs de triomphe de la Porte-Saint-Denis et de la Porte-Saint-Martin, pour le remercier d'avoir poursuivi les Allemands l'épée dans *le Rhin*.

1745. — Le maréchal de Saxe, s'apercevant que la toiture de son cœur est endommagée, prie Le Couvreur d'y faire des réparations.

1770. — Le prince de Soubise achète à Mlle Guimard l'hôtel des magasins de la Chaussée-d'Antin, et invente les fameuses côtelettes. — L'ognon se mêle à la vie du prince.

1789. — La Bastille se change en éléphant.

1838. — L'éléphant se change en colonne.

La métamorphose paraît devoir s'arrêter là.

Banlieue.

Auteuil. — 1708. — Boileau se retire dans ses vieux jours, et dans ce pittoresque hameau ; il le quitte plus tard pour débuter à l'Odéon ; le pauvre homme !

Batignolles. — 1665. — Vatel, guéri de son coup d'épée volontaire, veut se venger de ses ennemis, et les invite à venir dîner à sa table d'hôte de la rue des Dames. Son exemple ne trouve que trop d'imitateurs dans la commune.

Boulogne. — 1635. — Mlle de Lafayette se réfugie chez une blanchisseuse, et repousse Louis XIII, qui veut l'arracher à ses fers. Elle l'engage à repasser.

Charenton. — 1680. — Le nombre des tragédies, augmentant de jour en jour, oblige le gouvernement à bâtir la maison de santé.

Montreuil. — 1312. — Philippe le Bel fait planter une multitude d'arbres fruitiers dans cette commune. Depuis ce temps, les *pêchers* n'ont jamais manqué dans ce village.

Nanterre. — 1537. — Election de la première rosière. — On la couronne de confiance.

La Villette. — 1833. — M. D... va s'établir dans ce village. A partir de ce jour, La Villette est de plus en plus en mauvaise odeur chez les Parisiens.

PREMIER ARRONDISSEMENT.

COUP D'ŒIL GÉNÉRAL.

Aspect des plus satisfaisants. — Les habitants du 1ᵉʳ arrondissement, gens dont l'instinct hospitalier fait honte à celui des Ecossais, réservent soigneusement leurs maisons les mieux situées, leurs logements les plus confortables aux étrangers en voyage. Pour eux, ils mangent, boivent, travaillent et dorment sous des châssis à tabatière dans d'étroites soupentes, ou au milieu d'appartements complets de 4 mètres carrés.

Appartements meublés, telle est l'inscription que vous trouvez stéréotypée partout, de maison en maison, à fort peu d'exceptions près. Promenades et grands édifices publics, hôtels seigneuriaux, boutiques éblouissantes, rues superbes, rues hideuses, maisons dites *nids à rats*, où pendent aux fenêtres loques et drapeaux, dans le district dit de *la Petite-Pologne*; monstrueux ateliers de machines et de carrosserie; cet arrondissement reçoit, nourrit et renferme un peu de tout.

TABLETTES HISTORIQUES.

694 avant J.-C. — Frédégonde donne un grand bal à Brunehaut, *son ennemie intime*, dans les salons de l'ambassade anglaise, rue du Faubourg-Saint-Honoré. On remarque à ce bal beaucoup d'officiers du régiment des *horse-guards*, en habit rouge et en chapeau à plumes de coq.

882. — Louis III et Carloman, ces deux frères qui s'aimaient tant, se prennent de bec sur la place de la Concorde.

1130 — Guil'aume le Conquérant descend à l'hôtel Meurice et mange à lui tout seul le dîner de la table d'hôte, (60 *couverts*.)

1546. — Construction des Tuileries, par Philibert Delorme. A ses moments perdus, ce célèbre architecte conduit les travaux du passage qui porte son nom.

1664. — Restauration et inauguration du Louvre, longtemps fermé. — Louis XIV est le premier qui l'ouvre.

1713. — M. de Fronsac, depuis le maréchal de Richelieu, monte à cheval par la méthode Baucher.

1745. — Mlle Camargo fait arrêter à la Petite-Provence, et le soir d'un feu d'artifice, un vieux monsieur qui vient de l'insulter gravement.

LES CHAMPS-ÉLYSÉES.

Longitude : de *l'arche* de Triomphe à la place de la Concorde. — Latitude : du faubourg Saint-Honoré à la Seine.

Ce que sont les Champs-Élysées pour

le cocher de la calèche de louage n° 3729. — Un endroit où Mlle Joséphine Troussard (prononcez Mme de Saint-Arthur) vient étaler tous les jours son blanc, son rouge et son bleu, de 4 à 6.

Pour la senorita Inès Lafouyousse, forte prima donna d'un café chantant. — 35 sous de *bénef* à la quête les soirs de grande recette, plus 4 fr. de fixe, et deux glorias de feux.

Pour un vieil épicurien. — Une contre-allée, où de jeunes marchandes de violettes font d'aimables agaceries à leur clientèle masculine ; une avenue, que montent lentement des coupés aux stores baissés.

Pour un noceur intrépide. — Le chemin de Mabille.

Pour un maquignon du voisinage. — Une *occase* pour promener ce bon M. Gonce en *break*, et lui faire acheter, disons mieux, lui donner, à 4,000 fr. la pièce, les deux magnifiques chevaux bais qu'il grille d'envie d'avoir.

Pour le jeune Zidore Grincheux, fabricant de tabac clandestin, sans garantie du gouvernement. — Une vingtaine de bouts de cigares à arquepincer tantôt, le long des chaises.

L'ARC DE TRIOMPHE.

Grand édifice plus ordinairement nommé *l'Arche de Triomphe* par ses habitués qui gravissent deux fois par semaine la plate-forme de cette *arche* pour assister gratis aux représentations de l'Hippodrome.

L'HIPPODROME ET LE CIRQUE.

Théâtres hippiques de jour et de nuit. — Courses de vitesse exécutées par des jockeys femelles pleines d'avenir, d'espérance, et de *fouet;* — écoles de culbutes, de souplesse et d'équilibre, à l'usage des hommes qui veulent parvenir. — Chevaux *bons enfants* et ménageant les jours de leurs cavaliers. — Exercices équestres et comiques remplis de *selles.*

L'OBÉLISQUE.

Les personnes qui désireraient visiter l'intérieur de ce monolithe égyptien, peuvent s'adresser sans crainte au factionnaire qui en garde les abords. Il leur rira au nez avec tout l'abandon que motive une pareille question.

LES TUILERIES.

Résidence impériale entourée d'un jardin, où le citoyen Anaxagoras Chaumette voulait remplacer les marronniers par des massifs de pommes de terre, et les dahlias par des haricots : chacun son goût ! A l'heure qu'il est, les quinconces servent d'asile aux bonnes d'enfants en puissance de moutards. Les jeunes commis du Trésor y étalent, à la clôture des bureaux, la magnificence d'un lorgnon pince-nez ou les splendeurs d'un gilet neuf. Dans les allées, quelques abonnés du *Constitutionnel* étendent leurs tibias fossiles aux rayons bienfaisants du soleil. Aussi y voit-on beaucoup d'os rangés.

Simple dialogue entre Élisa et sa gouvernante..

Élisa. — Si tu ne veux pas m'acheter un gâteau, je dirai à maman que t'as promis au caporal de revenir dimanche, moi, na !

La gouvernante. — Elle le ferait comme elle le dit, c'te moucheronne là !

LE CARROUSEL.

Place admirable à visiter par un temps de dégel et d'aquilon.

LE CERCLE DES BABIES, RUE ROYALE,

Jockey-club en sevrage.

DEUXIÈME ARRONDISSEMENT.

COUP D'OEIL GÉNÉRAL.

Pas d'arrondissement plus coquettement peuplé que celui-là! Depuis Tortoni jusqu'à la rue Notre-Dame-des-Lorette, depuis la Bourse jusqu'à Clichy, depuis le Palais-National jusqu'à l'Opéra, vous ne coudoyez que lorettes et *lorets*, que banquiers et banquistes! Le champagne, le tabac et l'amour, telle est la trinité du 2ᵉ arrondissement! Le fils de Vénus y est représenté avec un verre à la main, et un *Londrès* à la bouche! Au lieu d'un carquois, on lui a mis un portefeuille, et les billets de banque remplacent les flèches! On bâille rarement dans cet arrondissement. On s'y couche... souvent, et on n'y dort jamais. Les boulangers et les bouchers y meurent de faim ; mais, en revanche, les modistes, les parfumeurs et les gantiers y font rapidement fortune. La femme du 2ᵉ arrondissement manque quelquefois de pain, mais jamais de pommade ou d'odeurs. Lubin est son boulanger. Toutes les joies mondaines, toutes les folies parisiennes se trouvent réunies dans cet arrondissement. En outre, il renferme plusieurs théâtres, un palais, une centaine de boudoirs et plusieurs églises; le plaisir, la fortune, les fautes et le repentir ! — On y vit et on y meurt gaiement !

TABLETTES HISTORIQUES.

1223. — Louis VIII paraît en public avec un talma sur les épaules et un lorgnon dans l'œil. Cette excentricité lui vaut le surnom de *Lion*.

1445. — Ruiné par de fausses spéculations sur le 4 1/2 pour cent, Jacques Cœur entre dans ceux de l'Opéra.

997. — Excommunié par le pape Grégoire V, Robert Iᵉʳ donne au Palais-Royal des séances de physique amusante ; il ajoute à son nom celui de *Houdin*.

1540. — François Ier autorise par un édit la loterie des lingots d'or, établie dans le passage Jouffroy. Il prend lui-même deux billets de cette loterie.

1422. — Charles VI fait bâtir, rue de Clichy, une immense maison devant contenir tous ceux qui, pour mener joyeuse vie, se sont adonnés *aux dettes*.

978. — Pour perpétuer la victoire que Lothaire vient de remporter sur l'empereur Othon II, Félix, le fameux pâtissier, met en vente des pâtés *au thon*.

LE BOULEVARD ITALIEN.

Le boulevard Italien ! voyez cette foule immense ! ces jeunes femmes aux brillantes toilettes, ces bonnes et ces enfants, ces tourlourous et leurs payses, ces lions plus ou moins dorés, le cigaro à la bouche et le lorgnon à l'œil, ce garçon de recette faiblissant sous le poids de lourdes sacoches pleines d'écus, cette jeune modiste portant sous son bras un léger carton et laissant voir, en relevant sa robe, sous prétexte de boue, un bas blanc bien tendu et une jambe... quelle jambe !... cet Anglais empaqueté dans un immense *Raglan*, admirant les beautés de la capitale, grâce à son handbook, et traduisant sa satisfaction au moyen d'un *pocket dictionary* ; ce pâtissier franchissant la porte de Félix en portant sur sa tête un plateau chargé de succulents gâteaux, et suivi à la piste par tous les chiens et les gamins du quartier ; ces garçons de café sablant le devant de leurs établissements ; cet équipage armorié rasant cette citadine ; cet omnibus se croisant avec cette voiture de déménagements ; ce coupé aux stores baissés, coudoyant un corbillard ; et puis enfin ce clerc d'huissier crotté jusqu'aux mollets, éclaboussé, éclaboussant ! Quel panorama pittoresque, drolatique et sublime à la fois !

Le soir, un millier de becs de gaz projettent leur lumière sur les boulevards. L'étranger, le flâneur, y trouvent tous les plaisirs terrestres : spectacles, cafés, journaux, toutes ces choses enfin qui nous aident à traverser le macadam de la vie !

TORTONI ET GAREN.

Il est deux heures. Toutes les gravures de modes sont attablées devant Tortoni et Garcn. Un premier comique des Funambules s'agite dans son talma. Un monsieur très bien mis époussète ses bottes vernies. Un autre fait admirer la grâce de son paletot. Retirez les bottes du premier, vous y trouverez des chaussettes sales, mais déchirées... Après tout, faut-il lui en vouloir ? Tout le monde a dans la vie des hauts et des *bas*. Quant au second, il a été envoyé par son patron, M. Dusautoy ou M. Picpeukmann. C'est un *homme-étalage*... il est chargé de propager les nouvelles modes. En rentrant, il remettra le magnifique paletot à *la montre*, et réendossera sa vareuse ! Le troisième, au lieu de jeter ses bouts de Havane sur l'asphalte, les remet soigneusement dans sa poche ; une fois seul dans sa mansarde, il les coupera menu menu, et les fera passer pour des cigarettes espagnoles.

Le dialogue est des plus animés. On parle théâtre, duels, littérature, femmes, courses ; chacun intercale son paradoxe. Le *Figaro*, le *Tintamarre*, le *Charivari* volent de table en table... On lorgne les minois qui passent... On se lance de la fumée au nez... On déchire madame de... chose... On bafoue monsieur de Saint-Machin... Il passe... Le bafoueur se lève, va à lui, l'accable de politesses et lui arrache une invitation à dîner

LES BOURSIERS DU PASSAGE DE L'OPÉRA.

Plus loin, les coulissiers discutent la cote de la Bourse dans le passage de l'Opéra.
— Qu'a fait la rente?
— Oh! oh!...
— Ah! ah! de la baisse...
— Oh! oh!... non... calme... très calme...
— Comment va madame?
— Plus offerte que demandée...
— Je vous parle de votre femme!
— Je l'ai transférée à Enghien.
— Quand vous mariez-vous?
— Fin courant.
— Et vous êtes...?
— Oh! content!
— J'ai vendu pour mille francs de châtaignes, foi de courtier marron!

— Et moi, pour trois mille de vins fins...
— En liquidation ?
Tel est le fond de la conversation de ces messieurs de la coulisse.
Passons à celle de l'Opéra.

L'OPÉRA.

Que dire sur ce théâtre qui n'ait été dit, depuis les *Petits Mystères* d'Albéric Second jusqu'aux caricatures de Gavarni ? Les lundis, mercredis et vendredis, le théâtre ouvre ses portes à deux battants. A sept heures, le chef d'orchestre se campe fièrement dans son fauteuil, et l'orchestre s'ébranle à la grande satisfaction des ouvreuses de loges, du contrôleur, du garde municipal, qui pleure de joie, et du public, qui dort... quelquefois. A minuit, après cinq heures de trombonne, de sax-tuba et de clarinette en paroxysme, vous sortez de l'Académie nationale en bénissant les compositeurs qui font *grand*, et l'Opéra, qui, grâce à eux, ne fait pas *léger*.

LA MAISON DORÉE.

Tandis que Paris entier s'endort d'un sommeil académique, des coupés s'arrêtent à la porte de la Maison Dorée. De jeunes femmes en descendent, des viveurs les suivent. Aussitôt, le chef réveille ses fourneaux, le sommelier court à la cave, les garçons sourient avec malice, et bientôt on n'entend plus, dans toute la rue, que le bruit des verres, des assiettes et celui des bouchons de champagne, qui s'élancent, avec fracas, de leur robe de papier argenté!

L'OPÉRA-COMIQUE.

En sortant de la Maison Dorée, vous n'avez qu'à traverser le boulevard pour vous trouver à l'Opéra-Comique. Après quelques minutes de marche dans une espèce de péristyle, véritable tunnel, vous arrivez en face du bureau de location. Dites que vous venez de notre part, payez votre place, et vous serez parfaitement reçu. Si vous êtes pressé, ne parlez pas de nous. Payez, cela suffira.

VARIÉTÉS, VAUDEVILLE, PALAIS-ROYAL.

De jolies femmes qui jouent très bien

la comédie à la ville et passablement au théâtre, d'amusants acteurs, et des pièces folichonnes comme les *Lanciers*, ou sentimentales comme la *Dame aux Camélias*, voilà ce que vous trouverez aux Variétés et au Vaudeville.

Quant au théâtre du Palais-Royal... si vous voulez en finir avec la vie, retenez une place chez M. Dormeuil... vous êtes sûr de crever de rire!

LE PASSAGE JOUFFROY.

Le passage Jouffroy a eu son instant de vogue, sa minute de célébrité. Je veux parler de la loterie du Lingot d'or, de ce fameux lingot qui a occupé, pendant quelques mois, tous les cerveaux de la population parisienne. Plus d'une portière, en donnant ses vingt sous, a vu sa loge se transformer en un palais digne des féeries de MM. Cogniard frères; son cordon en un fil d'or, et son quinquet fumeux en un lustre aux mille becs de gaz. Depuis lors, la même boutique a été occupée par un débit de prunes et de chinois, *à l'instar* de celui de la fameuse mère Moreaux, et décoré de cette pompeuse enseigne: *Au lingot d'or!* Plus tard, le lingot s'est transformé en buste Américain, et plus tard encore, le buste s'est transformé en boutique à louer. Attendons l'avenir.

LE PALAIS-ROYAL.

Le jardin du Palais-Royal est le rendez-vous des bonnes d'enfants. Les marmots courent, crient, jouent, tandis que les bonnes parlent... politique avec leur pays.

Je vous recommande Véry, Véfour et les Frères-Provençaux, trois Vatel de l'endroit.

LE PASSAGE CHOISEUL ET LES BOUFFES-PARISIENS.

Le passage Choiseul commence par un café et finit par un restaurant. Il a aussi son monument, le théâtre des *Bouffes-Parisiens*, dirigé par le maestro Jacques Offenbach. Cette bonbonnière musicale regorge d'auditeurs, et le succès des *Deux Aveugles*, de *Ba-ta-clan* et de *Crokfer*, fait tomber chaque soir une averse de ducats dans la caisse du directeur-auteur.

Qui vivra ira !

LA CHAUSSÉE-D'ANTIN.

Chaque maison est un hôtel, chaque habitant un financier. Les voitures bourgeoises s'y croisent en tous sens, les garçons de recette y pullulent, les millions y touchent la salle Sainte-Cécile et le bal du *Montblanc*. — Terpsichore frôle Plutus.

PLACE SAINT-GEORGES. — LA FONTAINE.

Rue Fontaine-Saint-Georges.

— Quelle est cette fontaine? mettez-moi au courant.
— Saint-Georges... monsieur, Saint-Georges.
— Pourquoi Saint-Georges?
— Avez-vous vu le *Val d'Andorre?*
— Non.
— Si vous l'aviez vu, vous ne me feriez pas cette question.
— Je ne vous comprends pas.
— C'est inutile.
— Bonjour, monsieur.
— Bonsoir, monsieur.
— Ah! pardon! quelle est cette rue?
— La rue Fontaine-Saint-Georges.
— Ah! La Fontaine... je comprends..

en l'honneur de l'auteur des fables et des contes... je comprends.

— Monsieur est de l'Académie?

— Non, monsieur, je suis de Pontoise.

— Mais, à qui appartient cette belle maison... au coin de la place?

— Celle-ci, où tout est en or, depuis les barreaux de la grille jusqu'aux pavés, et jusqu'aux brins d'herbe de la cour?...

— Non, non, je ne vous parle pas de cette demeure aurifère, où s'abrite le richissime M. Millaud, le petit manteau bleu des écrivains gênés, le restaurateur du journalisme qui a faim; c'est l'hôtel voisin que ma question avait en vue.

— C'est la demeure de M. Thiers.

— L'ancien ministre?

— Je ne parle jamais politique.

— Ni moi.

— Bonjour, monsieur.

— Bonsoir, monsieur.

TROISIÈME ARRONDISSEMENT.

COUP D'OEIL GÉNÉRAL.

Ceci vous représente la portion de Paris qu'on est convenu d'appeler le *centre des affaires*. Pourquoi le centre ? nous direz-vous. Vraiment, vous êtes bien curieux. C'est le centre, je n'ai pas d'autre raison à vous donner ; tout ce que je pourrais ajouter, pour votre instruction particulière, c'est que la Banque y fleurit, que l'agio y vivote, que le magasin s'y prélasse, et que la boutique y fait montre. C'est dans le troisième arrondissement qu'a pris naissance l'*article Paris*, ce fameux *article Paris* avec lequel nous damons le pion à tous les autres Européens sur les marchés de l'Australie ou de la Californie, ce mirobolant *article Paris*, dont la supériorité gonfle d'un si doux empois le jabot de notre amour-propre. « Mais, qu'est-ce que cet *article Paris* ? » nous demanderez-vous encore. Décidément, votre curiosité tourne à l'obsession. L'*article Paris* n'est autre chose que la camelotte elle-même, c'est-à-dire tout ce qui se fabrique vite, mal, à très bas prix, mais se vend fort cher aux étrangers peu regardants qui se permettent de téméraires acquisitions.

Vous voyez qu'il y a vraiment là de quoi se rengorger !

TABLETTES HISTORIQUES.

441 avant J.-C. — Pharamond, au sortir du pavois sur lequel les Franks viennent de l'élever, part aussitôt pour Paris et prend place dans le coupé des Messageries impériales, qui le débarquent rue Notre-Dame-des-Victoires.

729. — La reine Bathilde, femme de Chilpéric II, couronne une rosière, logée rue des Fossés-Montmartre. Les habitants, reconnaissants, offrent à la reine un cachemire Ternaux.

832. — L'empereur Charles le Chauve fait une commande importante de toupets à la maison Thibierge.

1334. — Le grand-maître des Templiers, Jacques de Molay, est arrêté, un soir, par ordre de Philippe le Bel, au café Poissonnière, où il était occupé à faire sa partie de dominos.

1608. — Henri IV, lisant dans son carrosse, est interrompu au 20ᵉ feuillet de son livre, par l'aspect d'un poteau sur lequel il aperçoit ces mots : *Nouvelle rue en construction et barrée aux voitures.* Il la nomme rue *Page 20*.

1713. — Le sultan Mustapha II, dont

les jardins sont dévorés par une nuée de hannetons, écrit une lettre des plus flatteuses à M. Leperdriel, pour le prier de lui envoyer quelques litres de sa fameuse mixture insecto-mortifère.

1736. — Naissance de M. de Florian, rue Bergère, hôtel Pompadour.

MAIRIE ET HOTEL DU TIMBRE,

Rue de la Banque.

Deux beaux morceaux de pâtisserie architecturale. Blancs, réguliers et propres. Ingénieux gaillards que ces architectes!

STATUE DE LOUIS XIV,

Place des Victoires.

Louis XIV, vêtu en empereur romain, est en outre casqué de la perruque traditionnelle. De plus, il porte une couronne de lauriers sur cette même perruque. Ce costume, simple et de bon goût, fait ressortir à merveille la couleur vert pomme du bronze de M. Bosio. Le cheval est magnifique de bedaine et d'embonpoint. C'est un animal *puissant*. Le piédestal est bien. La grille qui entoure le monument est très bien. Le factionnaire qui garde la grille est aussi fort bien.

CAISSE D'ÉPARGNE.

Maison de *placement*, où les cuisinières à 500 francs de gages annuels viennent déposer chaque semestre un millier d'écus, fruit de leurs petites économies.

HOTEL DES POSTES.

— Monsieur, pourriez-vous m'indiquer le bureau de la malle?

— Monsieur, il n'y a pas de *malle!*

— Qu'est-ce à dire, Monsieur?

— C'est-à-dire, Monsieur, qu'il n'y a pas de malles à midi; attendez 8 heures du soir, et rendez vous aux différentes gares de chemins de fer; vous y verrez partir les wagons-postes, cirés, frottés, peints et vernis, comme des coffrets en bois de Spa.

— Je vous remercie de votre obligeance, et je vais retourner à mon domicile, par ce magnifique omnibus attelé, de deux chevaux gris-pommelés, que j'aperçois là-bas.

— Gardez-vous-en bien; cette voiture

est réservée aux facteurs, jadis piétons.

— J'envie le sort de ces heureux collets rouges.

— Et vous avez raison, Monsieur, facteur, tout le monde voudrait l'*être*.

— Votre conversation me plaît, mais je vous quitte pour aller chercher au bureau d'affranchissement plusieurs timbres dont j'ai besoin.

— De quelles couleurs les voulez-vous? L'administration a des timbres de toutes teintes, de toutes nuances, au choix des consommateurs.

— Des timbres omnicolores.

— Décidément voilà une administration bien et dûment timbrée.

— En vérité, votre conversation me subjugue de plus en plus.

— Je remarque avec plaisir que vous êtes un homme de goût.

SAINT-EUSTACHE.

Portail dorique et tour carrée, dont un architecte véritablement artiste pourrait dire : « Voilà de l'ouvrage bien *faite*; voilà de la *belle* ouvrage! » Il est fâcheux que les détails, soi-disant moyen âge de l'ancien édifice déparent les lignes correctes du nouveau ; heureusement qu'il est facile de dissimuler cet aspect désagréable au moyen d'un bon gros badigeon à la colle.

PASSAGE DES PANORAMAS.

On appelle ainsi plusieurs allées fumeuses et étroites qui serpentent au milieu des rues Feydeau, Vivienne et Montmartre, pour aboutir au boulevard. Ce dédale, peu salubre, est bordé de boutiques dont l'air respirable pourrait, comme celui de tant d'autres passages, donner lieu au tableau comparatif suivant :

Air pur.		Air d'un passage en hiver.	
Azote. . . .	79°	Azote. . . .	79°
Oxygène. . .	21	Gaz à éclairage	5
	—	Miasmes pub.	3
	100	— privés.	4
		— poêle..	5
		— chauff.	3
		Oxygène. . .	1
			100

C'est là que se donnent la main, à travers leurs cloisons mitoyennes, Marquis, le chocolat incarné, Houssaye, le thé chinois en chair et en os; et Félix, le petit pâté fait homme; Félix, déjà pas mal illustre du temps de Virgile :

Felix qui potuit...

CONSERVATOIRE DE MUSIQUE ET DE DÉCLAMATION.

Vaste corps de logis situé rue Poissonnière, dans lequel la jeunesse studieuse des deux sexes se prépare à embellir un de ces jours Arcachon ou Draguignan, sous les intéressants pseudonymes de Verseuil, Renneville, Valancourt ou Saint-Léger (côté des hommes), et de Mesdames Florval, Sainval, Dorival et Blinval (côté des femmes). Les chanteurs regardent les instrumentistes avec le dédain superbe qui n'appartient qu'à cette institution.

Produit local à contempler soigneusement : *la touche des mamans de ces demoiselles*.

QUATRIÈME ARRONDISSEMENT.

COUP D'ŒIL GÉNÉRAL.

Arrondissement fort laid, mais en revanche horriblement sale, à l'exception toutefois de la magnifique rue de Rivoli, et des voies adjacentes percées ou restaurées à son occasion. C'est l'arrondissement des halles à la viande, au beurre, aux œufs, aux fruits, aux poissons, à la verdure et aux tissus de tout genre; on y respire les vagues exhalaisons des détritus animaux et végétaux en décomposition; partout les âcres parfums du homard jadis frais, des toiles à sacs, ou de la bonneterie, chargent l'atmosphère de leurs tièdes bouffées.

TABLETTES HISTORIQUES.

465 avant J.-C. — Bazine, reine de Thuringe, quitte son mari, Bazin V, et épouse publiquement, rue des Poulies, Childéric Ier. Elle fait cadeau à celui-ci d'un gilet de basin.

714. — Charles Martel passe la Seine à gué, dans les environs du Pont-au-

Changé, et nomme le passeur chevalier du *gué*.

1350.—Étienne Marcel et Robert Lecoq se disputent la préséance aux États-Généraux, tenus dans la halle aux draps. L'assemblée proclame Robert Lecoq.

1567. — Catherine de Médicis, fortement grippée, demande à maître Réné, son apothicaire, une boîte de pâte *Régnault*. Ce médicament lui est apporté par un monsieur fort laid, et porteur d'une immense cravate.

1700. — Mariage de M. et Mme Denis à Saint-Germain-l'Auxerrois.

LA BANQUE DE FRANCE.

« Je connais toutes les banques, disait le célèbre Bilboquet, excepté la banque de France! » S'il l'eût connue aussi, celle-là, aurait-il laissé, le généreux saltimbanque, son ami Cabochard *manquer de tout!* Béotiennement parlant, la banque est une bâtisse grise, close de grands murs, avec une horloge dans sa cour, un corps-de-garde à sa porte, et des garçons de recette costumés en valets de carreau.—La partie véritablement intéressante de cet édifice est la cave, ou plutôt l'ensemble des caves. Qui n'a souhaité, au moins une fois dans sa vie, de pouvoir aller puiser, pendant cinq minutes, dans les tonneaux de ce cellier d'Aboul-Kassem ? Ma portière m'assurait encore l'autre jour, et c'est une femme bien informée, que ces opulents souterrains étaient pavés de rubis, murés d'émeraudes et voûtés en diamants, ce qui ne laisserait pas que d'être assez cossu pour des murs de cave. D'un autre côté, mon voisin, M. Prudhomme, présent à notre conversation, nous affirma péremptoirement qu'il n'y avait pas dans ces caves le plus petit lingot, voire même le moindre ducaton ; à l'en croire, elles contiendraient tout bonnement du vin, en pièces et en bouteilles, à l'usage du gouverneur et de sa famille. Il tient ces renseignements, nous a-t-il dit, d'un garçon tonnelier. M. Prudhomme faisant profession de voltairianisme, et par conséquent de philosophie sceptique, je le soupçonne d'être un profond mystificateur.

LE LOUVRE.

— Ceci s'appelle un palais, mon cher monsieur.

— Ah ! vraiment ? enchanté de faire sa connaissance !

— Aimez-vous la colonnade ? on en a mis partout.

— Quel est l'architecte de celle-ci ?

— Eh ! eh ! ils sont deux ; d'abord un nommé Perrault, le même qui a écrit les *Contes de fées* par madame d'Aulnoy, puis remplacé Vestris à l'Opéra et épousé Carlotta Grisi.

— Vous m'étonnez ! et le second ?

— M. Lefuel, qui vient de terminer ces superbes ailes, si longtemps pendantes et interrompues. *Pendebant opera interrupta...*

— Ne parlons pas latin, s'il vous plaît, monsieur, et revenons à ces magnifiques tableaux, à ces admirables statues ; qu'en pensez-vous ?

— Et vous-même ?

— Moi... j'en pense trois fois plus de bien que je n'en dis.

— C'est votre droit, mais n'en abusez pas !...

SAINT-GERMAIN-L'AUXERROIS.

— Selon vous, l'ange du *Jugement* fait-il honneur à celui de M. Marochetti?

— Votre question me paraît tellement inconvenante, que j'éprouve le besoin d'aller prendre une demi-tasse au café *Momus*.

LA HALLE AU BLÉ.

Ancien hôtel de Soissons. — Ce détail explique pourquoi les haricots et autres farineux s'y donnent aujourd'hui rendez-vous.

LE MARCHÉ DES INNOCENTS.

Allons, allons, les traditions léguées par Vadé ne sont pas perdues. On s'entretient encore à la Halle avec la verve d'autrefois, mais non pas *sans se fâcher*, comme l'exige expressément le *catéchisme poissard*, ce classique refuge de la vieille gaieté française; demandez plutôt aux cabarets de la rue Pirouette et de la pointe Saint-Eustache, ces deux refuges des arrière-neveux de Paul Niquet.

QUARTIER DES BOURDONNAIS.

Patrie du magasin, sol natal du comptoir, Éden du commis et du *mètre*, je te salue ! Tes rues ne sont bordées que de boutiques à colonnades, que de bazars à rouenneries, que d'entrepôts à lainages, que de jeunes courtauds dont la physionomie intelligente révèle l'aptitude toute spéciale pour le commerce des tissus ! On ne parle chez toi que des étoffes et *des laines* toute la *semaine*, *hélas !* et ces *draps* si bien ployés, empaquetés et rangés sur les tablettes, ces draps *qu'on fit* venir d'Elbeuf ou de Louviers, c'est à qui les *cédera*, à gros bénéfice, bien entendu. On n'entend proférer dans ton sein que les mots de commission, d'escompte, de livraison et de payement à 90 jours.

Ce ne sont que colis, ce ne sont que factures.

Chers patrons, naïfs apprentis, adorables caissiers, sublimes chefs de rayons, délicieux teneurs de livres, permettez qu'en vous quittant je verse une larme qu'arrache à mon attendrissement le spectacle de vos travaux, bénis de Mercure (le dieu du commerce).

LA MÈRE MOREAUX.

Succursale des Écoles de droit et de médecine, située place de l'École..... buissonnière. On y vend des prunes à deux sous dans un salon étincelant de miroirs vénitiens et de girandoles Louis XV. La concurrence des nouveaux *chinois*, qui sortent de dessous terre à chaque coin de rue, empoisonne les derniers jours, j'allais dire les derniers marrons de la mère Moreaux, et la fait marronner. Respectable rogomiste ! — Grassot prétend que la mère Moreaux n'est autre que le fameux général de ce nom, qui s'est déguisé en femme, et livré à la culture des fruits à l'eau-de-vie, comme *Dioclétien* à celle des laitues, en haine des grandeurs. Grassot pourrait bien avoir raison.

CINQUIÈME ARRONDISSEMENT.

COUP D'OEIL GÉNÉRAL.

Terre classique de la vertu méconnue jusqu'au 5ᵉ acte, des traîtres farouches, des Ernest et des Jenny contrariés dans leurs amours, domaine des Dennery, des

Anicet Bourgeois et des Barrière de Paris, terribles fils du terrible Pixérécourt, patrie des légères comédies et de la lourde galette, salut!

La Porte-Saint-Martin, l'Ambigu, le Gymnase, et Philippe le restaurateur, sont citoyens du 5e arrondissement.

Le soir, plus d'un traître assassiné au dénouement s'en va bras dessus bras dessous avec son meurtrier dévorer deux sous de pâte ferme.—Plus d'une ingénue qu'on vient de couronner rosière à la Porte-Saint-Martin, soupe chez Philippe avec un étranger de distinction — qui l'a distinguée; ce qui est assez gaillard pour une rosière!

Le Wauxhall qui est venu s'établir non loin du Château-d'Eau, où se trouvait aussi naguère le bal dit du *Champ-des-Navets*, donne asile aux Vestris et aux Camargo du 5e arrondissement; trois fois par semaine, les bonnets de coton de cet arrondissement s'endorment au bruit de l'orchestre de M. Pilodo, qui leur envoie des bouffées de mélodies et de *couacs!*

TABLETTES HISTORIQUES.

137. — Charles Martel, maire du palais, protége les merciers de la rue Saint-Denis. Ceux-ci, pleins de reconnaissance en apprenant les tentatives d'insurrection des *Frisons*, des Bavarois et des Allemands, jurent de les combattre, *Martel en tête*.

1221. — Philippe II établit rue Montorgueil un restaurant *Auguste*.

1539. — François Ier conduit Charles-Quint, son hôte, au bal du Wauxhall. L'empereur, émerveillé de l'ensemble remarquable de l'orchestre, nomme M. Pilodo chevalier de l'ordre du *Chameau blanc* d'Espagne.

1712. — La reine Anne, en apprenant la victoire de Denain par Villars, prend celui-ci pour un acteur du Gymnase, et celle-là pour un sociétaire. — Bolingbroke fait observer à S. M. qu'elle s'introduit l'avant-bras dans la cornée.

RUE SAINT-DENIS.

Quel bruit, quel fracas! du coton pour boucher mes oreilles! La France pour du coton! les charrettes ébranlent les maisons! Légers tilburys du boulevard de Gand, où êtes-vous? Dans cette rue, chaque habitant est mercier-passementier quand il n'est pas passementier-mercier. L'homme fait les achats, la femme reçoit les commandes, les fils et les filles tiennent les livres... en partie double. Je quitte ces pères et ces *mères scié!*

LE PASSAGE DU SAUMON.

Si vous avez besoin de faux-cols, de cravates, voire même de chemises, entrez dans le passage du Saumon. Les chemisiers et les modistes se partagent le passage du Saumon.

RUE MONTORGUEIL.

Le restaurant Philippe.

Des huîtres! des huîtres! toujours des huîtres! parcourez la rue Montorgueil dans toute sa longueur, vous n'y rencontrerez que des huîtres; pour vous reposer on vous y offrira des *bancs...* d'huîtres! Entrez chez un papetier, il vous servira du papier *coquille*. Philippe y étale ses bivalves avec *ostendation*. Du haut des cieux, Berchoux lui sourit, et tout cela à force de génie et de bourriches.

LE BOULEVARD BONNE-NOUVELLE.

Le boulevard Bonne-Nouvelle rivalise de luxe et de clarté avec son frère aîné, le boulevard des Italiens. Et la galette du Gymnase donc ! Le Gymnase et la galette, voilà le vrai bonheur ! Tous les directeurs de spectacle ne font pas fortune ; l'heureux propriétaire de la galette est millionnaire. Cela ne prouve qu'une seule chose, c'est que les succès ne valent pas les *fours*.

LE BOULEVARD SAINT-MARTIN.

Le théâtre de la Porte-Saint-Martin.

Laissons de côté le faubourg Saint-Denis et la prison Saint Lazare, la maison de santé dite *maison Dubois*, les chemins de fer du Nord et de Strasbourg, et les malheureux que l'on trimballe dans les trains dits de plaisir, laissons enfin l'église Saint-Vincent de Paul, et passons rapidement devant le théâtre de la Porte-Saint-Martin.

L'AMBIGU.

— Pourquoi l'Ambigu se qualifie-t-il de *comique?*
— Je n'en sais rien ; peut-être parce qu'il est triste.
— Au fait, ce serait une raison.

LE BAL DU WAUXHALL.

Les dimanches, lundis, jeudis et samedis, tous les calicots, tous les *fashions* du faubourg Saint-Martin, toutes les grisettes du quartier et toutes les ingénues des petits théâtres du boulevard, prennent leurs ébats au bal du Wauxhall.

LE CHATEAU-D'EAU.

Devant les bâtisses de la nouvelle caserne, sous le jet des gueules de lions du Château-d'Eau, s'épanouit, les lundis et les jeudis, le marché aux fleurs du 5e arrondissement, bazar horticultural où l'intrigue se noue à l'ombre du bouquet de violettes, des petits bonnets et des casquettes sur le coin de l'oreille,

SIXIÈME ARRONDISSEMENT.

COUP D'ŒIL GÉNÉRAL.

Pays singulier, où se dessinent le plus drôlatiquement du monde les mœurs et les costumes les plus hétérogènes. — L'actrice des petits théâtres traînant sur l'asphalte un soyeux crêpe de Chine, y coudoie le titi à bourgeron bleu; la vendeuse de sucres d'orge y frôle l'habit noir du *Mossieu*. Longues rues faubouriennes, où chaque maison renferme dix ateliers; boulevard contenant, alignés les uns au bout des autres, sept théâtres grands et petits, monuments disparates, dont l'extérieur même ressemble à une décoration théâtrale : carton-pâte et papier peint; à deux pas, le canal et ses écluses; les bateliers après les bateleurs. Traversez le pont; voici le chemin de la Courtille; l'eau d'abord, le vin ensuite.

TABLETTES HISTORIQUES.

375 avant J.-C. — Clodion le Chevelu épouse, au Cadran-Bleu, la veuve Ildaspérge, paysanne mal éduquée, mais excellente mère de famille, qui ne désire

qu'une chose au monde, bercer et allaiter *des fieux*. Ce restaurateur s'y oppose.

1177. — Guillaume de Haubergeon, grand-maître des Templiers, au sortir de l'enclos du Temple, tombe sur l'os sacrum, et prend pour devise de l'ordre : *Beau séant! beau séant!*

1550. — Henri II conduit Diane de Poitiers aux Funambules, en loge grillée. L'odeur de cette salle fait croire à la favorite qu'elle assiste à une audience de la correctionnelle.

1720. — Le czar Pierre le Grand, de passage dans la capitale, assiste à la descente de la Courtille, après un plantureux déjeûner au restaurant Passoir. Ce spectacle l'attendrit tellement qu'on est obligé de le ramener en voiture à son palais.

LA ROTONDE DU TEMPLE.

Entrepôt central de la débine, dont un spirituel vaudevilliste, Albert Monnier, a popularisé les *chineurs*, les *râleuses*, les *frivolités* et la *forêt noire*; véritable halle aux habits.

LE BOULEVART DU CRIME.

— Monsieur, une simple question.

— Volontiers, monsieur, mais soyez bref.

— Je le serai. Veuillez m'indiquer, je vous prie, le théâtre des Délassements-Comiques. N'est-ce pas celui-ci?

— Pas le moins du monde. Cette façade vous représente le Théâtre-National.

— Ah! la canonnade, la fusillade, l'infanterie, la cavalerie, les lauriers, les guerriers; connu, archi-connu, passons. Et celui-ci? avec cette demi-coupole peinte à fresque?

— Le Théâtre-Lyrique.

— Ah! ah! les Fraises, la Fanchonnette et la reine Topaze! très bien; et ici?

— Les Folies-Dramatiques.

— J'en ai beaucoup entendu parler dans la *haute*, ainsi que de son directeur-auteur.

— Vous pourriez même ajouter auteur de pièces fort divertissantes, car le public se trouve content, en général, *du Mourier*.

— Monsieur, votre entretien me fatigue, savez-vous?

— Un peu de patience ; vous apercevez là-bas la Gaîté, ainsi surnommée par antiphrase.

— N'est-ce pas à ce théâtre qu'est engagé un jeune premier, M. Clément?

— *Juste;* c'est vous qui l'avez nommé.

— Je vous ferai remarquer que vos paroles commencent à m'agacer le système nerveux !

— Calmez-vous. Voici devant vous les Funambules, spectacle de pantomimes, dans la caisse duquel pleuvent les gros sous. Son bureau de recette est, par excellence, le bureau *des bureaux*.

— Mo... .eur, vous me forcerez à vous dire des choses désagréables !

— J'en serais d'autant plus fâché que cela m'empêcherait de vous présenter le Petit-Lazary, à droite, et les Délassements-Comiques, à gauche. Ce dernier établissement prévient tout d'abord par son joyeux extérieur. Voyez plutôt, c'est gai, *ça rit.*

— Tenez, je vous quitte, car vous me feriez sortir de mon caractère.

CAFÉ TURC.

Hémicycle oriental, dont les naturels sont dominés par un vice aussi atroce qu'invétéré : le vice des dominos.

LES BORDS DU CANAL.

Rivage d'une sonorité affligeante, et sur lequel il est dangereux de courir passé minuit, quand on a des sonnettes en poche.

AU CAFÉ DES MOUSQUETAIRES.

Boulevard du Temple.

Trissotin. — Ta pièce ne vaut rien, Vadius. — Je te dis que non !
Trissotin. — Je te dis que si !
Vadius. — Tu m'embêtes !... — Garçon, encore un sou de noix, et un cassis !

DANS UNE LOGE FÉMININE DES DÉLASSEMENTS, ET PENDANT L'OPÉRATION DES DÉLACEMENTS.

— Dis donc, le soi-disant prince russe à Mariette ?
— Eh ben !
— Eh ben ! c'était tout bonnement

un voleur à la tire. Figure-toi qu'y a décroché sa chaîne de montre.

— En v'la un de volé ! ce n'était que du Ruolz !

AU BŒUF ROUGE, BARRIÈRE DES AMANDIERS.

Polyte. — Si tu danses avec le grand à blouse grise, j'vous flanque une pâtée qui comptera pour deux.

La Louise. — Grand lâche, va !

SEPTIÈME ARRONDISSEMENT.

COUP D'ŒIL GÉNÉRAL.

Arrondissement où la drogue domine sous toutes ses formes. Rues boueuses et sombres, comptoirs ténébreux où, dressée de bonne heure à l'amour du lucre, l'épouse du négociant reste courbée sur ses livres de commerce, de huit heures du matin à minuit. Le mari surveille la vente, et, sur le devant du magasin, un homme de peine broie ou tamise des aromates. Çà et là, courtiers flairant les affaires, et promenant de boutique en boutique leurs échantillons. Un droguiste riche à 20,000 fr. de rente, sert lui-même à une de ses pratiques deux sous d'indigo. Un *bougiste* (*sic*), propriétaire à La Villette d'une usine où il occupe cent ouvriers, rogne 35 centimes à son correspondant sur le total d'un bordereau de fournitures. Gens économes, gens intelligents, gens à qui l'on arracherait plus facilement l'âme que l'espoir d'un bénéfice honnête sur la vente, la revente et la rerevente.

TABLETTES HISTORIQUES.

204 après J.-C. — Dans une visite chez un pharmacien de la rue des Lombards, l'empereur Constance Chlore invente le produit chimique qui porte son nom.

737. — Ebroïn, maire du palais sous Childéric II, agrandit la rue Saint-Martin et y fonde *cinq mairies*.

1360. — Le roi don Pèdre de Portugal se loge dans un hôtel garni, tenu par un faïencier, rue de la Verrerie. Sa maîtresse, Inès de Castro, y commet plusieurs maladresses.

1513. — Le fameux chien de Montargis fait percer une rue en l'honneur de son feu maître, le sire Aubry de Montdidier, célèbre par son esprit. La voie nouvelle prend le nom de rue *Aubry-le-Bouché*.

1740. — Marivaux, retiré dans un grenier de la rue son homonyme, y composa une comédie en 5 actes, pour l'Odéon, avec accompagnement de Dorantes, de Silvias, de Lisettes et de Pasquins. Cette pièce, intitulée : *le Mari l'eau ou l'École des Ménages*, est refusée par la censure.

SAINT-JACQUES-LA-BOUCHERIE.

— Un magnifique édifice, monsieur ?
— Admirable, monsieur.
— Une relique du moyen âge... Aimez-vous le style ogival, monsieur ?
— Infiniment ; je le préfère même de beaucoup au style *Bougival*.
— Monsieur goguenarde, je le vois.
— Vous êtes perspicace, monsieur.

PLACE DU MARCHÉ SAINT-JEAN.

Avantageusement remplacée par des plâtras, gravats et autres décombres :

« Et place elle a vécu ce que vivent les places.
  « Six cents et quelques ans ! »

SAINT-MERRI.

Comment trouvez-vous ces peintures murales de M. Flandrin?

— Plus faibles que les tableaux de Rubens, comme couleur.

— Ces toiles d'Hippolyte gagneraient beaucoup à être de *Flandre, hein?*

REGARD JETÉ DANS QUELQUES COMPTOIRS.

I

M. CABASSOL,
de Carpentras.

DOIT.		AVOIR.
1er février, 6 pains de sucre. 90 fr.		24 mars,
15 — 12 — . 180		remise, espèces. 400 fr.
7 mars, 3 sacs café. . . . 90		Balance . . 230
22 — 3 — 270		630
630 fr.		
Solde, débiteur. . . 230 fr.		

II

M. BÉZOARD À CHATEAU-CHINON.

Paris, 15 septembre 1852.

Monsieur,

En réponse à v/ honorée du 27 de l'écoulé, n/ avons l'honneur de v/ répondre par l'envoi des 2 c/ miel et des 2 c/ suif que v/ n/ avez demandées, que v/ recevrez par le roulage et avec lettre de voiture. N/ en portons le prix au débit de v/ cpte, soit fr. 667 50 c., somme que n/ v/ prions de n/ régler en un billet à n/ o/ sur Paris, à 90 jours.

En attendant le plaisir de vous lire, N/ avons l'honneur, etc.,

Gibassier et Cⁱᵉ.

III

— Mon ami?
— Ma biche?
— As-tu fini de lire le journal?
— Oui.
— Y a-t-il quelque chose d'intéressant dans le feuilleton?
— Rien du tout; je n'ai pas pu voir seulement ce qu'ont fait les huiles.

HUITIÈME ARRONDISSEMENT.

COUP D'ŒIL GÉNÉRAL.

Le calme, la calotte de taffetas noir et le *Constitutionnel* règnent dans une partie de cet arrondissement.

Gens honnêtes, au demeurant, les petits rentiers jouissent d'une excellente réputation chez leur épicière et chez leur crémière, qui les regarde comme la crème de la société. Leur charbonnier vous dira, sans hésiter, que ce sont des gens *au stère*. Modestes dans leurs goûts, ils se permettent, le dimanche seulement, une petite promenade sur le boulevart Beaumarchais. Une fois qu'ils ont admiré, pour la centième fois au moins, la colonne de la place de la Bastille, et suivi du regard les trains de bois qui descendent le canal Saint-Martin, ils rentrent dans leurs lares, et en voilà encore pour une semaine!

Madame a sa chaise de velours à Saint-Paul, et Monsieur fait partie du conseil des prud'hommes. (Voir Henri Monnier.)

Depuis deux ou trois ans, la femme galante de 2ᵉ ordre, la *musardine*, actrice ou non, commence à se répandre dans les jolis appartements à terrasses du boulevard Beaumarchais; honnêtes bourgeois, qu'allez-vous devenir, bons Dieux, si cette ivraie féminine vient à se répandre dans votre vertueux pays!

HUITIÈME ARRONDISSEMENT.

TABLETTES HISTORIQUES.

512 après J.-C. — Clotaire Ier va au théâtre Beaumarchais, où il assiste à la première représentation de *Allons-y donc Balançard!* Il engage M. Bartholly, directeur, à baisser le prix des places, afin de pouvoir intituler son entreprise le théâtre *Bon marché*.

817. — Louis le Débonnaire, mécontent de son fils Louis le Germanique qui s'obstine à parler alsacien, le fait enfermer à la maison des jeunes détenus, rue de la Roquette.

1371. — Un cabaret célèbre est fondé au coin de la rue de Charenton; les 15 sortes de liquides que l'on y boit le font bientôt surnommer la maison des *Quinze Vins*.

1636. — Un petit-neveu de Gargantua s'installe dans le faubourg Antoine, et se rend fameux par sa voracité; la rue où il logé, reçoit le nom de rue d'A-val.

LES BOULEVARDS DES FILLES DU CALVAIRE ET BEAUMARCHAIS.

— Que dites-vous du boulevard des Filles-du-Calvaire?

— Pas grand'chose.

— Des marchands de meubles qui le peuplent?

— Encore moins.

— Des modistes qui l'embellissent?

— Pas davantage.

— Du boulevard Beaumarchais?

— Presque autant.

— Du théâtre Beaumarchais?

— Rien du tout.

LE MARAIS.

Les lampistes, ciseleurs, sculpteurs et monteurs en bronze qui remplissent ce quartier, sont généralement bons enfants; les lampistes *lampent* peut-être un peu trop... mais enfin!

LE GRAND MONT-DE-PIÉTÉ.

Si vous êtes sans le sou, entrez d'un air dégagé rue des Blancs-Manteaux. Le mont-de-piété, qui porte beaucoup d'intérêt à la jeunesse (à 9 p. 100 par an), s'empressera de vous avancer la finance dont vous aurez besoin. Il ne vous demandera en échange que votre adresse, et votre montre. Cette générosité n'engage à rien, mais vous pourrez tous les ans lui en renouveler votre reconnaissance.

LE FAUBOURG SAINT-ANTOINE.

— Monsieur, je désirerais me meubler.
— Me prendriez-vous pour un tapissier?
— Vous êtes un être dont je fais trop de cas pour cela.
— Je ne vous saisis pas.
— Monsieur est-il recors?
— Je pourrais l'être. Poursuivez.
— J'ai pour les bois sculptés une passion qui m'enchaîne, une passion qui ne peut plier.
— Monsieur, je suis pressé.

— Pas autant que moi, Monsieur ? Je voudrais un ameublement moyen âge... un lit en bois sculpté...

— Avec un ciel ?

— Je n'y tiens pas excessivement.

— Dans une chambre à coucher, un lit c'est *laid sans ciel !*

— Va pour le ciel... un lit commode... très large surtout. Ma femme, qui est assez forte, en prendra les trois quarts... moi je coucherai dans la ruelle.

— Allez à l'hôtel *Bouillon*... pardon, je voulais dire *Bullion*, rue Rossini.

— Y pensez-vous ? on dit que les marchands qui le fréquentent sont des Auvergnats consommés.

— Alors, partez pour le faubourg Saint-Antoine, tout le monde y est ébéniste.

— Vous êtes mon sauveur !

— Vous m'honorez.

LA PLACE DE LA BASTILLE.

Vous connaissez tous la colonne de la place de la Bastille avec son génie doré, la vilaine rue de la Roquette qui vous mène, c'est-à-dire qui vous mènera au Père Lachaise.... La barrière du Trône qui vous conduit à Saint-Mandé, à Vincennes... où l'on voit le faible et le *fort* de la ville. La rue de Montreuil, rue peu orthodoxe qui vous conduit... aux *péchers* !

La rue de Charenton (bien fou qui s'y loge !) vous ramène à Bercy, où l'on va quelquefois, en sortant de l'église des Quinze-Vingts.

LE CANAL SAINT-MARTIN.

Ohé ! ohé ! les mariniers ! ohé ! gare à ce train de bois qui descend ? Dites donc ! les blanchisseuses ne faites pas tant de bruit avec vos battoirs, véritables mains de claqueurs ! un bateau, un bateau ! tournez vite le petit pont ! Ça t'empêche de passer, gamin, et tu es enchanté, car au bout du pont,—l'école ! Ne mange pas ton déjeûner, au moins ! Font-ils du tintamarre ces mécaniciens, ces tourneurs sur métaux, en font-ils ! Et les fabricants de mille riens qui se vendront aux Champs-Elysées les jours de fête, en France, en Europe, partout ! Maudit saltimbanque, tu vas te noyer en voulant repêcher cette pièce de dix sous ! Pas du tout, il la rapporte... et la garde !

A l'eau, Turc, à l'eau! Laissez passer le radeau du père Gérard! laissez passer le radeau! Ohé! les mariniers! ohé!...

NEUVIÈME ARRONDISSEMENT.
COUP D'ŒIL GÉNÉRAL.

Mariniers, négociants en vins, Juifs de la rue Charlot et de celle du Roi-de-Sicile, adonnés à la fabrication des casquettes, peintres et sculpteurs habitant l'île Saint-Louis pour cause de détresse financière, enfin petits rentiers et boutiquiers infimes, ainsi peut se résumer la population polypraxe de cet arrondissement, dont tout un quartier (l'île Saint-Louis) est pour le moins aussi éloigné du Paris de la rue Vivienne par ses mœurs, son esprit et ses habitudes indigènes, que Carpentras ou Saint-Jean-Pied-de-Port le sont par la distance. Cette île, avec ses magnifiques hôtels de Lauzun, Pimodan et Lambert, aujourd'hui si déserts et si tristes, peut servir de pendant à Versailles; à travers les capricieux méandres de la Seine, ces deux nécropoles du XVIIe siècle, séparées par 22 kilomètres d'intervalle, se consolent entre elles, et se rappellent en soupirant l'été des grandes perruques, des chaises à porteurs dorées, des tapisseries de haute lisse, et des vingt-quatre violons « du roy. » — Aux amateurs du sombre, de l'imprévu, et de l'inconnu, nous recommandons la longue et tortueuse rue Charlot, ce sublime de la saleté, ainsi que la tourbe grouillante d'Israélites qui l'habite.

TABLETTES HISTORIQUES.

628. — Le corbillard de Clotaire II reste trois semaines en route sur la rive droite de la Seine, par suite de la négligence des cochers, qui arrêtent leurs montures devant chaque boutique de marchand de vins. Le quai où se passe cet épisode en conserve le nom de *Morland*.

1350. — Le roi Jean, premier du nom, boit du lait d'ânesse, et donne à l'ânier, du nom de Geoffroy, une lettre de recommandation pour M. Montigny. — La rue, visitée par le roi, prend la dénomination de Geoffroy-l'Asnier, qui débute au Gymnase dans *Mercadet*.

1522. — Premiers bals de l'Hôtel-de-Ville, sous François Ier. L'amiral Bonnivet, alors préfet de la Seine, s'entend avec le Primatice et Léonard de Vinci, que le roi lui envoie, pour les premiers travaux de la rue de Rivoli, et le percement du boulevart Victoria.

1685. — Le président Lambert enlève à Mme Anna Chéri son spirituel époux, et le force à peindre à fresque les plafonds de son hôtel : ce travail à coups de brosse fait tellement transpirer le jeune artiste, qu'il en est surnommé *Lesueur*.

L'HÔTEL-DE-VILLE.

N'allez pas croire que nous voulons vous parler de l'hôtel occupé par M. Ville, le secrétaire général de la Banque. Point. Il s'agit ici, tout bonnement, de la résidence de M. le préfet.

L'ÉGLISE SAINT-GERVAIS.

— Que pensez-vous de cette église ?
— Je la trouve lourde et sans grâce.
— Et du portail ?
— Il eut son architecte.
— Expliquez-vous.

— On dirait qu'il a été fait à coups de *brossé*.

— C'est un calembour ?

— C'est une vérité.

LES BAINS DE L'HÔTEL LAMBERT.

10 heures du matin.

Mme de C.., finissant une tapisserie. — Il fait bien beau ce matin.

M. de C..., lisant son journal. — Un temps magnifique... Mon baromètre est à la grande pluie.

Mme de C... — J'ai bien envie d'aller aux bains de l'hôtel Lambert.

M. de C... — Qui vous en empêche ?

Mme de C... — Cela ne vous contrarie pas ?

M. de C... — Au contraire... puisque cela vous fait plaisir.

Mme de C... — Vous êtes charmant !

M. de C... — Quand serez-vous de retour ?

Mme de C... — Dans une heure.

5 heures du soir.

M. de C..., seul. — Clarisse est partie ce matin à dix heures pour l'hôtel Lambert...

il est cinq heures, et elle n'est pas encore rentrée.... c'est fort drôle!

5 heures 1/2.

Un ami. — Je viens vous demander à dîner, sans façon.

M. de C... — Vous êtes le bien venu.

L'ami. — Comment va madame?

M. de C... — Très bien; je vous remercie... elle est au bain.

L'ami. — Au bain?... à six heures?

M. de C... — Déjà? ma diable de montre est arrêtée... il faudra que je la porte chez Leroy.

9 heures, après le dîner.

L'ami. — Madame de C... n'est pas encore de retour... à neuf heures!

M. de C... — Vous avancez...

10 heures. Mme de C... rentrant avec un cousin.

Mme de C... à son mari. — J'ai bien des excuses à vous faire, mon ami.

M. de C... — Aucune, Clarisse.

Mme de C... — En sortant du bain, j'ai été faire une visite à Mme ***. Elle m'a retenue à dîner... Je n'ai pas cru devoir refuser...

M. de C... — Vous avez très bien fait.

Mme de C... — Charles, qui se trouvait chez Mme ***, a eu la bonté de me reconduire.

M. de C..., lui serrant la main. — Ce cher cousin !

11 heures du soir.

M. de C... seul dans sa chambre. — Dois-je me plaindre ? Ne m'avait-elle pas prévenu ce matin qu'elle allait piquer une tête ?...

Morale.

Méfiez-vous d'une femme qui vous dit de sa voix la plus douce : Mon ami, je vais au bain. — Vous qui êtes mariés, méfiez-vous !

LES CANOTIERS.

Presque tous les canotiers appartiennent à la bureaucratie. Le samedi, ils quittent le paletot pour la veste rouge. Tous les lundis, une flottille de canotiers émérites part, orchestre en tête. Ces matelots de circonstance vont *matelotter* à Bercy.

LE PONT D'AUSTERLITZ.

C'est un pont comme tous les ponts du monde, n'ayant d'autre mérite que celui de mener les voyageurs au chemin de fer d'Orléans et les curieux au Jardin-des-Plantes.

— Qu'est-ce que cela me fait? Rien, et à vous?

— Pas davantage.

DIXIÈME ARRONDISSEMENT.

COUP D'ŒIL GÉNÉRAL.

Vaste quadrilatère de bâtiments dont les destinations sont aussi complexes qu'hétérogènes : hôpitaux, couvents, hôtels, greniers, casernes, chantiers de bois à brûler. — Peu de boutiques, encore moins de bourgeois. — Disette presque complète de notaires et d'avoués. — Population de mœurs antiques, conservant soigneusement dans son armoire les croyances et le bonnet de coton de ses pères. — Le valet de pied foisonne, la femme de chambre pullule, le cuisinier surabonde. — Quelques *invalots* se racontent leurs campagnes, et font sécher leur mouchoir à tabac, au soleil du

Champ-de-Mars. — D'autres indigènes regardent couler l'eau sous le pont Royal, ou admirent, bouche béante et pour la centième fois, la fontaine de la rue de Grenelle, de Bouchardon, le grand sculpteur. — Ce sont probablement des *gens goujons*.

TABLETTES HISTORIQUES.

508 avant J.-C. — Clovis, vainqueur des Alemans, fait jeter les fondements de la rue du Bac. Clotilde, sa femme, protége les magasins du Petit-Saint-Thomas, où elle fait de nombreuses acquisitions.

795. — Pepin, fils de Charlemagne, achève ses études à l'Ecole Militaire, et passe un brillant examen. Il est reçu d'emblée simple troubadour.

1260. — Saint Louis rend la justice sous un des grands parapluies du marché de la rue de Sèvres. Ce parapluie prend plus tard le nom de parapluie de *saint Louis*. Un Anglais l'achète cinq napoléons.

1659. — Première entrevue nocturne de Louis XIV et de Mlle de La Vallière dans le Pré-aux-Clercs, à deux pas du café Desmares. Le roi et la favorite restent fort tard dans ce pré, *au clair de la lune.*

QUAI MALAQUAIS.

Ancien burgh d'un baron du xe siècle, qui l'acquit par hérédité masculine : véritable *mâle acquêt.*

QUAI VOLTAIRE.

Célèbre par l'hôtel du philosophe de Ferney, et les étalages des marchands d'estampes. — Club des échecs au coin de la rue de Beaune ; on y voit les clubistes fumer en jouant, et chiquer.

PALAIS DU QUAI D'ORSAY.

Siége de la cour des comptes et du conseil d'Etat.

Colloque surpris entre un vieux maître des requêtes et un jeune auditeur.

— Eh bien ! monsieur, où sont les dossiers dont j'ai besoin pour l'audience ? Vous les portez sous votre bras, ce me semble ? — Oui, monsieur ; j'en apporte au conseil *des tas.*

MUSÉE D'ARTILLERIE.

Que dites-vous de cette collection de poignards, de cuissards et de jambards, mon cher monsieur? — Je dis, monsieur, que nos ancêtres étaient de fiers lurons; quelles carapaces! — Permettez-moi d'essayer un peu sur votre peau ce *poignard de merci*. — Merci! — Tenez, reconnaissez-vous l'arquebuse dont Charles IX s'est servi à la Saint-Barthélemy? — Oui, oui, c'est bien une arquebuse à *rouet*. — Quelle différence avec nos fusils à pistons! ceci est l'enfance de l'art. — Et pourtant on ne trouve ici que des *arts mûrs*.

HÔTEL DES INVALIDES.

Établissement connu par son esplanade et sa coupole dorée. — Ne pas oublier de visiter la gamelle monstre et l'homme à la tête d'argent, deux curiosités locales. Les Champenois et les pianistes-hommes, sont admis tous les jours et sans passeport, à cette visite, sur la seule exhibition de leur physionomie ingénue.

MAISON DES JEUNES AVEUGLES.

Son enceinte ne serait pas assez grande, en la quadruplant, si la loi y accordait un refuge à tous les fonctionnaires parisiens de l'ordre marital, affligés de cécité complète et volontaire.

DANS UN BOUDOIR DE LA RUE SAINT-DOMINIQUE.

— Que faites-vous ce soir, vicomte ?
— Marquise, je vais au bal chez le banquier X...
— Comment, cher, vous voyez de ces espèces-là ?
— Précisément ; j'ai besoin d'*espèces*.

DANS UN SALON DE LA RUE PLUMET.

— Le secrétaire de M. le duc accompagne donc maintenant partout Mᵐᵉ la duchesse ?
— Du tout : c'est Mᵐᵉ la duchesse qui accompagne M. son secrétaire !

UNE ANTICHAMBRE DE LA RUE BELLE-CHASSE.

Le valet de chambre. — Où donc que vous êtes restés comme ça aujourd'hui, pendant cinq heures ?

Le valet de pied. — Pardine, est-ce que ça se demande ? chez sa danseuse.

Le valet de chambre. — Bon ! Et M. le comte qu'a eu le toupet de dire tout à l'heure à madame qu'il avait passé la journée au bois !

Le valet de pied. — Oui, auprès de la Porte-Maillot.

ONZIÈME ARRONDISSEMENT.

COUP D'OEIL GÉNÉRAL.

Nous l'avons déjà dit au commencement de cet article, nous avons contre le 11e arrondissement deux motifs d'animosité très difficiles à dissiper, deux griefs de vieille date, et dont la profondeur paralyse, jusqu'à un certain point, les bonnes intentions dont nous pourrions être animé pour les quatre quartiers du Palais-de-Justice, de l'Ecole de médecine, de la Sorbonne et du Luxembourg ; ces deux motifs, ces deux griefs, tout ce qui porte sous la mamelle gauche (comme dit M. Théophile Gautier), un cœur vraiment parisien, les a déjà nommés : l'Odéon et Bobino ! Bobino et l'Odéon ! Charybde et Scylla dramatiques de la rive gauche, sentinelles tragi-comiques perdues dans ces vastes steppes qui commencent au Pont-Neuf et ne se terminent qu'aux barrières Saint-Jacques, d'Enfer et Mont-Parnasse. Ces deux objets mis à part, nous sympathisons de tout notre cœur avec le 11e arrondissement, et nous fraternisons de bon cœur avec les endroits divers, ou les différents morceaux de maçonnerie dont il se compose. Nous fraternisons avec la Sorbonne, ce legs du grand cardinal; nous fraternisons avec l'Ecole de médecine, nous fraternisons avec le Luxembourg, nous fraternisons avec le Palais-de-Justice! nous fraternisons avec la *Chartreuse*, avec la *Closerie des Lilas*, avec le *Prado*, avec *Pilodo*, avec la *Grande Chaumière*, avec les étudiants ou les étudiantes, et autres Chinois à l'eau-de-vie de la rue Soufflot.

TABLETTES HISTORIQUES.

801. — L'empereur Charlemagne institue la fête qui porte son nom, et que l'Université célèbre le 28 janvier. Il donne ce jour-là un banquet monstre aux élèves, pions, professeurs, censeurs, économes

et proviseurs, dans l'ancien palais des Thermes de Julien, rue de La Harpe. De larges distributions de vin de Suresnes sont faites aux convives, et, au dessert, le grand Karl lit tout haut une pièce de vers latins de sa composition, sur les *beautés de la grammaire de Lhomond et les plaisirs du que retranché.* — L'assemblée trouve ses vers aussi bons que son vin.

1075. — Hugues Capet jure, dans sa *sorbonne*, d'en fonder une nouvelle. Plus tard, Robert Sorbon se charge de mettre ce projet à exécution.

1131. — Louis le Jeune indispose contre lui sa femme Éléonore de Guienne, qui lui reproche de ne pas lui avoir offert, à l'occasion de sa fête, deux ou trois rosiers du Marché-aux-Fleurs. Le roi lui répond qu'il trouve ce procédé bête comme un pot. Éléonore s'enfuit en Angleterre pour effeuiller des roses avec Henri II.

1270. — Philippe III profite d'une absence faite par son père, saint Louis, et se rend au bal du Prado. A son retour, sa respectable mère lui administre une danse.

1350. — Edouard offre au roi Jean sa liberté, sous la condition d'aller deux fois par semaine à l'Odéon. Le noble prisonnier refuse, et meurt au cachot.

1574. — Le duc d'Alençon revient d'Angleterre et de sa prévention contre le jeu de whist. Il achète le traité de ce jeu, rue des Grands-Augustins, chez l'éditeur Passard.

LE PALAIS-DE-JUSTICE.

Assemblage de pierres de taille dû aux labeurs de M. de Brosse, « ce gauche architecte du portail St-Gervais », comme Victor Hugo l'appelle si justement. — On y distingue : 1º la cour de cassation ; 2º la cour d'appel ; 3º les tribunaux civil, correctionnel et de simple police ; 4º les greffes, véritables haubans, où l'odeur particulière aux saute-ruisseaux se mêle aux exhalaisons des *blousiers* de la correctionnelle. Dans la salle des Pas-Perdus, gigantesque décor de prison, où le brouillard a ses grandes entrées pendant l'hiver, Malesherbes, du haut de son piédestal de marbre, salue les avocats et sourit aux avoués. Les défenseurs frappent sur la barre du tribunal, en guise d'enthousiasme oratoire; les juges attendent avec impatience la fin des plaidoiries; les maîtres clercs, lestes et triomphants dans leurs cravates blanches, s'escriment à qui mieux mieux en pleine audience des référés, cette dernière étape des meubles saisis, et apportent à l'audience les parfums du cigare fumé, après boire, au café d'Aguesseau. — Les troisièmes clercs à 30 fr. par mois, *qui font le Palais*, se pressent dans les greffes pour obtenir la remise des expéditions judiciaires, et attendent la clôture des audiences, à l'effet de présenter aux juges certains compliments appelés *requêtes*. — Les stagiaires, ces conscrits de Thémis, plaident d'office aux assises pour les *voleurs qualifiés*. — Les vieux habitués se chauffent aux poêles des salles, au milieu d'une atmosphère où l'hydrogène sulfuré se mêle à l'ammoniaque dans une proportion indescriptible; et les écrivains publics de la salle des Pas-Perdus rédigent les plaintes adressées au parquet du procureur impérial par les plaignants illettrés!

LA PRÉFECTURE DE POLICE.

— Ah! je t'y prends, gredin; tu viens de me voler ma tabatière et mon foulard!

— J'suis enrhumé du cerveau, et j'ai oublié mon chiffon.

— Viens avec moi au poste, gredin!

— Je ne suis pas facteur.

— Ah! tu te moques de moi!... Monsieur le sergent de ville, arrêtez-le; il vient de me dévaliser.

— Dévaliser! me prendriez-vous pour un voleur?

— Qu'as-tu fait de mon foulard d'Inde?

— C'est vous qui en êtes une dinde...

— Qu'en avez-vous fait? répondez.

— Force armée, permettez-moi de vous faire observer, avec tout le respect que je vous dois, que ce mouchoir est un foulard de 12 sous.

— 12 sous! il m'a coûté 3 francs rue Saint-Denis.

— On vous a volé.

— Et ma tabatière, pourquoi l'as-tu prise?

— J'ai un faible pour le tabac... c'est plus fort que moi!

— Je vous reconnais parfaitement... vous êtes un voleur de profession en rupture de ban.

— En rupture de ban, moi ! c'est un peu *fort, ça* !

— Allons, suivez-moi à la Préfecture.

— A la Préfecture pour un mauvais mouchoir de 12 sous et une boîte de ferblanc !

— Une boîte de ferblanc ! gredin, elle est en or.

— Allons, allons, à la Préfecture de police !

— Oh ! mon Dieu ! où, grâce à cette tabatière en *or, vais-je* !

— A la Préfecture !

LE MARCHÉ-AUX-FLEURS, LE PRADO.

V'là des beaux bouquets, messieurs ; achetez-moi ce rosier, ma petite dame, ça embaumera vot' chambre ! J'ai des roses, des marguerites, des lilas... Ne m'oubliez pas ! mon gros monsieur ; achetez-moi des soucis... vous en avez assez chez vous, pas vrai ? Si vous allez au Prado, prenez des camellias pour vos danseuses, mon bichon ! V'là des beaux bouquets, v'là des beaux bouquets !

L'ÉGLISE NOTRE-DAME.

— Avez-vous lu *Notre-Dame de Paris* de notre grand Victor Hugo?

— Je m'en flatte.

— Alors, je ne vous parlerai pas plus longtemps de Notre-Dame.

L'HÔTEL-DIEU, LA MORGUE.

N'entre pas qui veut dans le premier de ces deux établissements; cependant, si vous avez le malheur de vous faire écraser par une voiture quelconque (ce que je ne vous souhaite pas), on vous conduira à l'Hôtel-Dieu. Vous y recevrez la visite des sommités médicales de Paris et de messieurs leurs élèves, qui vous purgeront, vous saigneront, et, même au besoin, vous égorgeront, le tout aux frais du gouvernement.

La Morgue est à deux pas de l'Hôtel-Dieu. Voyez cette pauvre fille couchée, pâle et froide,— froide du froid de la mort. Vous l'avez peut-être rencontrée le matin dans les rues de Paris; elle vous a peut-être *intrigué* au foyer de l'Opéra...

LE QUARTIER LATIN.

Paris, ce 19 février 1856.

« Mon cher père,

» Je profite d'un moment de repos pour vous donner des nouvelles de ma santé, qui est excellente, Dieu merci ! sauf un grand rhume de cerveau qui m'empêche de passer mes examens. Depuis deux mois que je suis à Paris, où j'étudie mon droit, je n'ai pas passé un seul instant sans penser à vous, mon bon père, ainsi qu'à ma bonne mère, à ma bonne sœur, à mes bons oncles et tantes, cousins et cousines, enfin à tout notre monde, sans oublier notre bonne ville de Saint-Jean-Pied-de-Port.

» Si vous saviez comme on travaille dans le quartier Latin ! Je passe des nuits entières à *piocher*, et pourtant je ne suis pas encore fort avancé. Je fais toutes les économies possibles ; mais la vie est si chère à Paris ! et d'ailleurs j'ai, à chaque instant, des livres si dispendieux à acheter !

» Vous trouverez ci-jointe la note de mes dépenses du mois de janvier dernier. Je vous serai très obligé de m'en envoyer le montant par le retour du courrier.

» Je termine ma lettre en vous souhaitant une bonne santé, et en vous priant d'embrasser pour moi ma bonne mère, ma bonne sœur, mes bons oncles et tantes, et généralement toute la ville de St-Jean-Pied-de-Port.

» Votre fils respectueux et enrhumé,
» Adolphe CHALUMEAUX. »

MOIS DE JANVIER. — *Dépenses.*

Déjeûners	15 fr.	» c.
Dîners	30	»
Coupe de cheveux	85	»
Bretelles et tire-bottes	105	»
Loyer	30	»
Etrennes à mon portier	»	50
Encre, papier, plumes, etc.	60	»
Vêtements	12	»
Mouchoirs de poche	45	»
Menus plaisirs	1	25
Total :	333 fr.	75 c.

« Saint-Jean-Pied-de-Port, ce 21 février 1856.

» Mon cher Adolphe,

» Je reçois à l'instant ta lettre du 19 courant, et je m'empresse d'y répondre.

Ta mère, ta sœur Jacqueline, ta tante Duhomard, ton oncle Rochepot et ton cousin Jujube ont été attendris en la lisant. J'ai appris avec plaisir que la santé était bonne, et que tu *piochais* beaucoup. Cependant ta mère te recommande de ne pas travailler la nuit; cela pourrait te fatiguer, et la santé avant tout.

» Ta mère, ta sœur Jacqueline, ta tante Duhomard, ton oncle Rochepot et ton cousin Jujube t'embrassent mille et mille fois, ainsi que moi.

» Ci-joint un mandat sur la poste de 333 fr. 75 c.

» Ton père,

» Scipion CHALUMEAUX. »

» P. S. Tu recevras, en même temps que la présente, une douzaine de bas de laine que ta tante Duhomard t'envoie, et qui a été tricotée par elle. »

— 333 fr. 75 c., quelle chance!
— Un toast à Scipion Chalumeaux!
— A madame Scipion Chalumeaux!
— A Jacqueline Chalumeaux!
— A la tante Duhomard!
— A l'oncle Rochepot!
— Au cousin Jujube!

— A la ville de Saint-Jean-Pied-de-Port!

— Je demande la parole!

— La parole est accordée au jeune Adolphe!

— Silence!

— Moi, Jean-Anastase-Adolphe Chalumeaux, fils de l'honorable Scipion Chalumeaux, né à Saint-Jean-Pied-de-Port (Basses-Pyrénées), âgé de vingt-trois ans, trois mois et sept jours; ai l'honneur d'inviter messieurs les étudiants et mesdames les étudiantes ci-présents à souper pour demain, mardi gras, vingt-quatrième jour du mois de février. On se réunira, à minuit, dans les salons de M. Magny, restaurateur, rue Contrescarpe-Dauphine, 3.

— Adopté! adopté!

— A la santé d'Adolphe Chalumeaux!

— Messieurs, j'ai l'honneur de proposer une souscription à l'effet d'offrir une médaille en or à tous les Chalumeaux en général, et au jeune Adolphe en particulier!

— Adopté! adopté!

— Un punch en l'honneur d'Adolphe Chalumeaux!

— De Scipion Chalumeaux !
— De Jacqueline Chalumeaux !
— De la tante *Duzomard !*
— De l'oncle Rochepot !
— Du cousin Jujube !
— De la ville de Saint-Jean-Pied-de-Port !
— Garçon, servez chaud !

LE LUXEMBOURG (*théâtre.*)

Le nom de Luxembourg est peu usité. Ainsi l'on ne dit jamais : Je vais au théâtre du Luxembourg, mais : Je vais à Bobino.

Les avant-scènes sont généralement occupées par des bandes d'étudiants et d'étudiantes. On rit, on folichonne, on mange des oranges, des pommes, des poires ; on s'occupe de tout enfin, excepté de la pièce !

Les spectateurs ne savent jamais ce qu'on y joue. Ainsi, demandez à un étudiant sortant du théâtre la composition du spectacle : — Ma foi, je l'ignore complétement, vous répondra-t-il ; quand ils ont commencé, j'étais en train d'éplucher une pomme !

L'ODÉON.

Heureux théâtre! chaque soir la foule assiége ses portes; on s'arrache les billets; on fait un train d'enfer pour obtenir un paradis; en un mot, l'Odéon est une vraie mine d'or. Heureux directeur!

LE PANTHÉON.

Aux grands hommes la patrie reconnaissante, dit le fronton du Panthéon; les auteurs de *Paris à vol de canard* y reposeront un jour entre Rousseau et Voltaire. Ainsi-soit-il!

DOUZIÈME ARRONDISSEMENT.

COUP D'OEIL GÉNÉRAL.

Balzac, dans l'*Histoire des Treize*, a judicieusement remarqué que toutes les misères et toutes les infirmités humaines étaient venues se donner rendez-vous dans ce coin de Paris : les hôpitaux de Lourcine, Marie-Thérèse, de la Maternité, du Midi, du Val-de-Grâce et de la Pitié, y forment comme autant de points de repère entre les rues sinueuses, dont les principaux éléments indigènes sont ces pensions bourgeoises que l'auteur du *Père Goriot* a immortalisées dans son tableau de la maison Vauquer. Une population de vieillards, parquée dans des chambres à 60 fr. par mois, nourriture et logement compris, achève là sa dernière étape ; ce sont ces tristes débris de l'humanité que vous apercevez souvent, par une matinée de printemps ou un après-midi d'automne, assis, côte à côte, sur les bancs du Jardin-des-Plantes ; les uns, couverts de houppelandes rapiécées, causent en traçant avec leur canne des hiéroglyphes sur le sable ; les autres, enveloppés de tartans impossibles et coiffés de garde-vues verts, se racontent les cancans de la pension, où reprennent le fil tant de fois noué et dénoué de leurs regrets passés, de leurs espérances déçues, de leurs souvenirs antédiluviens. Sur un autre plan et plus loin que ces détritus de la Babylone moderne, contemplez : rues Censier, Mouffetard, de Lourcine, Pascal et des Fossés-Saint-Marcel, la population industrieuse des tanneries et des corroyeries ; voyez, rues Saint-Jacques, Saint-Victor, Copeau, Guy-Labrosse, etc., la foule des employés à 1,500 fr., logés au cinquième étage, *avec balcon*; la nation des étudiants qui étudient ou qui n'étudient pas, Rastignacs modernes auxquels un père économe et provincial alloue un budget mensuel de 100 fr. pour continuer Bichat, ou marcher sur les traces de Gerbier; enfin, jetez un coup d'œil en passant sur ces communautés religieuses, encloses dans de froides murailles (les couvents des Jésuites, celui des Anglaises, et le collége des Irlandais, par exemple); donnez un regard à l'Ecole polytechnique, aux colléges Louis-le-Grand, Napoléon, Rollin, aux églises Saint-Séverin, Saint-Jacques-du-Haut-Pas et Saint-Médard, à la mairie monumentale de l'arrondissement, dont la construction fait pendant à l'Ecole de droit, et se carre modestement devant le dôme michelangesque du Panthéon; après vous être arrêté devant la tour de Clovis, et la bibliothèque Sainte-Geneviève, la seule qui admette des travailleurs nocturnes, entrez dans la nef de Saint-Etienne-du-Mont, dont vous admirerez le jubé élégant; puis, laissant derrière vous la misère sordide qui ronge le quartier de la place Maubert et de la rue de la Montagne, traversez le Jardin-des-Plantes; vous êtes vis-à-vis le pont d'Austerlitz; le chemin de fer d'Orléans, la Salpêtrière, et le boulevard de l'Hôpital sont à votre droite; devant vous s'étend le quai aboutissant à la barrière d'Ivry; lorsque vous aurez parcouru ce long chemin, regardé tous ces hôpitaux, toutes ces usines, toutes ces maisons, tous ces jardins publics, tous ces êtres vivants, malades ou valides, aisés ou pauvres, vous n'aurez pas encore assisté à la centième partie des drames sinistres ou comiques, des leçons triviales ou élevées que le 12e arrondissement recèle parmi ses chiffonniers, ses infirmes, ses fous, ses animaux savants, ses bêtes empaillées, ses arbres exotiques, son railway, ses tanneurs, ses futurs négociants, ses étudiants, ses lycéens, ses professeurs, ses corporations monastiques; à ce composé étrange de réalisme et de spiritualisme, de vie positive et de fantaisie, il n'y a que l'œuvre d'un Shakespeare ou celle d'un Goya qui puisse servir de terme de comparaison.

TABLETTES HISTORIQUES.

677. — Le maire du palais, Erchinoald, presse Clovis II d'agir contre les Austrasiens. Le roi, réfugié chez un tanneur de la rue Mouffetard, demande du temps pour prendre cette résolution.

824. Louis le Débonnaire autorise les jeunes personnes qui sortent de *la Maternité* à se présenter au concours comme rosières.

1463. Malgré l'épizootie qui frappe les bœufs et les moutons cette année-là, une hausse considérable se manifeste dans la consommation de la viande. Création du marché aux chevaux.

1530. François Ier fait prier le docteur Ricord de passer chez lui, pour affaire importante.

1633. Guy de Labrosse, médecin de Louis XIII, demande à ce prince la permission de créer le Jardin-des-Plantes et la Ménagerie. Le roi la lui accorde pour le remercier de ses bons soins, espérant qu'il sera dévoré par les ours.

1760. Buffon raconte son histoire aux élèves du Muséum ; les auditeurs trouvent cette histoire toute naturelle.

1779. Franklin va aux Gobelins, et prend un personnage représenté sur une tapisserie pour une créature vivante. Il demande à son guide : « Que diable fait donc cet homme-là, » et le guide lui répond : « Il est tapissé. »

1848. Formation du corps des *Vésuviennes*. Elles établissent leur quartier-général à la Salpétrière.

1853. Fureur du peintre Duval-Lecamus. Il passe devant le Val-de Grâce, avec un de ses amis, qui ne rougit pas de lui dire : « Mais regarde donc le dôme, Duval, de grâce ! »

PROPOS DE CHIFFONNIERS RECUEILLIS SUR LE PAVÉ DE LA RUE DE LOURCINE.

— Viens-tu te coller une polichinelle sous le nez?

— Merci, j'ai pas encore piqué un chiffon.

— Bah ! il n'est pas tard.

— Trois heures, et le tri est pour cinq.

— Fais pas ton aquilin, ôte la tienne... et aboule...

— J'veux pas t'chiffonner...

. . . .

— Eh ! la mère ! *troisses* polichinelles pour *deuss* !...
— Ce p'tit bleu m'chatouille agréablement.
— C'est du v'lours que j'te dis... D'l'épinglé !
— Un vrai gilet de flanelle sans manches.
— A la tienne, vieux.
— C'te chance ! J'viens d'pêcher d'la volaille !
— Moi, j'sais pas trop c'que j'tords, mais c'est comme qui dirait d'l'homard ! j'sens les écailles !

. . . .

— J'te dis qu'c'est moi qui régale.
— J'suis chiffonnier, mais je n'vis aux crochets d'personne !
— J'paierai !
— Tu vas t'faire démancher !
— J'vas t'endommager !
— Toi ?...
— Moi !...
Silence ! silence ! v'là les curieux !

LE JARDIN DES-PLANTES.

— Ah ! Monsieur, le beau tigre !
— Le beau lion, Madame !

— Ma femme, regarde donc cet éléphant !

— Mon mari, que dis-tu de ce rhinocéros ?

— Ma femme, je dis qu'il a une belle corne.

— Oh! la magnifique plante ! madame Chiffonnet !

— On dirait une asperge.

— Une asperge ! fruitière, va! traiter ainsi un yuccas !

— Yuccas toi-même, malhonnête!

— Sont-ils mal élevés, ces savants, ces *herborateurs !*

— Aimez-vous les oiseaux, monsieur l'Anglais?

— Moi !... *no.*

— J'ai chez moi des petits ours charmants.

— Monsieur est vaudevilliste?

LA RUE MOUFFETARD.

La rue Mouffetard appartient exclusivement aux chiffonniers et aux chiffonnières; ils y ont établi leurs mannequins. Dès que la lune se montre à la fenêtre du ciel, ils prennent leur volée avec les chauves-souris, la lanterne à la main, la hotte sur le dos et le crochet à l'épaule, ils parcourent la capitale en philosophant. Ramasser des chiffons est pour eux une affaire d'état. — Les chiffonnières, vieilles et ridées pour la plupart, trouvent parfois, en *g'anant*, un peigne, des rubans tachés, une moitié de chapeau, un fragment de châle... elles s'en parent... le dimanche.

Le chiffonnier est d'une nature altérée; il accepte volontiers le petit verre de l'amitié. Honnête homme, du reste, s'il avait le bonheur de trouver un billet de banque et un billet d'Odéon dans un tas de saletés, il s'empresserait de reporter le billet d'Odéon au contrôle. Honnête, le chiffonnier! honnête!

LE VAL-DE-GRACE.

Tout militaire indisposé y a droit à un lit, à des cataplasmes, à des coups de lancette, à plusieurs espèces de bouillon, à du... assez, assez! passons rapidement sur cela... de grâce!

RUE SAINT-MÉDARD, RUE SAINT-NICOLAS, RUE SAINT-VICTOR.

Nous pourrions servir un rassemblement de notes aussi historiques que somnifères sur les rues Saint-Médard, Saint-Nicolas et Saint-Victor; mais les yeux du lecteur commencent déjà à se fermer, et sa bouche s'ouvre à deux battants, nous allons donc lui souhaiter le bonsoir.

TREIZIÈME ARRONDISSEMENT.

COUP D'OEIL GÉNÉRAL.

Circonscription matrimoniale d'un nouveau genre, inventée pour l'usage des intelligences supérieures qui se mettent au-dessus des formalités vulgaires. Le caprice, dirai-je l'amour, y remplit les fonctions d'officier de l'état civil; la carte à payer d'un restaurant joue le rôle du contrat, et la *noce* dure quelquefois longtemps. Véritable Protée en matière de domicile politique, le 13ᵉ arrondissement n'a ni limites déterminées, ni résidence fixe. Vous le trouvez en même temps rue Saint-Honoré et place Royale, boulevard des Capucines ou rue Saint-Antoine, à Bréda-Square et chez les Beni-Mouffetard. Partout et nulle part,

... à sa devise. Mais la zone parisienne qu'il affectionne par excellence, son rendez-vous le plus quotidien, son tabernacle des tabernacles, c'est la portion de Paris bornée au nord par les barrières Blanche et Pigale, à l'ouest par la rue d'Amsterdam, à l'est par le faubourg Poissonnière, et au sud par le boulevard; en un mot, le quartier Notre-Dame-de-Lorette et ses affluents. Il possède là, entre autres administrés fidèles, deux séries de locataires fort curieux à étudier: 1º l'artiste, 2º la femme sans préjugés, vague détritus de la lorette, car la lorette n'existe plus, comme nous le démontrerons un peu plus loin.

TABLETTES HISTORIQUES.

650 avant J.-C. — Frédégonde, au sortir d'un bal masqué, accepte un souper du page Landry, jeune gars des plus entreprenants.

810. — Charlemagne, à 70 ans, se passe la fantaisie d'une huitième femme. La cour lui en fait son compliment.

1310. — Marguerite de Bourgogne et ses sœurs se permettent quelques légèretés avec divers étrangers dans la tour de Nesle.

1518. — Paroles mémorables de François Ier au mari de la belle Ferronnière : « Mon cher, faites-moi donc le plaisir d'aller voir un instant à la Bastille si j'y suis. »

1760. — Jeanne Vaubernier, depuis Mme Dubarry, atteint sa quinzième année. Sa respectable mère l'engage à se placer dans une maison de commerce.

COMME QUOI LA LORETTE N'EXISTE PLUS.

Quand la lorette succéda à la grisette qui s'éteignait, le 5 0/0 était à 115, les agents de change bâtissaient des Folies-Beaujon, et les marchands de calicot amassaient 400,000 francs de revenu en trois ans. La lorette se trouva donc inventée tout exprès pour absorber le trop plein de ce capital qui débordait, et le convertir en meubles de Boulle, en écrins Janisset, en voitures au mois, etc. Depuis lors, douze ans ont passé sur nos têtes. Aujourd'hui, les lorettes célèbres de 1840 ont vieilli ; elles comptent leur dépense avec leurs cuisinières, prennent l'omnibus quand il pleut, et élèvent des oiseaux. Le siècle, lui aussi, a bien changé; les hommes sont devenus *rats*; il est plus difficile de leur extirper une coupure de 100 francs que jadis un billet de 1,000. On voit de nos jours, chose incroyable! trois ou quatre Turcarets s'associer pour acheter le même amour en participation, comme une charge d'agent de change. A la suite de ces vilenies, sont venus les amants *pannés*, les amants *carotteurs*, et finalement les amants *escrocs*. La lorette *pure* (impurement parlant) est maintenant un type évanoui, une race disparue, comme les carlins du Directoire. On n'a plus de maîtresses qu'à l'heure ou à la journée, comme une voiture de place, et l'on discute longtemps les articles du tarif. Félicité, la fameuse Félicité, l'incomparable Mlle de Beaupertuis, est morte au milieu d'un souper, à la Maison-d'Or, entre une pêche Condé et un verre de Johannisberg ; elle est morte, bien morte, tout ce qu'il y a de plus morte, et Gavarni l'a pompeusement ensevelie sous un mausolée de vignettes.

Mais elle était du monde où de l'or et des noces,
    Bien courts sont les destins,
Et *rose* elle a vécu ce que vivent les *roses*,
    Quelques nuits de festins.

A l'heure où nous parlons, la grande famille des pécheresses se subdivise en trois sous-genres bien distincts : 1° les femmes *tranquilles*, qui achètent des rentes, placent leurs économies à la Caisse d'épargne, et ne se permettent, en fait d'excentricités, que quelques parties intimes de baccarat, ou certains dîners mystérieux en tête à tête. De telles femmes font contribuer leurs amants de cœur aux frais généraux du pot-au-feu. Un *Armand* de ce genre paie, dit-on, 1,000 fr. par mois, l'honneur insigne d'être en second dans les bonnes grâces d'une de nos Aspasies sur le retour. 2° Les *flibocheuses*, êtres hybrides, moitié femmes et moitié éponges, qui sont de tous les dîners, de tous les soupers et de tous les réveillons; ubiquitaires, que l'on voit le même soir et à la même heure, au bal Valentino, à Sainte-Cécile et aux avant-scènes des petits théâtres; filles, du reste, très remarquables et assez remarquées... pour leur toilette extravagante; chipant tout, rinçant tout, *lavant tout*, suivant leurs expressions favorites, depuis le papier Joseph de la Banque, jusqu'aux cinq *balles* monétaires, jusqu'à la modeste pièce de 2 fr. destinée à payer un tour de tête ou une course en cabriolet. 3º Les *rouleuses*, aujourd'hui modèles d'atelier, demain vendeuses de bretelles et de parfumeries dans un passage, et après-demain... Leur costume habituel se compose d'un chapeau impossible et d'un tartan gris, tombant droit depuis les épaules jusqu'à la cheville. Ce sont elles que l'on voit, requinquées à neuf par la munificence transatlantique de quelque Yankee, dîner au comptoir de leur crémière, ou coiffées en cheveux, et parées d'une robe de taffetas noir à volants, aller, bouteille en main, *quérir* leur demi-litre chez l'épicier du voisinage; ce sont elles encore qui agacent ouvertement les passants par la fenêtre, et reçoivent de temps à autre une admonestation paternelle du commissaire de police de leur quartier.

O lorette, lorette, qu'es-tu devenue ? neige d'antan, quel soleil t'a si promptement fait fondre? C'est la fantaisie qui t'avait créée, c'est elle qui t'a supprimée; c'est l'or, le luxe et le lansquenet qui t'ont perdue :

Elle aimait trop le *lans*, c'est ce qui l'a *pannée!*

LES CROMWELL.

— Il y a deux cigares que je vous attends, chère.

— Deux *cazadores* ?

— Je n'en fume pas d'autres.

— Fat ! allumez-m'en un.

— Volontiers ; mais que faisiez-vous dans votre boudoir ?

— Vous êtes jaloux ?

— Vous ne me répondez pas, Camélia.

— Ni vous, monsieur le comte.

— Vous me trompiez, j'en suis sûr.

— Pourquoi m'interroger si vous en êtes sûr ?

— Méchante !

— Je pensais à vous, monsieur le comte.

— Bien vrai ?

— Tiens, vous avez une jolie épingle... un diamant.

— La voulez-vous ?

— Je vous aime trop pour vous la refuser.

— Que faites-vous là, Camélia ?

— Vous le voyez, monsieur le comte, j'effeuille une marguerite.

— Vous aimez donc quelqu'un ?
— C'est vous qui me le demandez ?
— Vous êtes divine !
— Je vous aime un peu...
— J'ai payé les 3,000 fr. que vous deviez à Tahan...
— Beaucoup...
— Vous aurez demain vos deux gris pommelés.
— Passionnément.
— Mais nous serons forcés de passer l'hiver à la campagne... mon père nous coupe les vivres...
— Pas du tout!

LES ATELIERS.

— Je suis Jean Lubin...
— Silence donc! laissez parler le nouveau.
— Né de parents pauvres...
— Oh! c'est stupide, ça! Qu'est-ce qui a barbouillé ma figure ?
— Silence donc! silence! recommencez de nouveau...
— Nouveau!...
— Pauvres, mais voleurs...
— Qu'est-ce qui me passe un tortillon?

— Qu'est-ce qui a pris mon bras en plâtre ?

— Emplâtre toi même !

— Silence ! silence ! v'là le patron !

— Bonjour, messieurs... Je suis fort mécontent de vous... les locataires de la maison se plaignent, vous mettez tout le quartier en émoi... si cela continue, je fermerai l'atelier. (Calme plat.)

— (A un élève.) Voyons ça... c'est très mauvais ! Vous ne ferez jamais rien... votre rotule n'est pas à sa place... vous ne regardez pas votre modèle.

— Monsieur, a-t-il reçu la barrique de Madère que mon père vient de lui envoyer ?

— Une barrique, dites un tonnelet contenant à peine trois bouteilles... Ce nez est énorme... cette jambe est une vraie flûte... Vous ne ferez jamais rien, je vous le répète, et je vais écrire à votre famille... Vous appelez cela une barrique, vous !

— Il est parti... hi ! hi ! il est parti !

— Nouveau, du feu !

— Nouveau, va chercher du savon noir !

— Nouveau, ferme la fenêtre !

— Nouveau, ouvre la porte!
— Mais..
— Il refuse... à l'échelle!
— A l'échelle! à l'échelle!
— Affreux nouveau!
— Que de tourments tu causes à ta famille!
— Ton pauvre père et ta pauvre mère versent des larmes de sang...
— Nouveau, où es-tu né?
— Je suis né à Etain, département de la Meuse...
— Tu es d'étain? Ohé! le nouveau est d'étain!
— Nouveau, où demeures-tu?
— Rue Roch'ouart.
— Rue Roche-Chouart...
— Comment, Roche-Chouart?... on dit donc ton *Mouche-choire?*
— Oh! mouche-choire... oh!
— Tiens... c'est Georgette!... bonjour, Georgette!
— Bonjour, bichette, comme tu es belle!
— Viens baiser papa...
— Laissez-moi tranquille, vieux singe!
— Il n'y a donc pas de tabourets ici?
— Eh! bête, viens t'asseoir sur mes genoux!

— Nouveau, tu n'as pas encore payé ta bienvenue.
— Quelle bienvenue?
— Il demande quelle bienvenue!
— Elle est bonne... de punch!
— Aboule tes quatre roues!
— Je n'ai pas de roues.
— Être naïf, aboule les vingt francs... ce n'est pas le Pérou!
— Je les demanderai à papa.
— A papa? pourquoi pas à maman!...
— A grande sœur!...
— A petite sœur!...
— Vingt francs... ou l'échelle!
— Oui... l'échelle!
— Ne me touchez pas... je le dirai à papa!
— A maman!...
— A petite sœur!...
— A grande sœur!...
— J'ai les vingt francs!...
— Bravo!
— Rendez-moi mon argent!
— Chez le rogomiste!
— Je l' dirai à monsieur!
— A l'échelle! à l'échelle!
— Lâchez-moi! lâchez-moi!
— Pas de grâce!

— Hi! hi! hi!
— Chez le rogomiste, chez le rogomiste!

MEMENTO QUOTIDIEN

du gobe-mouches et de l'étranger.

—

1º Emploi de la journée à Paris.

10 heures du matin. — Déjeûner : composé d'une tasse de café au lait, au restaurant des *Bottes-Humides*, marché des Innocents.

11 heures. — Aller lire les journaux, mais se ranger soigneusement des voitures et du *Constitutionnel*.

Midi. — Visite aux têtes-râteliers de M. Rogers, passage Jouffroy.

2 heures. — Se diriger vers le tir... bottes, pour le cas où l'on serait gêné dans sa chaussure.

4 heures. — Séance chez le marchand *de flan*, près des Variétés; causerie de quelques minutes avec M. Grassot.

6 heures. — Coup de fourchette à la soirée de prestidigitation culinaire du *Dîner de Paris*, boulevard Montmartre.

Carte du jour. — Potage aux ognons de Vaugirard; goujons frits du bas

Meudon; capsules de veau de Pontoise à la financière; salade de betterave de Clamart, etc., etc.

Dessert. — Sorbet au vin rouge; demain, sorbet au vin blanc; après-demain, sorbet au vin bleu.

8 *heures*. — Station au boulevard Saint-Denis, devant l'éventaire ambulant de la maison Abraham et Ce, honorables négociants en doublé d'or.

11 *heures*. — Dernier entr'acte de l'Opéra. Entrevue avec MM. les vendeurs de billets chez le marchand de vin d'en face.

2º Divertissements des environs de Paris.

Asnières. — Prétexte à canots, à matelotes et à schotischs. (Dimanches et jeudis.)

Saint-Germain. — Site qui n'a pas besoin *des loges*. (*Tous les jours.*)

Montrouge. — Entrée des catacombes et patrie de la médecine Raspail. (*Tous les jours.*)

Auteuil. — Résidence agreste, où l'aimable laisser-aller des champs est à l'ordre du jour; les hommes n'y peuvent sortir qu'en bottes vernies, et les femmes qu'en chapeaux de dentelle. (*Tous les jours.*)

Saint-Cloud. — Bourg dont les indigènes ont pour habitude dépravée de parler toujours de leurs cascades. (Tous les ans, du 8 au 22 septembre.)

PARIS A TABLE.

Etude comparée de cartes restaurantielles,

Dédiée aux gouliafres des douze arrondissements.

AVIS AU LECTEUR.

Dans le voyage que je fis, l'année dernière, aux Pyrénées, hautes et basses, il m'arriva une assez singulière aventure. A Cauterets, je crois, — oui, c'était à Cauterets, — j'aperçus, le jour de mon arrivée, qui eut lieu le soir à l'*Hôtel de France*, phalanstère ouvert aux sacs de nuit de toutes les parties du globe, une grande ombre qui suivait messieurs mes talons. Déjà, à Bagnères-de-Bigorre, ma chaussure s'en était émue. A la table d'hôte de l'*Hôtel de France*, — toujours l'*Hôtel de France!* — la grande ombre était à mes côtés. Pour la fuir, je montai à cheval, je traversai au galop cette admirable vallée de Campan, que mon guide, l'intelligent et consciencieux Pierre Courtade, — un guide parfait et que je vous recommande, me faisait encore valoir par des renseignements donnés avec cet à-propos et cette sobriété de paroles si rares par les guides qui courent! La grande ombre s'était mise en campagne en même temps que moi : en me retournant pour admirer, — il faut toujours admirer dans ces gigantesques Pyrénées! — je le vis qui me suivait du regard et de toute la vitesse d'un cheval noir — comme minuit. Cela tournait à la mystification ; mais comme, après tout, ses poursuites n'avaient aucun caractère hostile, et que la distance qu'il avait soin de mettre entre lui et moi ne cessait pas d'être respectueuse, je me contentai d'en rire, et de le classer dans la catégorie des anges gardiens, — côté des hommes. A Bordeaux pourtant, — où il m'avait encore suivi, — je perdis patience.

— Enfin, monsieur, que me voulez-vous? lui dis-je à la face des Quinconagces ; m'apprendrez-vous les motifs de vos poursuites insensées, et le titre de cette pochade — à deux personnes-

— que nous jouons depuis trois mois? Me les apprendrez-vous?

— Eh quoi! vous ne me reconnaissez pas? Je suis, Joseph, de la rue ***, *cuisine bourgeoise*, où vous veniez dîner tous les jours, et que vous avez brusquement quittée?

— Vous, Joseph?... en effet, je crois me rappeler... mais, Joseph, pourquoi n'êtes-vous pas à votre comptoir et pourquoi êtes-vous à mes talons? Ils ne vous ont rien fait, mes talons!

— Monsieur, je suis très attaché à mes habitués... et, comme vous avez quitté mon établissement parce qu'il n'y avait de cure-dents que tous les deux jours, je suis venu vous dire qu'il y en a maintenant tous les jours et que...

— Comment, Joseph, c'est pour cela?...

— Oui, monsieur, et j'attendais que monsieur m'adressât la parole pour le lui dire, et le prier de revenir à la maison, comme de coutume... quand monsieur sera à Paris... bien entendu!... car je ne puis pas exiger...

— Comment, c'est pour cela que vous avez quitté Paris, et que vous me suivez depuis trois mois?

— Je suis très attaché à mes habitués... mais maintenant que monsieur sait tout, je puis reprendre le chemin de fer... franchement, j'en ai assez de ce pays! monsieur nous rendra sa clientèle?

— Oui, oui, oui ! mais partez, ou je vous assomme!

— Bien, monsieur, ma femme sera bien contente!

Cette phrase fut un trait de lumière : madame Joseph était jeune, jolie et... jalouse! Je compris les cure-dents.

J'avais complétement oublié cette histoire, lorsqu'au jour de l'an dernier monsieur Joseph m'envoya sa carte... de restaurateur. Cette carte se trouva, par erreur, mêlée au manuscrit, que j'envoyais à M. Passard, de *Paris à vol de canard*, et le compositeur l'imprima tout au long! Je prie le le lecteur de passer ces pages, et de me pardonner une faute qui, je m'y engage formellement, ne sera jamais réparée.

C. D. C.

TABLEAU COMPARÉ

DES CARTES DE LA MAISON-DORÉE ET DE PAUL NIQUET.

Carte du jour.	Maison Dorée.		Paul Niquet	
	fr.	c.	fr.	c.
POTAGES.				
Consommé........................	»	20	»	30
Aux choux........................	»	20	»	30
Aux carottes.....................	»	20	»	30
Aux navets.......................	»	20	»	30
Au fromage.......................	»	20	»	30
Un potage seul...................	»	20	»	30
Id. avec des cheveux	»	40	1	»
Au lait d'amandes................	»	20	»	30
Id. d'ânesse................	»	20	»	30
PRIMEURS. — LÉGUMES.				
Petits pois......................	»	75	»	85
Gros pois........................	1	»	3	»
Artichauts.......................	»	40	»	50
Attifroids.......................	»	90	2	»
FRUITS.				
Fraises..........................	»	5	»	25
Cornichons.......................	1	»	3	»
Prunes de Monsieur...............	1	»	3	»
Id. de Madame............	3	»	9	»
Topinambours.....................	15	»	25	»

Carte du jour.	Maison Dorée.		Paul Niquet	
HORS-D'ŒUVRE CHAUDS.	fr.	c.	fr.	c.
Deux œufs frais............	»	50	1	»
Id. pourris............	5	»	20	»
Pied de cochon grillé........	1	»	1	75
Pied de propriétaire farceur	»	05	»	05
La moitié, truffée...........	»	05	1	10
Sa moitié, truffée...........	»	70	1	50
Andouillette de Troyes.....	1	»	2	»
Id. de quatre......	2	»	4	»
Choucroûte garnie.........	»	75	»	90
Id. meublée......	1	90	4	05
Un boudin noir.............	12	»	22	»
Id. blanc.............	12	»	22	»
Id. vert.............	30	»	73	»
Deux sardines fraîches.....	»	05	»	20
Id. pourries.....	1	»	1	95
Côtelette de porc frais au naturel.................	»	20	»	30
Côtelette de porc frais, sauce Robert-Macaire............	1	»	3	»
Côtelette de porc frais, sauce piquante.................	1	50	2	»
Côtelette de porc frais en papillote.................	»	75	»	85
Côtelette de porc frais, ondée	2	»	8	»
BOEUF.				
Bœuf au naturel............	»	50	10	50
Id. sauce tomate.........	»	80	15	90
Id. sauce-ialiste..........	»	10	30	50

Carte du jour.	Maison Dorée.		Paul Niquet	
BŒUF (Suite.)	fr.	c.	fr.	c.
Bœuf garni de légumes....	»	15	35	60
Id. garni de têtes d'épingles.............	1	30	»	50
Id. à la provençale......	1	05	15	»
Id. id. très salé.	5	»	»	»
Id. à la vinaigrette......	»	05	2	10
Aloyau braisé aux racines..	1	»	5	5
Id. id. de guimauve...........	6	»	»	1
Beefsteak à l'anglaise.......	»	50	2	10
Id. à la tige de botte.	8	»	»	»
Id. aux pommes de terre...........	1	»	7	»
Id. au cresson.......	1	»	6	15
Id. au papier mâché.	2	»	19	99
Filet sauté dans sa glace....	1	40	12	15
Id. dans son miroir.	1	»	15	30
Entre-côte à la maître d'hôtel...................	»	60	3	»
Entre-côte à la maître d'étude...................	3	10	12	30
Entre-amis au naturel.....	2	50	6	»
Langue sauce piquante.....	2	»	30	10
Id. pâteuse............	10	90	68	15
Id. à la jardinière......	2	10	2	4
Id. chargée............	12	50	75	58
Palais à la poulette.........	2	30	6	10
Id. de l'Industrie........	20	50	300	10
Id. au gratin............	4	50	2	80

Carte du jour.	Maison Dorée.		Paul Niquet	
BOEUF (Suite.)	fr.	c.	fr.	c.
Gras-double à la poulette...	30	20	52	20
Id. triple............	»	»	192	30
Chateaubriand sauce des martyrs............	1	20	4	10
HORS-D'OEUVRE FROIDS.				
Huîtres, la douzaine........	»	50	»	65
Un citron............	5	»	20	15
Un demi-citron.........	6	»	22	»
Beurre............	3	40	12	10
Radis............	25	10	»	10
Artichaut poivrade.........	15	»	2	20
Concombre............	12	12	3	10
Tranche de melon.........	7	20	»	50
Saucisson de Lyon.........	3	20	30	80
Assiette assortie.........	1	»	35	40
Salade de homard.........	32	10	5	50
Id. russe............	30	50	80	»
Id. de tiges de bottes...	62	60	»	»
Id. de boutons de guêtre	75	72	»	75
Id. de pattes de cloporte	100	»	»	»
MOUTON.				
Une côtelette au naturel...	7	02	15	80
Id. panée........	12	30	20	40
Id. millionnaire.	»	50	»	20
Id. brûlée.......	15	82	30	45
Id. sautée aux champignons............	7	85	10	60

Carte du jour.	Maison Dorée.	Paul Niquet
	fr. c.	fr. c.
MOUTON (Suite.)		
Une côtelette garnie de légumes..................	» 25	» 5
Une côtelette garnie de crin	15 82	47 82
Filet à la maître d'hôtel....	» 75	» 24
Id. mariné en chevreuil, à l'italienne................	» 50	» 18
Filet mariné dans la térébenthine, à l'assassin.....	12 60	30 88
Filet aux champignons......	1 10	1 »
Id. aux patères............	18 82	20 80
Pieds à la poulette..........	» 40	» 18
Id. frits.................	» 20	» 10
Id. chauds...............	» 15	» 5
VEAU.		
Tête au naturel ou à l'huile	» 20	» 30
Id. de portier.............	37 40	82 37
Fraise au naturel ou à l'huile	» 50	» 50
Id. à la poulette..........	» 80	» 58
Veau d'or	» 15	» 5
Oreille frite...............	12 80	37 88
Id. salé.................	24 40	140 82
Id. d'âne...............	37 80	150 25
Id. à la poulette.........	» 50	» 15
Id. aux champignons..	» 15	» 5
Veau en blanquette.........	» 25	» 40
Id. en robe de soie, sauce Mabille..................	5 »	1 50
Tendons à la poulette.......	18 82	26 84

Carte du jour.

	Maison Dorée.	Paul Niquet
	fr. c.	fr. c.
VEAU (Suite.)		
Tendons à la chicorée........	1 60	3 88
Id. des pièges........	75 60	142 80
VOLAILLE.		
(L'aile se paie 25 c. de plus; la carcasse se donne.)		
Chapon au gros sel........	» 50	» 80
La moitié........	12 80	20 40
Le quart........	30 80	50 82
Le demi-quart........	40 82	55 88
Le tiers........	45 85	60 89
Le demi-tiers........	50 82	70 84
Le tiers et le quart........	152 85	230 41
Poulet sauté aux champignons........	1 52	2 40
La moitié........	3 40	8 80
Le quart........	9 45	18 60
Le demi-quart........	18 43	27 35
Le tiers........	20 47	39 40
Le demi-tiers........	27 82	47 80
Le tiers et le quart........	67 87	84 50
Pigeon à la crapaudine........	1 10	12 80
Id. très dur........	12 80	26 85
Id. vole........	36 40	45 40
Canard aux navets........	38 50	50 10
Id. au *Constitutionnel*.	150 »	170 »
Id. aux canards........	200 »	400 »
Poule au pot........	30 20	45 85
Id. au naturel........	35 40	50 48

Carte du jour.	Maison Dorée.		Paul Niquet	
	fr.	c.	fr.	c.
VOLAILLE (Suite.)				
Poule au riz.....................	25	25	35	60
Id. mouillée.................	55	30	67	76
Le croupion.....................	10	40	15	80
Les intestins	25	30	29	36
Les pattes......................	65	50	87	30
Le plumage.....................	145	30	237	10
PATISSERIE.				
Deux petits pâtés au jus....	»	10	25	10
Id. ma chemise brûle	55	»	»	10
Id. à la réglisse.....	52	35	15	10
Id. à l'absinthe......	42	30	12	50
Id. aux choux........	18	30	20	25
Id. aux haricots.....	22	15	32	40
Id. aux lentilles.....	25	39	35	45
Id. à la chicorée....	12	30	15	35
Id. aux épinards....	12	35	15	36
Vol-au-vent financière......	»	50	»	10
Id. au camphre...	»	20	»	35
ROTIS DE VOLAILLE ET GIBIER.				
(L'aile se paie 25 c. de plus; les intestins se donnent.)				
VOLAILLE.				
Poulet gras.....................	3	50	39	10
Id. maigre...................	5	20	50	50
La moitié.......................	10	40	100	»

Carte du jour.	Maison Dorée.		Paul Niquet	
	fr.	c.	fr.	c.
VOLAILLE (Suite.				
Le quart	15	15	102	10
Le demi-quart	20	»	150	55
Le tiers	30	10	160	50
Le demi-tiers	35	20	200	20
Le tiers et le quart	»	50	202	50
Veau de Pontoise	5	20	25	10
Id. du Ranelagh	15	10	5	10
Gigot	30	15	32	50
Filet de bœuf piqué	12	40	1	20
Id. vexé	20	30	53	20
Agneau rôti	5	10	30	10
Gazelle rôtie	7	20	40	17
GIBIER.				
Chevreuil	1	10	30	10
Levrette	2	10	35	40
Perdreau	1	50	3	40
Aigle	20	20	33	33
Bécasse	2	30	35	10
Vautour	1	20	32	20
Caille	2	30	19	10
Grive	1	»	20	10
Tourterelle	2	»	10	20
Mauviettes	10	20	32	15
Chardonneret	35	10	»	10
Canard sauvage	3	20	6	80
Id. timide	12	10	12	30
Serin	15	20	1	50
Chauve-souris	52	10	1	10

Carte du jour.	Maison Dorée.	Paul Niquet
GIBIER (Suite.)	fr. c.	fr. c.
Chat-huant..................	64 20	1 15
Perroquet...................	50 10	1 »
Perruche....................	50 »	1 »
Sarcelle....................	42 10	30 20
Moineau.....................	10 20	5 7
Rouge de rivière	5 10	15 10
Id. de pudeur..............	58 20	» »
Une bécasse en salmis	1 10	5 20
Id. sautée aux truffes....	» 50	10 10
Une bécasse sautée aux yeux	10 10	1 50
Id. sautée en l'air.	15 20	» 52
Un perdreau sauté aux truffes....	» 75	20 10
La moitié...................	2 30	40 20
Le quart....................	5 10	50 10
Le demi-quart...............	10 20	60 »
Le tiers....................	12 30	100 »
Le demi-tiers...............	20 10	230 »
Le tiers et le quart........	40 20	400 5
Un œil de perdrix, sauce aux bottes.............	25 10	» 50
Civet de lièvre.............	3 20	12 40
Gibelotte de lapereau	4 10	2 80
Lapereau de garenne sauté.	3 10	16 20
Perdrix aux choux...........	12 30	100 20
Id. à la purée.............	15 10	110 10
Id. aux lentilles..........	10 »	1 8
Id. au quinquina...........	52 »	150 »

Carte du jour.	Maison Dorée.		Paul Niquet	
	fr.	c.	fr.	c.
GIBIER (Suite.)				
Peau de lapin à l'auvergnat	15	50	30	50
Gibelotte de chat	10	10	»	»
Id. angora	20	20	»	50
Id. de gouttière	25	10	»	»
Canard aux olives	3	5	10	»
Id. sauvage en salmis	1	10	12	8
Id. apprivoisé	»	50	»	»
Id. aux truffes	»	»	1	80
Id. des journaux de province	3	10	1	10
Sarcelle en salmis	1	50	12	40
Id. aux truffes	»	50	1	10
Rouge de rivière en salmis	1	10	1	80
Id. de colère	»	20	»	80
POISSON.				
Matelotte de carpe et anguille	3	10	5	50
Matelotte d'anguille	3	20	10	60
Anguille à la tartare	1	50	3	10
Id. à la poulette	3	50	10	12
Id. à la jeune fille	12	60	»	»
Hareng frais, sauce moutarde	15	10	36	60
Hareng saur	»	15	40	10
Id. moisi	7	10	30	20
Buisson d'écrevisses	1	55	»	50
Râle sauce aux câpres	12	40	17	40

Carte du jour.	Maison Dorée.		Paul Niquet	
	fr.	c.	fr.	c.
POISSON (Suite.)				
Raie au beurre noir.........	25	30	40	50
Id. rouge et grillée.........	12	50	»	5
Id. à la lorette.............	»	30	12	40
Morue à la maître d'hôtel...	35	40	62	80
Id. sauce du demi-monde	15	30	»	50
Id. au beurre noir......	20	30	26	»
Id. polonaise............	10	80	10	20
Sole au gratin	1	10	4	90
Id. en compagnie...........	15	20	1	10
Id. normande..............	1	30	6	80
Id. allemande	1	40	7	90
Id. turque.................	1	50	8	90
Id. chinoise...............	1	60	9	»
Id. mexicaine.............	1	70	10	5
Id. hongroise.............	1	75	10	10
Id. polonaise.............	1	80	10	20
Id. anglaise	1	90	10	40
Id. californienne..........	»	50	»	10
Id. batighollaise..........	10	20	»	»
Filet de sole à la Odry......	1	10	30	40
Id. de vol à la Odry	50	20	80	90
Limande au gratin..........	»	50	12	10
Id. sur le plat........	»	60	15	20
Id. hors du plat......	20	20	25	10
Carrelet au gratin...........	»	55	12	20
Id. vos souliers	12	10	»	»
Merlan au gratin............	15	20	25	10
Id. de perruquier.......	»	50	10	»
Id. grillé maître d'hôtel	»	60	10	20

Carte du jour.	Maison Dorée.		Paul Niquet	
	fr.	c.	fr.	c.
POISSON (Suite.)				
Merlan sur le plat.........	1	10	12	15
Id. sur la nappe.......	12	40	20	15
Sole fége.................	50	10	»	5
Pare à sole..............	8	50	6	80
POISSON FRIT.				
Sole.....................	1	50	12	90
Merlan...................	10	60	»	52
Barbue...................	15	12	15	80
Maquereau................	»	»	1	10
Saumon...................	1	50	»	50
Sardines..................	12	10	24	20
Têtards...................	15	20	15	80
Crapauds.................	22	60	12	60
Goujons..................	12	30	15	50
Limande..................	1	10	16	90
Grenouilles...............	12	80	89	93
Carrelet..................	1	10	12	80
Poissons rouges...........	14	16	22	30
Id. avec le bocal............................	7	10	12	60
Tortue...................	1	50	12	40
Baleine...................	1	10	»	5
Anguille de mer..........	62	30	3	82
Crocodile.................	1	50	»	10
Requin...................	1	50	»	5
Carpe....................	12	80	82	30
Saumon à l'huile..........	1	10	15	80
Id. au vinaigre.......	2	20	30	90

Carte du jour.	Maison Dorée.	Paul Niquet
	fr. c.	fr. c.
POISSON FRIT (Suite.)		
Saumon sauce aux câpres..	» 50	17 10
Id. en mayonnaise...	» 75	18 13
Turbot sauce aux câpres...	1 15	23 10
Id. à l'huile............	2 13	12 10
Id. au vinaigre........	4 30	» 5
La moitié...............	» »	16 80
Le tiers.................	» »	32 60
Le quart...............	» »	40 80
Le tiers et le quart........	» »	52 90
Les nageoires	36 40	62 80
Moules à la poulette.......	6 10	8 40
Id. à la marinière......	7 80	9 60
Id. de Pradier..........	» 50	» 5
Rouget à l'huile............	12 30	19 40
Id. sauce aux câpres...	5 10	23 60
Id de l'Isle	» 50	» 5
Id. à la maître d'hôtel..	8 10	82 60
Alose à l'oseille ou à l'huile.	12 40	» 73
Huîtres au gratin..........	» 40	83 70
Id. à la poulette.......	» 50	83 80
Homard en salade..........	» 20	15 62
SALADE.		
Salade selon la saison	» »	» »
Id. de laitues...........	1 80	30 10
Id. de Romaines........	2 90	30 10
Id. de Grecques........	3 99	30 10
Id. d'orties.............	3 10	30 11
Id. de mâche...........	12 80	29 40

Carte du jour.	Maison Dorée.	Paul Niquet
SALADE (Suite)	fr. c.	fr. c.
Salade d'avale	10 30	29 40
Id. d'herbe	12 10	122 30
Id. de feuilles de chêne	37 10	75 30
Id. Id. de noyer	37 10	87 30
Id. Id. de saule	37 10	88 10
Id. de chiendent	112 10	90 80
Id. des quatre fleurs	22 30	52 30
Id. aux œufs	1 50	75 20
Id. aux moules	1 10	65 10
Id. aux racines	1 10	50 80
Id. aux curedents	15 20	» »
Id. aux mèches de cheveux dits des souvenirs	75 10	33 33
Pied de céleri de Strasbourg	1 15	88 40
Id. de nez d'Hyacinthe	39 40	» 60
LÉGUMES.		
Cardons au jus	» 50	2 82
Id. à la moelle	» 20	1 2
Id. au suif	12 80	21 80
Aubergines farcies à la provençale	» 15	26 »
Céleri au jus	1 30	4 60
Id. id. julie	23 30	33 10
Macédoine de légumes	» 20	32 5
Laitues au jus	12 »	1 5
Qu ne l'es-tu pas ?	32 »	120 »
Petites fèves de marais à la crème	15 15	12 80

Carte du jour.	Maison Dorée.		Paul Niquet	
	fr.	c.	fr.	c.
LÉGUMES (Suite).				
Grosses fèves de marais au lait caillé	15	15	12	80
Tabac à la fève	»	20	222	22
Salsifis à la sauce	»	10	13	85
Id. frits	»	15	15	95
Id. crus	12	45	82	60
Id. au jus	15	60	84	65
Asperges à la sauce	»	10	26	75
Id. aux petits pois	»	15	28	40
Id. à l'huile	12	80	30	10
Les pointes seulement	»	10	1	55
Haricots verts à l'anglaise	»	50	15	25
Id. brûlés	5	30	7	40
Id. à l'huile	2	10	3	20
Id. à la maître-d'hôtel	»	25	55	30
Les cosses	25	10	1	50
Pommes de terre à la maître-d'hôtel	15	»	33	10
Id. frites	1	50	7	20
Id. à la hollandaise	2	10	20	20
Id. en robe de chambre	17	58	»	50
Id. toutes nues	58	10	10	20
Croûte aux champignons	»	20	»	10
Id. de Diaz	»	5	»	2
Choux de Bruxell. au beurre	1	10	3	40
Id. au vinaigre	5	40	12	50
Id. au sucre	1	30	3	20
Artichauts farcis	»	15	82	60
Id. à la barigoule	»	20	85	75

— 172 —

Carte du jour.	Maison Dorée		Paul Niquet	
	fr.	c.	fr.	c.
LÉGUMES (Suite).				
Le foin seul................	10	25	3	90
Les feuilles seules..........	1	10	66	95
Le portefeuille seul.........	»	10	32	»
Choux-fleurs à la sauce.....	»	20	26	30
Id. au jus..........	»	25	25	40
Id. à l'huile........	»	30	50	60
Id. au gratin........	»	50	52	40
Petits pois au sucre.........	»	50	26	80
Id. à la cassonade..	»	20	26	30
Id. au beurre.........	»	15	16	16
Id. au jambon........	»	10	17	30
Id. au saucisson à l'ail............	3	40	82	55
Id. au porc frais...	1	10	63	80
Les cosses...................	36	80	6	62
Haricots blancs à la maître-d'hôtel...................	»	15	20	60
Id. rouges..............	»	50	22	20
Id. à l'huile.............	»	60	30	75
Id. au suif..............	32	40	62	30
Id. à l'anglaise..........	»	15	»	5
Id. à la hongroise........	»	20	2	30
Id. sautés au beurre.....	»	25	32	40
Id. à la graisse..........	22	40	1	10
Id. au saindoux.........	»	5	4	60
Id. à l'ail...............	36	80	122	65
ENTREMETS AU SUCRE.				
Omelette au rhum	»	10	»	75

Carte du jour.	Maison Dorée.		Paul Niquet	
	fr.	c.	fr.	c.
ENTREMETS AU SUCRE (Suite)				
Omelette au cassis	»	10	»	76
Id. soufflée	»	10	»	77
Id. trognons de pomme	15	10	62	»
Id. Id. de choux	16	20	»	5
Id. aux pruneaux	18	10	22	15
Id. aux confitures	»	15	6	10
Id. aux croûtes de pain	18	10	12	13
Soufflé de fécule	»	50	8	10
Id. aux pommes de terre	»	60	9	10
Id. aux pomme d'api	»	10	7	20
Id. à la rhubarbe	18	20	26	85
Id. à la réglisse	20	»	53	40
Id. à l'orange	»	25	7	10
Id. à l'estragon	22	30	36	40
Id. à l'échalote	»	50	8	20
Beignets de concombre	22	30	32	40
Id. soufflés	»	50	»	70
Charlotte de pommes	»	50	1	10
Id. russe	»	25	3	20
Id. Osten-Schaken	15	10	»	10
Id. à la polonaise	»	10	73	40
Id. de prunes	»	50	2	45
Plumpudding au chocolat	1	10	»	75
Id. à l'absinthe	»	50	10	10
Id. de pommade	24	20	»	»
Id. de cold-cream	30	10	»	»
Crème frite	»	50	1	10
Id. tournée	12	10	20	20
Croquettes de riz	»	75	6	10

Carte du jour.	Maison Dorée.		Paul Niquet	
	fr.	c.	fr.	c.
ENTREMETS AU SUCRE (Suite)				
Gâteau de riz................	»	80	7	20
Croûte au madère............	»	25	18	10
Fondu au fromage............	18	20	23	80
Id. au soleil................	27	80	82	50
ŒUFS.				
Œufs sur le plat.............	13	20	72	15
Id. sous le plat.............	24	40	122	40
Id. au beurre noir...........	10	10	32	40
Id. au beurre rance..........	12	50	26	20
Id. à l'oseille...............	3	10	6	10
Id. à la chicorée amère......	72	20	127	40
Id. brouillés au jus.........	1	»	3	50
Id. — à jamais........	15	20	18	40
Omelette aux fines herbes...	18	10	102	40
Id. à la ciguë............	48	12	103	50
Id. au jambon............	»	50	»	20
Id. au cervelas...........	1	10	»	15
Id. au roquefort..........	12	12	72	10
Id. aux rognons..........	»	50	12	10
Id. aux truffes...........	»	25	»	15
Le jaune....................	72	13	104	15
Le blanc....................	80	12	105	16
La coquille.................	104	11	106	17
DESSERT.				
Quatre-mendiants............	»	20	20	20
Cinq-mendiantes.............	»	25	25	25
Biscuits de Reims...........	»	50	1	10

— 175 —

Carte du jour.	Maison Dorée.	Paul Niquet
DESSERT (Suite).	fr. c	fr. c
Biscuits de rince-bouche..	15 20	» »
Id. à la cuillère.......	16 10	19 40
Macarons..............	» 40	5 45
Chasselas de Fontainebleau.	» 20	» 15
Id. à coups de manche à balai.............	20 40	3 10
Poires................	» 50	6 10
Id. tapées...........	1 20	8 20
Id. assommées........	3 40	12 10
Pommes de Calvy.........	» 50	2 10
Id. d'Adam...........	12 80	13 78
Id. de canne.........	103 85	360 10
Fraises...............	» 25	5 40
Groseilles............	1 80	18 85
Framboises............	1 10	12 30
Pêche................	» 50	» 15
Id. à la ligne........	18 20	75 30
Id. miraculeuse.......	340 60	2200 15
Cerises...............	» 75	12 30
Id. aigres............	12 35	15 40
Id. anglaises.........	» 15	6 10
Cerneaux au verjus.......	15 10	13 50
Noix fraîches..........	» 50	7 10
Id. chaudes...........	8 45	10 80
Prunes de Reine-Claude....	» 45	9 15
Id. de Monsieur........	18 50	30 20
Id. de Madame.........	14 12	26 35
Figues vertes..........	» 50	5 10
Id. jaunes............	2 30	4 30

Carte du jour.	Maison Dorée.	Paul Niquet
DESSERT (Suite).	fr. c.	fr. c.
Amandes vertes............	» 75	6 20
Id. blanches.........	» 80	7 10
Id. de police.........	18 80	32 60
Marrons de Lyon...........	» 25	8 40
Id. d'Inde.............	7 18	9 10
Nougat de Provence.......	» 50	10 20
Orange au sucre	» 75	5 30
Id. au sel.............	1 10	15 20
Id. au poivre.........	3 20	20 10
Salade d'oranges...........	» 30	3 80
Compote de poires.........	1 10	10 20
Id. de pruneaux......	18 20	20 40
Id. d'oranges.........	1 40	3 13
Id. de pommes........	2 10	6 81
Id. de cabriolet......	37 87	138 87
Gelée d'oranges............	1 15	5 40
Id. Id. au rhum.......	2 20	10 85
Id. Id. au kirsch......	1 40	6 50
Id. Id. à l'eau-de-vie..	2 10	9 40
Id. Id. à l'eau de Seine.	12 85	32 80
Id. de pommes de Rouen.	2 30	6 82
Id. de groseilles.........	3 »	18 45
Id. de pruneaux.........	10 60	22 62
Id. de froid..............	23 45	36 82
Id. de cerises............	1 40	7 60
Id. en horreur	82 65	163 82
Marmelade de pommes.....	8 »	10 »
Id. de poires........	5 40	9 10
Id. d'abricots........	4 20	5 40

Carte du jour.	Maison Dorée.	Paul Niquet
	fr. c.	fr. c.
DESSERT (Suite).		
Marmelade de prunes	6 15	23 4
Id. de navets	18 30	3 22
Id. de pêches	1 50	17 20
Id. de carottes	15 30	» 15
FROMAGES.		
Fromages de Brie	» 50	12 30
Id. de Gruyère	» 60	15 35
Id. de Neufchâtel	» 25	10 30
Id. de Bondon	12 30	» 15
Id. Id. raffiné	» 75	1 5
Id. de Gervais	» 50	2 30
Id. de Chester	» 50	3 80
Id. de Roquefort	» 75	6 85
Id. de Hollande	» 87	8 90
Id. à la crème	» 25	10 20
Id. d'Olivet	» 75	12 85
Id. mou	15 20	75 40
Id. dur	26 87	102 99
VINS ROUGES.		
Ordinaire	12 40	18 20
Mâcon	13 60	20 10
Id. vieux	3 25	6 20
Id. jeune	6 50	12 40
Thorins	» 50	1 30
Moulin-à-vent	» 25	» 10
Id. après	72 13	138 85
Côte Saint-Jacques	2 30	2 10

Carte du jour.	Maison Dorée.		Paul Niquet	
	fr.	c.	fr.	c.
VINS ROUGES (Suite).				
Côte à côte..................	38	75	33	45
Bourgogne vieux............	»	55	1	10
Id. jeune............	3	40	6	15
Id. ordinaire........	5	55	10	60
Beaune......................	»	62	1	25
Id. 1re qualité........	»	20	1	»
Id. d'enfants.........	25	»	33	26
Tonnerre....................	»	60	1	40
Mercurey....................	»	75	1	45
Percurey....................	12	30	19	30
Tavel vieux.................	1	50	8	40
Id. jeune..................	15	30	72	30
Carton d'Alose..............	»	55	»	15
Id. à chapeaux........	12	20	32	13
Roussillon vieux	1	50	1	10
Id. jeune.............	18	10	20	20
Pomard.....................	1	10	3	40
Salade de Pomard...........	82	30	88	88
Volnay......................	1	10	2	30
Volnys......................	22	30	33	10
Nuits.......................	1	10	2	35
Jours.......................	10	40	15	60
Richebourg..................	1	10	2	30
Romanée-Conti...............	1	50	2	55
Conti-Romanée...............	1	50	2	30
Clos-Vougeot................	»	60	»	15
Clos-porte..................	13	80	23	82
Chambertin..................	»	75	»	25
Bordeaux ordinaire..........	8	40	18	30

Carte du jour.	Maison Dorée.		Paul Niquet	
VINS ROUGES (Suite).	fr.	c.	fr.	c.
Bordeaux 1re qualité........	1	50	2	10
Id. Saint-Julien......	1	»	1	»
Id. Saint-Émilion.....	1	»	1	»
Id. Médoc............	1	10	2	10
Id. Id. vieux........	»	75	1	18
Id. Château-Margaux.	»	50	»	28
Id. Château-Rouge...	5	40	18	40
Id. Château-Latour...	15	80	22	40
Id. Laffitte.........	18	90	26	50
Léoville.................	»	57	»	42
Ermitage.................	1	10	1	50
Id. de Montmartre....	12	50	22	60
Id. de Montmorency..	15	60	33	80
Côte-Rôtie...............	1	50	1	15
Côte-Brûlée..............	23	25	41	50
Côte-Défoncée............	51	63	82	30
Entre-côtes..............	82	50	137	82
Vin du Rhin..............	»	50	»	20
Vieux vin du Rhin........	»	25	»	10
Rhin doux................	»	10	»	5
Rhin sûr.................	13	82	32	50
Rince-bouche.............	52	30	»	»
Vin de campêche..........	13	60	35	60
Vin bleu.................	18	40	37	67
Vin de Faverolles........	39	80	53	85
Piquette.................	5	30	7	82
Vin de bois de teinture..	75	31	103	40
Vin de bâtons de chaise..	105	40	130	60
Id. la bouteille.........	12	»	18	»

Carte du jour.	Maison Dorée.	Paul Niquet
VINS ROUGES (Suite).	fr. c	fr. c
Vin la demi-bouteille......	24 50	36 82
Id. le litre...............	6 82	8 84
Id. la chopine...........	10 62	18 60
Id. le setier.............	19 40	32 80
Id. le broc..............	23 60	35 88
Id. le canon.............	45 65	55 62
VINS BLANCS.		
Bordeaux-Grave...........	2 80	12 14
Id. Folâtre...........	18 40	26 70
Id. Sauterne..........	1 10	1 15
Id. Id. de Lur-Salus.	» 50	» 50
Côte-du-Rhône, St-Perray sec	» 55	» 15
Id. mousseux...	» 40	» 10
Id. Ermitage....	» 20	» 10
Côte-Rôtie................	1 10	3 40
Vin mousseux, Champagne.	1 15	1 40
Id. demi-Champagne....	5 40	12 80
Id. Champagne rosé.....	1 10	1 10
dl. demi-Champagne rosé	5 40	32 40
Id. tisane de Champagne.	1 60	20 60
Id. Id. des 4 fleurs.....	12 30	» 50
Id. Champagne-Moët.....	1 15	» 50
Id. Id. en sueur.	18 40	» 10
Id. vieux Champag.-Moët.	23 48	15 80
Id. Sillery...............	1 50	» 85
Id. céleri...............	12 80	5 82
Johannisberg de 1368......	» 55	39 85
(Il y en a de plus jeune).		

Carte du jour.	Maison Dorée.	Paul Niquet
VINS DE LIQUEUR.	fr. c.	fr. c.
Porto...................	» 20	» 50
Malaga..................	» 20	» 50
Madère sec..............	» 15	» 10
Id. comme pendu.....	10 20	15 80
Alicante................	» 50	» 85
Rota....................	1 50	5 82
Peta....................	23 02	39 85
Lunel...................	» 35	» 25
Solel...................	27 8	76 37
Muscat..................	» 26	» 28
Frontignan..............	» 15	» 5
Malvoisie...............	» 15	» 5
Bienvoisie..............	16 60	19 36
Grenache................	» 15	» 25
Jurançon................	» 20	» 40
Rancio..................	» 25	» 50
Xérès...................	» 20	» 26
Charentono..............	18 30	52 35
Pontoisie...............	13 80	72 64
Batignolla..............	82 50	166 87
CAFÉ ET LIQUEURS FINES		
Café, la demi-tasse et le petit verre............	» 50	1 10
La demi-tasse seule.....	1 »	2 20
Le pousse-café seul.....	1 50	4 20
Eau-de-vie de Cognac, le petit verre............	1 10	» 5
Id. la chope...........	» 50	» 33

Carte du jour.	Maison Dorée.	Paul Niquet
LIQUEURS FINES (Suite).	fr. c.	fr. c.
Thé à la crème............	» »	3 10
Id. Rébenthine............	10 10	4 20
Id. simple............	3 10	8 10
Id. complet............	1 50	4 5
LIQUEURS PLUS FINES.		
Eau-de-vie de Cognac......	3 10	5 10
Id. de Dantzick,....	1 50	2 30
Id. de tord-boyaux.	10 10	30 15
Id. d'Andaye.......	5 15	1 10
Kirschenwasser	2 10	» 50
Rhum..................	2 20	4 50
Id. doux............	4 10	12 60
Id. fort............	8 10	24 62
Huile de rose............	» 50	12 30
Id. de foie de morue.....	12 10	» 60
Anisette de Bordeaux......	1 10	10 10
Id. de Pantin........	2 20	20 20
Id. de Hollande......	» 50	» 20
Id. de Roquefort.....	5 60	» 50
Id. de Brie............	6 10	» 60
Id. de Chester........	7 20	» 70
Crème de fleurs d'oranger..	» 50	2 90
Id. de vanille............	» 60	3 10
Id. de beauté............	» »	» 20
Id. de menthe............	» 15	4 10
Id. de Nantes............	12 40	» 15
Id. d'amandes............	» 15	5 »
Id. de Moka.............	» 40	5 »

Carte du jour.	Maison Dorée.	Paul Niquet
LIQUEURS PLUS FINES (Suite).	fr. c.	fr. c.
Crème de polka............	15 20	» 50
Id. de mazurka.........	16 10	» 55
Id. de redowa..........	17 50	» 60
Id. de cachucha........	20 12	» 70
Marasquin................	» 40	6 »
Curaçao de Hollande.......	5 50	7 »
Id. de Gruyère.......	» 50	» 15
Scubac de Lorraine........	» 10	5 15
Extrait d'absinthe.........	» 15	6 20
Id. de Saturne........	10 10	5 40
Cassis....................	6 10	9 50
Cassept..................	10 20	23 40
Noyau de Phalsbourg......	» 15	» 45
Id. de cerises...........	» 20	3 »
Bischoff au vin rouge......	» 15	12 50
Id. au vin blanc........	» 18	13 60
PUNCH.		
Au rhum..................	5 »	9 »
A l'eau-de-vie.............	9 »	35 »
A la romaine..............	1 »	3 »
A la montmartroise........	70 »	100 »
Au vin rouge ou blanc.....	135 »	171 »
Au vin de Champagne.....	» 15	» 35
Au vingt et un............	800 »	1500 »
FRUITS A L'EAU-DE-VIE.		
Une prune................	» 10	» 20
Une blonde...............	5 »	1 »

Carte du jour.	Maison Dorée.		Paul Niquet	
	fr.	c	fr.	c.
FRUITS A L'EAU-DE-VIE.				
Une pêche..................	»	10	»	20
Une chasse.................	2000	»	3000	»
Salade de cerises...........	1	»	2	50
Id. de citrons...........	30	»	71	»
Chinois.....................	»	5	»	15
Chinoise....................	10	»	2	»
Glaces......................	1	»	1	55
Chartreuse..................	2	»	3	5

Les *rince-bouche* et *cure-oreille* se payent en sus.

Nota. On n'emporte pas les serviettes; on ne tutoie pas le garçon.

DICTIONNAIRE
DE LA LANGUE BLEUE
ou
GLOSSAIRE FRANCO-PARISIEN

A l'usage des touristes peu familiarisés avec les beautés de l'idiome capitalesque.

A.

ABAT-JOUES. — Ce qu'un vaudevilliste appelait autrefois la rotonde, chez la femme, considérée comme une diligence.

« Vous mettez donc toujours de la crinoline, chère baronne ?

— Certainement, chère comtesse ; sans cela, que deviendraient mes *abat-joues ?* » (*Acad.*)

ABATAGE. — Expression usitée parmi les jeunes gens de *la haute* (café des claqueurs, passage de l'Opéra), à propos de tel ou tel de leur tribu dont la haute stature double le talent en fait de billard : « C'est pas étonnant si Polyte carambole à tout coup, il vous a un *abatage !* »

ABATIS. — Terme élégant emprunté

à la myologie et à l'ostéologie des oiseaux, famille des gallinacés, pour désigner d'une manière laudative les pieds et les mains chez les deux sexes.

« Cette femme a *les abatis canaille*, » phrase gracieuse, mais qu'on n'adresse jamais tout haut à la personne qui en est l'objet, de peur de blesser sa modestie.

Abcès. — Mot poétique que l'on retrouve avec plaisir dans une délicieuse romance moderne (*La jeune personne qu'a bu à la barrière* Mont-Pernasse):

   Pour si peu qu'elle se bouge,
   Elle va fair' crever l'*abcès*;
   Y a du bleu, du blanc, du rouge,
   Vive le drapeau français!
   Oh! regardez donc c'te binette, etc.

Abominer. — Verbe mis fort souvent en circulation par les femmes du monde, quand elles parlent de leurs meilleures amies.

Abouler. — Autre verbe qui exprime : 1° l'abondance; 2° la locomotion.

« *J'aboule* rue Breda, où le chameau *aboule*. » Phrase des plus usuelles.

Aboyer. — Autre verbe qui caractérise l'ut de poitrine avec lequel les tailleurs et les bottiers font chanter leurs infortunés clients.

Absinther (s'). — Boire de l'absinthe.

« Vous vous êtes absentée, marquise?
— Non, duchesse, je me suis *absinthée*. » (*Acad.*)

Actionnaire. — Terme de compassion, synonyme d'idiot.

Acrobate. — Périphrase amicale et qui sert à désigner un grand écrivain ou un profond diplomate.

Addition. — Règle d'arithmétique et de restaurant, qui protége les soustractions faites par le comptoir, grâce à la multiplication sur la carte de plats non mangés et de vins peu bus; opération de calcul qui sème parfois la division entre les convives.

Adonis. — Epithète mythologique qui jouit d'une vogue méritée dans les raouts nobiliaires du Wauxhall (vulgairement dit *bal du champ de navets*), et au salon Saint-Honoré (*bal des chiens*).

« Qué qu'y t'offre c't' *Adonis*?
— Une salade et son cœur.
— Prends toujours la salade. »

Agrafer. — Verbe favori de MM. les gardes du commerce. Voyez : *Serrer, Coffrer, Emballer, Mettre au frais*, etc.

Aigrefin. — Habile personnage, quelle que soit la couleur de sa peau. Ainsi, le noir Atar-Gull, décrit par M. Eugène Sue, était un nègre fin.

Ailerons. — Voyez *Abatis.*
« Si tu bouges, je te casse les *ailerons.* » (*Acad.*)

Amadou. — Métaphore empruntée au briquet phosphorique, et qu'on emploie comme synonyme d'argent, probablement parce qu'on *allume* tous les hommes avec ce métal.

« Comment faire pour payer mon terme ? il ne me reste plus d'*amadou.* »

Amateur. — Voyez : *Homme rupe, homme toc.* Cet adjectif ne se prononce pas au féminin.

Aneries. — Rédaction ordinaire et extraordinaire de certain grand journal.

Anglais. — Personnages tourmentants qui accablent leurs victimes de scènes à effets.

Auteur. — « Mon *auteur,* » façon dramatique de dire : Mon père. — Au théâtre, comme dans la famille, *l'ours* a souvent plus d'un auteur, et souvent aussi le véritable auteur ne se nomme pas.

B.

BACHOT. — Nom donné par les futurs bacheliers ès lettres aux matières de leur examen; il exige beaucoup de tirage.

BALLUCHON. — Diminutif coquet qu'emploient les personnes sans préjugés pour désigner les paquets d'argenterie, de billets de banque, bijoux, robes de soie, vêtements d'homme, et autres objets de peu de valeur, dont elles se plaisent à *nettoyer* le domicile des citoyens absents : « Dépêche-toi, la *rousse* peut venir : fais un *balluchon* des *frusques*, et filons. »

BARBOTER. — Promener une main indiscrète sur la propriété de quelqu'un : « Finissez donc, monsieur Isidore, je n'aime pas à être *barbotée* comme ça ! »

BARCAROLLE. — Substantif tombé en désuétude, depuis le jour où le journaliste Rolle a fait ses adieux à la vie de canotier.

BASSINER quelqu'un, — lui procurer de l'agrément. (Style noble.)

BASSINET. — Portion de leurs vêtements où les fils s'amusent trop souvent à faire *cracher* leurs papas.

BASTRINGUE. — Réunion *dansatoire* de gens très comme il faut. « Eh bien, chère belle, que dites-vous de mon bal? — Ah! chère bonne, quel délicieux *bastringue!* »

BATTE. — Pour *belle*. — Adjectif de la haute langue des faubourgs Saint-Germain et Saint-Honoré. « Chère marquise, que vous étiez *batte* hier soir au raout de l'ambassade! » (*Acad.*)

BAVER. — Parler élégamment et avec facilité. (Style très noble.)

BÊCHEUR. — Démosthène en herbe. « Me Chiencouchant, du barreau de St-Jean-Pied-de-Port, chargé d'office de la défense du prévenu Mâcheferme, s'est acquitté avec un rare talent de cette tâche difficile. Ce jeune *bêcheur* annonce le plus brillant avenir, etc., etc. » (*Gazette des tribunaux* du 27 avril 1855.)

BECQUETER. — Voyez *Se fourrer quelque chose sous le nez*. « Ma fille, quand je suis descendue à l'auberge, j'ai demandé un peu de nourriture; mais l'aubergiste m'a répondu qu'il n'y avait plus rien à *becqueter*. » (Mme de Sévigné.)

BIVALVE. — Voyez *Huître, Mollusque, Abonné de l*'Assemblée nationale, etc.

BLAGUE. — L'esprit de notre temps.

BLOUSIERS. — Personnages avec lesquels il était très dangereux de faire la poule à l'estaminet de l'*Épi-Scié*, boulevard du Temple.

BONIMENT. — Agaceries orales et en plein vent que les *pitres* adressent à « Messieurs les militaires et à messieurs les enfants, » pour les engager à « suivre le monde, » et à venir contempler « la belle Elisa (35 mètres de façade!...) » Manière dont les feuilletonistes du lundi rendent compte des pièces de théâtre.

BOUILLON. — Inconvénient pécuniaire qu'il est fort désagréable de boire, et cependant pris très fréquemment en librairie.

BOULETTE. — Action qui n'est pas précisément justifiée par le sens commun. Ainsi dit-on d'un homme qui se marie : « Quelle *boulette*! » (*Acad.*)

Boutiquier. — Voyez *Goitreux*, *Aliéné*, etc.

Brouette. — Voiture légère. « Dis donc, Paméla, comment trouves-tu ma calèche neuve? — Cré chien! Titine, t'as là une *brouette* un peu chouette! »
(Gavarni, *Lorettes*.)

Brière (*terre de*). — Poussière noire dont les horticulteurs zélés garnissent leurs plates-bandes, et les marchands de tabac consciencieux leurs pots à *caporal*, les premiers pour activer la floraison, et les seconds pour « allonger » la consommation. — Quelques ignares prononcent « *terre de bruyère*. »

Buche. — Voyez le mot qui suit.

Bureaucrate. — Voyez le mot qui précède et celui qui suit.

Buse. — Voyez les deux mots précédents.

Butor. — Homme à manières énergiques : « Comment, marquise, vous recevez chez vous un pareil *butor*? — Mais, comtesse, vous le savez, je ne déteste pas les *butors*! » (*Acad.*)

C

Cab. — Voiture où se trouve renversée la hiérarchie sociale ; les maîtres y sont en bas, les domestiques en haut.

Cabotin. — Artiste dramatique d'un ordre très élevé. Quand vous rencontrerez un acteur du Théâtre-Français, si vous tenez à lui faire plaisir, ne manquez pas de lui adresser cette épithète, et vous verrez ce qu'il vous répondra.

Cachalot. — Voyez *Propriétaire, Capitaliste*, etc. — Quelques académiciens prononcent *crachalot*.

Cadran. — Expression d'horloger qui sert parfois à caractériser le cerveau humain, lequel a, pour grande aiguille la passion, et pour petite, la raison.

« Qué qu't'as donc dans le cadran, Nini, de ne pas vouloir aller ce soir à Prado ? » (*Acad.*)

Cahutte. — Logis modeste et de bon goût.

Caille (cri de la). — Gazouillis lugubre exécuté chaque matin à la porte d'infortunés jeunes gens, par d'affreux oiseaux à deux pattes et sans plumes, vulgairement connus sous le nom de tailleurs et de bottiers (famille des Anglais, tribu des Insatiables.) Un savant ornithologue a eu la curiosité de noter ce cri sinistre, qu'il traduit à peu près de la manière suivante : *Paie tes dettes!... Paie tes dettes!...*

CALÉ. — Synonyme de *ficelé*, de *cossu*; « Vous avez fait fortune à Paris; vous y êtes donc *calé?* »

CANARI. — Euphémisme de *serin*.

CANCRE. — Juste apostrophe lancée à l'homme *assez chose* pour refuser à qui de droit un pince-taille de velours, un tranchon, etc.

CANICHE. — Animal, frisé ou non, qui s'acoquine à une première passion.

CANULE. — Visite purgative.

CARABIN. — Jeune homme que ses parents ont envoyé de Carpentras à Paris, pour étudier la chirurgie à la *Closerie des Lilas* et à l'estaminet des *Sept-Billards*.

CARDEUR. — Forme nouvelle et piquante, que quelques personnes sans principes (grammaticaux) emploient dans leur correspondance pour désigner la moitié d'une demi-heure. — Le plus célèbre cardeur est celui de Rabelais.

CARGUER. — Expression de *fugue* séquano-maritime à l'usage de MM. les canotiers d'Asnières et autres golfes frituriers : « Cargue ta crinoline, Fifine, l'omnibus va appareiller sans nous. »

CARNE. — Viande de choix, 1re catégorie (style noble).

CAROTTE. — Légume qui a ses racines implantées très profondément dans la crédulité humaine. — Ses *plants* exigent des dépenses énormes d'invention chez le *receveur*, et de numéraire chez le *donneur*. Généralement parlant, les pères de famille à qui leurs enfants extirpent facilement des carottes sont des hommes *donneurs*.

CASOAR. — Volatile aimable et magnifique. « Ton vieux est bien bon pour toi, n'est-ce pas, Zizine ? — As-tu fini ! un *casoar* pareil, qui me refuse même une paire de bottines. »   (*Acad.*)

CASTONADE. — CASTROLE. — Mots consacrés, que maints et maints pédants retardataires ont encore l'ânerie de prononcer *cassonade* et *casserole*.... les idiots !

CAUCHEMAR. — Mari aimé.

« Ne viens pas ce soir, ô mon Alfred chéri, tu trouverais là mon *cauchemar*. » .... (Mme Cottin, *Claire d'Albe*.)

CAUCHEMARDER. — Se rappeler avec une flatteuse insistance au souvenir de quelqu'un.

CHACAL. — En latin *proprietarius*, animal bipède, de l'ordre des carnassiers, armé de longues dents, de griffes terribles et d'un pelage tout particulier, nommé redingote, auquel il a donné son nom. Le chacal *proprietarius* se nourrit d'à-comptes, de termes arriérés, de commandements, de saisies-gageries, et de meubles vendus ; mais son plat favori est surtout un petit mammifère assez niais, que Buffon nomme locataire, en latin *jobardus*, et dont l'espèce est très commune en France.

CHACAUX. — Pluriel de *chacal*. On s'en sert pour la coiffure de l'armée.

CHAMEAU. — Substantif qu'on adresse

parfois au beau sexe, et qui contient son plus bel éloge, car le chameau est d'un caractère doux, sobre, modeste, reconnaissant, etc.

CHARCUTIER. — Voyez *Propriétaire, Huître,* etc.

CHAUSSER. — Verbe qui sert à exprimer le second degré de comparaison dans les joies de l'âme. Exemple : *premier degré* : « Ma femme part demain matin pour Draguignan, ça me *gante;* » *deuxième degré :* « Elle ne reviendra pas de trois semaines, ça me *chausse* » *troisième et dernier degré :* « Je vais souper tous les soirs avec la petite Nichette, ça me *botte!* »

CHENAPAN. — Joli homme (terme aristocratique). « Aimable *chenapan* va! » (*Lettres de madame de Longueville au duc de La Rochefoucauld*, t. 1er, p. 78.)

CHEVAL. — Personnage aux manières franches et ouvertes.

CHINCHILLA. — Fourrure occipitale d'un Adonis quinquagénaire.

CHIQUE. — Substantif et ornement de la bouche, *au propre.*—Au figuré, synonyme de *chouette, truc*, etc. « Ton amant est un homme bien *chique*, ô Cœlina, il vient de me payer quatre sous de marrons. » — Ce mot a produit à son tour les expressions suivantes, qui ne s'emploient guère que dans les réunions les plus blasonnées : *chiquer les vitres, chiquandard, chique à mort, chique à tort, chique dur, chiquoquandard, chiquandouillard, décoquancichiquoquandard, archichicodéicocichiquancocundodissimard.*

CLAPIER. — Palais d'un style simple mais sévère.

« ..... Il dit, et marchant le premier,
» Introduit le héros dans son riche *clapier*. »
(Voltaire, *la Henriade*, chant X.)

CLYSOIR. — Se dit par analogie d'une chose salubre et rafraîchissante : « Cette tragédie, qu'on jouait hier à l'Odéon, est un vrai *clysoir*. »

COQUARDEAU. — Animal marié, décrit tout au long par le naturaliste Gavarni, dans la série ayant pour titre : *Fourberies de femmes en matière de sentiment*. — Molière prétend qu'il y a des Coquardeaux imaginaires. Nous en doutons.

Cornichon. — Voyez lecteur de l'*Assemblée nationale*.

Corniflax. — V. lecteur des *Débats*.

Cotelettes (*travailler les*). — Donner à quelqu'un des leçons de pugnotechnie Triat, ou de colapnographie Vigneron. — *N. B.* Le professeur marque ses cachets sur l'épiderme de ses élèves.

Couenne. — Enveloppe des individus qu'on juge à huis-clos en cour d'assises.

Courbetter. — Faire des saluts ou des tableaux de baigneuses, comme ceux de M. Courbet.

Crapoussin. — Bipède qui croit sérieusement aux tartines de l'*Univers*.

Croûte. — Œuvre d'art vivement appréciée par les bourgeois; la bourgeoisie est l'ami des croûtes. On distingue plusieurs espèces de ce produit : croûte au pot, croûte aux épinards, croûte à la terre de Sienne brûlée, etc., etc. — Voir l'Exposition des beaux-arts de 1857.

Crouton. — Diminutif du précédent. — «Vieux crouton,» hommage amical rendu aux cheveux blancs d'un bon vieillard.

CRUCHE. — Personnage intelligent et qui vit dans l'*aisance*. On en trouve un grand nombre dans la haute bureaucratie.

CUIR. — Gallicisme harmonieux contre lequel fulmine en vain l'Académie. Ce genre se subdivise en trois sous-genres principaux :

1° *Le velours* : « J'ai *z*vu des malheurs. » (Mlle Léontine.)

2° *La liaison* : « Quand j'étais-*t*-au Vaudeville. » (Schey, de la Porte-Saint-Martin.)

3° *La broderie* : « Où s'qu'est donc mon talma? » (Mlle Léontine.)

CUISTRE. — Abonné de Bobino.

D

DAIM. — Quadrupède cornu, qui a pour tic nerveux de payer des meubles, des robes et des bracelets aux Madeleines, Lorettes, Musettes, et généralement à toutes les arrière-petites-filles d'Ève. Il se nourrit d'espoir, d'illusions, de pantoufles brodées, de colles, de couleuvres et autres cajoleries. Quand le *daim* s'attache sérieusement à une femme, il passe très vite à l'état de serf.

D'AUTOR ET D'ACHARD. — Manière élégante, en même temps qu'elliptique, d'exprimer la hardiesse. Cette formule abréviative en rappelle d'autres bien connues et non moins aristocratiques : *Brev. sans gar. du gouv. — Parl. au por. — Sag.-f. saigne, vacc. et prend des pens.*, etc., etc. — « Comment vous y prendrez-vous, duchesse, pour faire avaler la chose à votre mari ? — Oh ! baronne, je vais lui *signifier* ça *d'autor et d'achar*. »

DÉBALLAGE. — Expression élégante par laquelle se trouve caractérisé l'instant critique où l'amante aimée, considérée comme un simple colis, se voit réduite, fût-elle le mieux ficelée du monde, à quitter toute espèce d'atours : *disjecti membra poetæ*, a dit Horace; traduction libre : le bleu, le blanc, le rouge, la fausse natte, la fausse queue, les fausses anglaises, les fausses dents et les faux... agréments. — Les dames qui habitent la rue Duphot redoutent beaucoup le moment du *déballage*.

DÉBARDEUSE. — Jeune personne pavoisée d'une culotte de velours à garniture de dentelles, et qui *débarde*, c'est-à-dire qui exonère des bardes de lard qui les incommodent. — Les Pékins naïfs venus au bal de l'Opéra avec de l'or dans leurs poches, et l'idée stupide de « faire une femme. »

DÉBINAGE. — Petit service qu'on se rend tous les jours entre collègues, parents et amis.

DÈCHE. — Époque de l'existence où le porte-monnaie de l'homme présente une analogie complète avec le récipient d'une machine pneumatique : il s'y fait un vide complet. — Quand *la dèche* est en état de récidive dans une maison, elle s'intitule *la redèche*, qu'il faut prendre garde de confondre avec le département du même nom.

DÉCRASSER. — Verbe mis quotidiennement en pratique par les lavandières de Breda-street au bénéfice de leurs Lucullus plus ou moins crasseux. — Voir *Dédorer; Démonétiser*.

DÉCROTTEUR. — Homme bien élevé et de grandes manières. « Ton agent de change t'a-t-il donné de belles étrennes, ma biche? — Lui! va-t'en voir si elles viennent! il s'est conduit avec moi comme un *décrotteur*. »

Défenses. — Métaphore poétique pour désigner les dents. « Honoré, dépêche-toi donc de brosser tes *défenses!* » (*Dict. de l'Acad.*)

Démarrer. — Façon régence d'exprimer la locomotion. « Chère comtesse, n'oubliez pas que vous m'avez promis la première schotisch. — Je suis à vous; mai attendez que je *démarre* de ma banquette. »

Dégommer. — Donner une preuve d'estime à ses chefs, aux élections de la garde nationale. « Eh bien! commandant, la graine d'épinards pousse-t-elle toujours sur vos épaules? — Ah! mon cher, ne m'en parlez pas; ils m'ont *dégommé*. »

Déhancher (se). — Se donner un grand mouvement corporel.

« Permettez-moi seulement de vous aimer, marquise?

« — Oh! ne vous *déhanchez* pas pour ça, marquis, ce n'est pas la peine. »(*Souvenirs du grand monde*, par M*me* de X.)

Disque. — Il m'a lancé un coup de pied en plein *disque*. (*Acad.*)

Dollar. — A-t-il du *dollar*, ton dindon ? — Puisque je te dis qu'il revient des Amériques.

Dominos. — Ornement de la bouche (style Désirabode).

« Mlle de Fontanges avait des yeux à croquer, une peau couleur de blanc de perles et un admirable jeu de *dominos*. » (*Mémoires de la princesse Palatine.*)

Doublure. — Personnage de théâtre qui joue, à l'égard d'un chef d'emploi, le rôle de la flanelle vis-à-vis de l'alpaga.

Drapeau. — Étui nocturne de l'homme, — style poétique.

DIOMÈDE.
.... J'ai besoin de repos,
Et je vais me fourrer ce soir sous les drapeaux.
(Campistron, *Diomède*, acte II, scène VI.)

Dramaturge. — Synonyme d'aliéné, terme de profonde commisération.

Dur-a-cuire. — Bimane ennuyeux en société : Rabat-Joie, Casse-Majou, etc.

« Pendant ce temps-là, Eucharis disait à Télémaque d'un ton moqueur : Ton vieux Mentor est un vrai *dur-à-cuire*. »

E.

ÉBOURIFFANT. — Voyez Épatant.

ÉCHANGE (libre). — Manière originale d'envisager la question « du tien et du mien. » — Le Code pénal lui consacre plusieurs articles.

ÉGOUTTER. — « Laissez égoutter la cruche, » locution caractéristique empruntée à l'idiome Breda, et dont voici à peu près la traduction en dialecte *épicemard* : « Laissez ce pauvre dindon se ruiner pour sa pie-grièche. »

ÉGRUGEOIR. — Asile poétique et mystérieux. « Corinne attendait Oswald dans son égrugeoir. » (Mme de Staël, *Corinne*.)

ELBEUF. — Tégument de l'homme de *la haute*. « Je vais demain chez le roi, à Marly; ma foi, tant pis, je lâcherai l'*Elbeuf*. » (Bussy-Rabutin, *à Mme de Sévigné*.)

ÉLÉPHANT. — Femme pachyderme (périphrase très bien portée).

« On dit que tu veux enlever la baronne? — Un *éléphant* de ce poids-là! tu me prends donc pour une grue? »

EMBALLER. — Expédier un débiteur, sous forme de paquet, au directeur du muséum de Clichy. — *N. B.* Ces sortes de colis demandent à être maniés avec le plus grand soin (marchandise fragile et sujette à *fuir* en cours de trajet).

EMMAILLOTTER (s'). — S'adonner à l'entretien des dames du corps de ballet de l'Opéra, fréquenter une ou plusieurs porte-maillot.

« Le petit vicomte s'est décidément *emmaillotté* d'une figurante. — Cela ne m'étonne pas, c'est un homme de chœurs. »

EMMANNEQUINER (s'). — Se donner le luxe d'un mannequin (style noble).

« Marie-toi, chère belle, une jeune personne ne saurait trop tôt *s'emmannequiner*. (Mme de Krudener, *Valérie*.) »

EMPANNER. — Mettre en panne.

« Ma mye, la dernière campagne que j'ay faicte m'a mis au poinct de ne plus avoir un sol vaillant; je suis *empanné*. » (*Lettres de Henri IV à Corisande*.)

EMPLOYÉ. — Euphémisme par lequel on désigne l'état d'un homme de bien à plaindre. — Employé se rendant à son bureau, » phrase toute faite et destinée à remplacer celle-ci : « Bœuf allant à l'abattoir. »

Entonnoir. — Machine à passer les liquides. « Arthur, allez donc me chercher un quatrième verre de punch. — J'y vais, baronne. (*A part.*) Quel entonnoir ! (Mme de F..., *la Femme sensualiste*, tome I, page 310.)

Entretenir — quelqu'un, avoir avec lui une causerie intime. Dernièrement, M. B... disait à la femme de chambre de Mlle S..., de l'Opéra : « Informez votre maîtresse que c'est quelqu'un qui vient pour l'entretenir, — pendant un petit quart d'heure. »

Épatant. — Recrue de comparaison canine destinée à peindre l'étonnement. « M. X..., escompteur, ne prend plus que 33 0/0 de commission ; voilà qui est *épatant !* »

Esclave. — Surnom amical des garçons de café dans le quartier Latin.

Estam. — Diminutif d'*estaminet.* — « Viens-tu à l'*estam ?* — Est-ce que je peux ; tu sais bien que le comptoir m'a fermé l'œil. »

Estomac. — Partie du corps où les femmes placent aujourd'hui le cœur.

Éternuer. — Rendre un son métallique qui fait dire à celui qui l'entend : Dieu vous bénisse ! « Eh bien ! ton frère a-t-il *éternué* pour le jour de l'an ? — Ah ! bien oui, un rat comme ça ! il ne m'a pas seulement payé mon terme ! » (Mme Maria de G..., *Mes fredaines.*)

Étoffé. — Individu bien mis. « Comme te v'là *étoffé !* Tu as donc muselé ton tailleur ? » (*Acad.*)

Éventaire. — Plateau de marchandises que certaines commerçantes portent devant elles : « Les grosses Flamandes de Rubens ont presque toutes un *éventaire* appétissant. » (*Dict. de Peinture.*)

Exporter (s'). — Voyez se *pulvériser*, se *travestir en chamois*, etc.

F

Fadard. — Homme qui met proprement sa cravate. — Voyez *Faraud*, *Freluquet*, *Moderne*, *Polka*, etc.

Fagoter (se). — S'ajuster avec goût

(style noble). « Chère, comment trouvez-vous la vicomtesse en robe à pointe ? — Horriblement fagotée, très chère. »

FALOURDE. — Objet à brûler. « Mon père veut que j'épouse la grosse baronne... — Une falourde comme ça ?... Je te plains comme un œuf. »

FAISANDÉ. — « Un oncle *faisandé*, » c'est-à-dire très avancé au point de vue du progrès social, et dont le coffre est d'un accès facile.

FÊLÉ. — Être qui se lézarde. « *Le Constitutionnel* est un vieux *fêlé*. » (La Harpe, *Cours de littérature*, chap VII.)

FEU. — Encouragement donné aux artistes dramatiques pour réchauffer leur zèle.

FISTON. — Petit nom d'amitié.

« — Me sera-t-il permis d'offrir mon bras à madame la duchesse ?

» — Offre, mon *fiston*, offre, ça n'est pas de refus. »   (*Acad.*)

FICHE (*je m'en*). — Tournure d'un beau désordre, et dont le sens est à peu près le même que celui de la phrase suivante : « Je m'en bats l'œil. » — Cette phrase a un synonyme que Sterne trouve *very much shoking.*

Ficnu. — Adjectif tiré du verbe précédent et dont les femmes ont fait un mouchoir de cou. — Comme son radical, cet adjectif a un synonyme que Sterne continue de trouver *very much shoking.*

Flanocher. — Fréquentatif de flâner (style lyrique) :

 L'ermite du hameau voisin
 Disait souvent aux bergerettes :
 « Au fond du bois, soir et matin,
 « Ne *flânochez* jamais seulettes. »
  (Romagnesi, l'*Angelus*, romance.)

Fermenter. — Monter progressivement comme une pâte qui lève :

« .... Chers *auteurs*, hâtez-vous de m'expédier un ou deux billets de cinq; car mes fournisseurs *fermentent*. »

(*Lettres inédites d'un carabin à ses parents*.)

Fiacre. — Joueur de billard plus lent qu'adroit dans ses tentatives de carambole : « Tu joues comme un *fiacre!*

» — Et toi comme son attelage. »

Ficelé. — Qualificatif qui s'adapte à l'homme bien vêtu et à la charcuterie :

« — Titine, montre-moi donc ton *homme au sac !*

» — Tiens, regarde là-bas, ce vieux qui est si bien *ficelé.* »

FILARD. — Joueur de bouillotte, carottier, mais prudent.

FIOLE. — Récipient œnophile.
Dans un cabinet des Frères-Provençaux.

« — Ces dames ont sonné?...

» — Oui ; montez-nous trois *fioles* de Moët, tout ce qu'il y a de plus crâne, vous entendez ?... »

FLAN (*du*). — Formule de réponse respectueuse d'un fils à sa mère (dans le premier arrondissement). — Dans le second arrondissement, on dit : *des navets !* — Et dans le troisième : *des pruneaux !*

FLOUEUR. — Voyez *Boursicotier, Financier*, etc.

FLUTER. — Se dit d'une personne qui a sous les fosses nasales une cavité qui lui coûte extrêmement cher :

Mais elle *flûtait* trop, c'est ce qui l'a tuée !
(Aristide CHAVENTRÉ, *Occidentales.*)

FROTTÉE. — Houspillage en grand.

« — ... Eh! bien, madame la baronne, fichez-y encore les pattes chez Ernest, et je vous administre une *frottée*, que le concierge en prendra les armes. »

(*Lettres inédites d'une dame de chœurs.*)

FUMÉ. — Se dit d'un objet qui s'évapore.

« — Ton beau-père t'a rencontré hier sur le boulevard avec Lolotte.

» — Alors, mon mariage est *fumé*! »

FUMERON. — Individu qui manque de braise.

« — Si mademoiselle voulait accepter mon amour et un verre de bière?

» — De la bière à une femme comme moi?... Pour qui me prends-tu donc, jeune *fumeron*? »

G

GALFATRE. — La bête noire des maîtresses de table d'hôte.

GAUSSE. — Broderie brillante sur un thème donné.

GOBE-MOUCHES. — Les neuf dixièmes des habitants de Paris.

GRANIT. — Glace napolitaine ainsi nommée à cause de ses qualités digestives.

GRIGNOTTER. — Manière de se débarrasser tout doucettement d'un héritage.

GRINCHER. — Pratiquer trop librement le libre échange.

GUENUCHE — Dénomination respectueuse, appliquée par certaines lorettes à leurs vénérables mères.

GACHEUX. — Homme de lettres d'un talent secondaire :

« — Tu fais un drame avec Chose ?

— Oui, c'est mon *gâcheur*. » (*Acad.*)

GALOPE-CHOPINE. — Oiseau de nuit, qui marche sur des tiges éculées, et passe sa graisseuse existence au milieu des courtiers marrons d'annonces, dont il est l'humble servant, ou des justices de paix, devant lesquelles il défend la veuve en repoussant l'orphelin. Son nom lui vient des nombreux demi-setiers qui lui aident à descendre malproprement le décalitre de sa vie.

GARGARISER (se). — « X*** a-t-il bien chanté hier dans le *Prophète?*
— « Oui, il s'est *gargarisé* pendant trois heures. » (*Propos de coulisses.*)

GAZOUILLER. — Se livrer à un dialogue vif et animé. « — Ma tante veut absolument que je quitte Henri ! — Bah ! laisse la gazouiller. » (*Acad.*)

GANTS. — Honoraires donnés de la main à la main dans certaines circonstances très délicates.

GARGOUILLEMENT. — Bruit accusateur. « — Baronne, est-ce que vraiment ce drôle aurait osé ?... — Hélas ! ma chère, depuis quinze jours, je sens des gargouillements. » (*Acad.*)

GIGIER. — Un des viscères chez les oiseaux. (Quelques crétins prononcent *gésier.*)

A la barrière Montpernasse,
Elle a bu plus d'une tasse;
Ça y a dérangé l'gigier.
(*Chansons populaires de la France.*)

GIGUES. — Organes de la locomotion. — Voyez *Quilles*, etc.
« ..... La princesse avait la gigue bien faite. » (Mme de Lafayette.)

Gloria. — Lait des vieillards et des clercs d'huissier.

> Si l'on me présente une tasse
> De glo ia fait chez Hardy,
> Dans mon gosier soudain il passe.
> « Sic transit gloria mun li ! »
> (Armand Gouffé, *Chansons*.)

Goitreux. — Épithète admirative par laquelle les rapins chevelus et peu peignés se plaisent à désigner les membres du jury qui ont refusé leurs morceaux de pâte ferme.

Gouape. — Sentiment instinctif qui pousse l'artiste, le poète, en un mot l'homme d'intelligence, qu'un travail manuel dégraderait par sa vilité, à lézarder paisiblement, pendant des jours et des mois entiers, sous prétexte de « chercher des idées. »

Gouapeur. — Ami de la gouape.

> Ah! quel plaisir d'être gouapeur (*bis*) !
> (Parny, *Élégies*.)

Goulot. — « Alain Chartier, le célèbre ménestrel, dormoit dans un coin du palais; la reine s'approcha, et l'embrassa sur le goulot. »   (Mézeray.)

Goussepain. — Drôle hasardeux.

« Un homme s'est rencontré, d'une

profondeur d'esprit incroyable, goussepain raffiné jusqu'à la dissimulation, etc. »
(Bossuet, *Oraisons funèbres*.)

GALUCHET. — Nom que ces dames
donnent au valet de trèfle.

« Gredin de Galuchet, m'en a-t-il fait
perdre de c'te braise au noble jeu de
lans ! » (*Mémoires de Friselle*.)

GRELOT. — Registre vocal chez les
deux sexes.

HECTOR.
Suis mes pas, Cléonyme, et prends mon javelot ;
Viens, partons.
ANDROMAQUE.
Quoi ? Seigneur...
HECTOR, à Andromaque.
Taisez votre grelot.
(Luce de Lancival, *Hector*.)

GRIGOU. — Voyez *Rat*, *Ladre*, *Crasseux*, etc.

Les femmes très comme il faut se servent généralement de ce substantif pour
qualifier *in petto* leurs maris ou leurs
amants le 1ᵉʳ janvier.

GUEUSES. — Filles d'Ève, — ou mas-
ses de fonte rejetées du fourneau, — et
de la société, — comme marchandises de
rebut. « La Parabère et la Falari étaient
de fort aimables gueuses. »
(*Mémoires de d'Argenson*.)

Guignol. — Illustre comédien des Champs-Élysées. Son nom est passé en proverbe. « — Tu as donc quitté Lazary? — Oui, je vais débuter aux Français. — Toi, aux Français? Allons donc, espèce de Guignol! »

Guilledou (*courir le*). — Se trouver dans la même situation morale qu'un chat au mois de mars.

« Votre Majesté abuse du *guilledou*. »
(Choiseul à Louis XV.)

H

Hyacinthe — Artiste qui, sans avoir jamais touché un piano, est possesseur d'*un Érard*.

Haricots. — *In-pace* de la garde nationale.

Haridelle. — Noble bête à longues oreilles, qui n'a plus que l'épiderme sur les vertèbres. — « Te voilà ruiné; épouse la comtesse. — Je n'aime pas les haridelles. »
(*Acad.*)

Harpies. — Jeunes personnes d'une mise et d'un physique également rafalés, qui pincent de la harpe dans les cafés-concerts. M. Chapsal prétend qu'il faut prononcer harpistes. Quel ignare que ce M. Chapsal !

HERMITAGE. — Retraite où de pieux solitaires méditaient jadis aux heures des repas avec une tête de mort dans les mains. C'est aujourd'hui un jardin-restaurant du boulevard des Martyrs, où les rapins à bottes éculées, festoient, tous les jeudis, avec une ardeur non pareille le veau, la salade, le petit bleu, la schotisch et les modèles (pas de vertu).

HUILE. — Les comédiens appellent ainsi la rampe du théâtre, par la raison toute simple qu'elle est éclairée au gaz. « — As-tu vu répéter l'*ours* de Chose ? — Je l'ai vu. — Eh bien ! ça marche-t-il ? — On ne sait pas encore ; faudra voir ça à l'huile. » (*Acad.*)

HUITRE. — Coquillage qui se pêche facilement sur les côtes, — ou aux séances des Sociétés Littéraires. — « Ma marraine ne m'a fait aucun cadeau pour sa fête. — Alors, c'est une *huître de marraine*. » (*Acad.*)

HUMER. — Verbe qui exprime l'acte

de la vie la plus agréable aux Parisiens de la barrière, celui qui consiste à lever le coude à la hauteur de l'œil; il a une kyrielle de synonymes.

Hussier. — Officier ministériel dont la visite est toujours suivie d'effet, et qui n'oublie jamais de laisser sa carte chez le concierge. La carte de l'hussier cause un tremblement convulsif à la plupart des individus qui la reçoivent. M. Chapsal soutient qu'il faut dire huissier. — Laissons jaspiner M. Chapsal.

I

Ia. — Interjection germanique que les tailleurs et les bottiers ont fait passer depuis peu dans l'idiome parisien. Elle sert de réponse invariable aux fournisseurs interrogés sur la question stupide de savoir « s'ils veulent de l'argent. »

Imagé. — Avoir le dialogue imagé, se dit d'une personne qui n'est pas à ça près d'un f... ou d'un b..... dans la conversation.

Impotent. — Homme fini.

« Parfois une colonne brisée s'élevait

dans le désert comme un *impotent que le temps et les malheurs ont dévasté.* »
(Chateaubriand, *Itinéraire.*)

INDUSTRIE. — Ordre moderne qui compte un grand nombre de chevaliers.

INVITE. — « *Faire une invite* » se dit, dans le monde, d'une dame qui prie quelqu'un de devenir son valet et de couper hardiment dans son jeu en ayant soin de ne pas perdre la carte.

INVALO. — Vieux brave. — Cet adjectif est fréquemment employé dans les phrases suivantes : L'hôtel des Invalos, le mouchoir de l'invalo, la femme à l'inva'o, etc., etc.

« César était trop vieux pour penser à la conquête du monde. Après la bataille de Pharsale, ce n'était déjà plus qu'un invalo. » (Pascal, *Pensées.*)

INNOCENT. — Pubère qui n'est pas encore allé à Mabille. « L'innocent est le mets de prédilection des femmes sur le retour. » (Mme Dubarry.)

INSECTE. — « A la mort de Louis XIII, le dauphin Louis XIV n'était encore qu'un insecte. »
(Anquetil, *Hist. de France.*)

Insinuer. — Verbe très aristocratique. « — Avez-vous faim, vicomtesse ? — Ma foi oui ; je m'insinuerais bien quelque chose dans le tube. » (Acad.)

Insulaire. — Voyez *Anglais*, *Milord*, etc. « — Où donc Rosine a-t-elle fait son insulaire ?— Pardine ! est-ce que ça se demande ? à l'Exposition d'horticulture, carré des melons. » (Acad.)

Intrus. — Vaudevilliste inconnu, — au café des Variétés. « — Cette pièce n'est vraiment pas mal ! — Allons donc ! l'ours d'un intrus ! est-ce que ça peut avoir le moindre succès ?
(*Propos recueillis sur le bitume du boulevard Montmartre.*)

Iroquois. — Sauvage très libre dans sa manière d'être.
« Dis donc, m'man, je ne sais pas ce que p'pa vient de faire à ma bonne, mais elle l'a appelé iroquois ! »
(Berquin, l'*Ami des Enfants*.)

Israélite. — Personnage qui entend bien les affaires (les siennes.)
« —Tu ne sais pas, Clara, ma modiste, qui veut absolument que je lui paye ma note ! « Ah ! ma biche, quelle israélite ! »

J

Jabot. — Premier estomac du dindon.

Jaboter. — Ouvrir le bec.

« Le roi avait jaboté ; il ne me restait plus qu'à obéir. »

(Bassompierre *Mémoires*, chapitre CCIV.)

Japper. — Voyez *Folichonner, Batifoler*. « — Ce roquet-là te fait la cour ? — Ne m'en parle pas ; il jappe après moi du matin au soir. » (*Acad.*)

Jaser. — Parler affaires.

MÉDÉE.
Médée est seule et peut suffire à trois Jasons ;
Ton aide lui suffit. Veux-tu m'aider : jasons.
(Ernest Legouvé, *Médée*, acte II, scène III.)

Jéjunum. — Deuxième circonvolution de l'intestin grêle.

« Mes provisions étaient épuisées, et pourtant j'éprouvais un besoin très vif de m'introduire une tranche de n'importe quoi dans le jéjunum. » (Silvio Pellico.)

Jobard. — Voyez *Concombre, Abonné du Constitutionnel*, etc.

Jongleur. — Amusant et spirituel individu, dont M. le procureur impérial a le mauvais goût de contrarier souvent les tours de gentillesse.

JOUAILLER. — « On prétend que Rachel est chicoquandarde dans *Phèdre ?* — Oui, elle jouaille crânement. »

JUCHER. — « Juches-tu toujours chez Amanda ? » Façon ingénieuse d'indiquer des relations gallinacées avec une aimable poulette.

JUDAS. — Double lucarne du visage humain, considéré comme arrière-boutique.

« La princesse était en embuscade, prêtant l'oreille et tenant son judas fixé sur le trou de la serrure... »

(Mme de Genlis, *Mlle de Clermont.*)

JUPON. — Symbole de l'autorité conjugale.

« — Tâche de faire avaler une couleuvre à ton jupon, on nous attend aux Provençaux pour dîner. » (*Acad.*)

JURY. — Comité réuni pour juger (suivant Chapsal, — suivant d'autres, membres de ce même comité.

« — Moi je n'aime pas que mon époux soye *jury*; quand il revient de la cour d'assises, c'est toujours en passant par le cabaret. » (*Menus propos.*)

JUSTAUCORPS. — Fourrure du lion, pendant l'hiver.

« — Combien ton tailleur t'a-t-il fait payer ce paletot-là?

» — Trois mois de Clichy, dont je vais entrer en jouissance après-demain.

» — C'est un peu cher, pour un semblable justaucorps. »

K

KOX-NOFF. — Voyez *Choknosophe.*

L

LAMPER. Voyez *Licher, Soiffer,* etc.

LANTERNES. — Terme euphonique qui sert à désigner, sous le rapport de la propreté et de la longueur, les ongles des clercs d'huissier.

LATTE. — Petit mot d'amitié employé dans le grand monde, et qui donne immédiatement l'idée d'une femme bien faite. « — Vicomtesse, votre bru a une taille charmante! — N'est-ce pas? une vraie latte! » (*Acad.*)

LAVASSE. — Boisson délayée avec soin.
« Ulysse demanda à boire à la princesse Nausicaä qui lui apporta une espèce de *lavasse*. (Homère, *Odyssée*.)

LAVETTE. — Etoffe légère pour femmes.
« — Edouard s'est donc décidé à te payer une robe? — Fameux cadeau! Une lavette de l'année passée, et qui se vend partout 45 sous le mètre. »

LÉGITIME. — La maîtresse de la maison, la seule et véritable dame du logis, — au treizième arrondissement.
« — C'est-y avec Phémie que tu vas à Bullier? « Hélas! non; c'est avec ma légitime. » (*Acad.*)

LÉGUME. — Epithète majestueuse, et dont on se servait fréquemment au siècle de Louis XIV.
« Les grands hommes sont quelquefois de bien singuliers légumes! »
(*M. Chose, éloge funèbre de M. Machin.*)

LEST. — Terme de canotage parisien.
« — Quel lest allons-nous prendre à Asnières? — Six bergères, dont quatre dromadaires. » (*Acad.*)

LEVER. — Terme de vénerie amoureuse (style noble).

« ... C'était à la fête du Soleil que la sensible Cora avait, sans le savoir, levé le tendre Alonzo. » (Marmontel.)

LÉZARDS. — Travailleurs infatigables, qui ne se lassent jamais — de chauffer leur ventre au soleil, sur le bord du canal Saint-Martin, depuis le jour de l'an jusqu'à la Saint-Sylvestre. Leur amabilité bien connue a donné naissance à ce proverbe : « Lézards embellissent la vie. »

LÉZARDÉ. — Voyez *Toqué*, *Fêlé*, etc.

« A Ferrare, dans l'hospital des fols, je vis un poète justement célèbre, messer Torquato-Tasso. Le cervellet du pauvre homme estoit fort lézardé ; — le mur de sa prison aussy. » (Montaigne.)

LIMACE. — Epithète caressante, que les troubadours du XIIIe siècle ne manquaient jamais d'adresser aux belles personnes de haut lignage :

« La dame des Belles-Cousines était une des plus jolies limaces de la cour. »
(Tressan, *le petit Jehan de Saintré*.)

LIMANDE. — Antipode des Vénus de Rubens.

« Quand on cherche à se marier, mon cher Emile, il y a un milieu à garder entre la génisse et la limande. »

(J.-J. Rousseau, *Emile, l'Education*, livre II.)

LITROGRAPHIE. — Art de mettre son nez en couleur, à l'aide d'une foule de litres. « — T'occupes-tu toujours de lithographie? — Non, j'y ai renoncé pour me consacrer uniquement à la *litrographie*. » (*Acad.*)

LOCHE. — Femme bien portante.

« Souventes fois, Marc-Antoine, en folastrant, disoit à la royne Cléopatre :

» — Vray Dieu, ma mye, quelle grosse lôche vous faictes! » (Plutarque d'Amyot.)

LOUPE. — Voyez *goupe, far-niente*, etc.

« .... Renaud vivait avec la belle Armide au milieu d'une délicieuse oisiveté; il restait couché toute la journée aux pieds de cette enchanteresse, dans un riant bocage qu'il avait surnommé le Camp de la Loupe. » (Le Tasse.)

LOUPER. — S'adonner à la loupe.

Que ne puis-je louper à l'ombre des forêts!
(Racine, *Phèdre*.)

LOUPEUR. — Individu feignant de travailler.

« .... J'avais demandé au cardinal un régiment pour mon neveu. Son éminence me répondit :

» — Impossible, votre neveu est un loupeur. »   (Bassompierre.)

LOUSTIC. — Aimable farceur.

Rare et fameux loustic, dont la facile veine
Ignore, en écrivant, le travail et la peine.
   (Boileau, *Épitres à Molière*.)

LUSSE. — (M. Chapsal écrit *lustre*.)

« Plus haut, le lusse; on n'y voit pas ! »   (Paradis de l'Ambigu.)

M

MACHICOTER. — Voyez se mettre quelque chose sous la dent, tortiller, etc.

« — Que faut-il servir à ces dames?

» — Oh! une aile de ce que vous voudrez, ou une tranche de n'importe quoi, pourvu que nous puissions machicoter. »
   (Les joyeux devis du Restaurant Bonvalet.)

MANNEQUIN. — Homme simple comme l'osier.

GENGISKHAN.
Ce roi, fils du soleil, qu'on adore à Pékin,
Qu'est-il pour nous, Phanor? Un simple mannequin.
   (Luce de Lancival, *Gengiskhan*.)

MAQUILLER (se). — Réparer des rides l'irréparable outrage, et prendre son visage pour une palette tricolore, qu'on prépare avec le blanc de perles, qu'on ébauche avec le rouge anglais et qu'on termine avec le bleu, pour les veines, ou avec le noir pour les narines. — Ce peinturlurage chromofacial a été de tout temps la marotte des filles d'Ève.

Exemple : — « Le roi me dit en arrivant :

» — Mon Dieu ! marquise, comme vous vous êtes bien *maquillée* aujourd'hui ! » (Mme de Montespan.)

MARGOT. — Nom générique que l'homme marié donne au fruit défendu, au treizième arrondissement, au péché caché et non pardonné, au dessert adultérin, par rapport au pot-au-feu conjugal.

« — Maintenant que ta femme est à la campagne, où passes-tu tes soirées ?

» — Parbleu ! est-ce que ça se demande ? chez Margot. » (Acad.)

MARÉCAGEUX. — Adjectif poétique.
Cher amour, j'aime à voir, dans nos paisibles jeux
Ton œil marécageux !
(Mme de M..., *Ode à Hyacinthe.*)

MAROUFLE. — Robuste gaillard.

« — Que veux-tu, ma chère? est-ce ma faute, après tout, si j'idolâtre ce maroufle? »

MARRONNER. — Cultiver le marronnage, légume bursicole, qui pousse généralement sous les colonnes corinthiennes, situées au confluent des rues Notre-Dame-des-Victoires, Brongniart, Joquelet, des Filles-Saint-Thomas et de la Bourse.

« — Qué q't'as marronné aujourd'hui?
» — Deux Herserange, quatre Mouzaïa et une paire de bottes. — Garde les bottes et jette le reste. » (*Acad.*)

MARSOUIN. — Poisson mal élevé.

ALTAMOR.
..... Reine, j'en suis témoin,
Le prince s'est conduit comme un vrai marsouin.
(Andrieux, *Xerxès*, acte II, scène V.)

MASTIC. — Matière épaisse.

« — Qu'est-ce que tu lis-là?
» — Un roman de Mme de ***
» — En v'là du mastic! » (*Acad.*)

MASTOC. — Épithète par laquelle les gens flutés se vengent des obèses.

MAZETTE. — Qualificatif élogieux.

« A Rosbach, j'ai battu à plate couture votre maréchal de Soubise, une vieille mazette. » (*Frédéric II, à Voltaire.*)

Melon. — Honnête homme qui croit aux canards du *Constitutionnel*.

Ce qu'il me faut, à moi, folle et rieuse fille,
C'est un mari qui soit doux, indulgent et bon,
Et qui me laisse aller tous les soirs à M. bill e;
Ce qu'il me faut, à moi, vois-tu, c'est un melon.
(Mlle Perdita V....Trois mois à St-Lazare, *Poésies*.)

Moucheron. — Aimable enfant.

« Cyrus était le plus beau moucheron de son temps. » (Xénophon, *Cyropédie*.)

Moutarde — Enfant du beau sexe.

« Comme Dijon était la capitale de mon duché de Bourgogne, le roi (Louis XIV) me disait souvent dans mon enfance : Ma fille, vous êtes la *moutarde* de Dijon. »

(*Mémoires de la duchesse de Bourgogne*, partie IX, sect. v.)

Musarder. — Aller aux concerts de la rue Basse-du-Rempart, pour contempler le chef d'orchestre, Musard fils.

« Viens-tu *musarder* cette après-midi?
— Non, merci, j'aime mieux aller à la barrière. » (*Acad.*)

Museler. — Voyez *Couper le sifflet*.

« — Ta mère est trop bavarde; elle dira tout à ton Arthur. — J'ai envie de la museler. » (*Acad.*)

N

NATTE (fausse). — Un des grands moyens de séduction de la femme *maquillée*.

NIQUEDOUILLE. — Providence des coulisses et des courtiers marrons. — Voyez *Vache à lait*.

NABOT. — Bel homme.

« — C'est-y vrai, que la grande Élodie s'est mise avec un tambour major?

» — Oui; c'est pour changer. Son mari est un nabot. » (*Acad.*)

NAGEOIRES. — Extrémités de certains animaux.

« Si je tenais Nonore dans ce moment-ci, je lui casserais les nageoires. »
(*Lettres inédit. d'un jeune détenu de Clichy.*)

NAVETS (des). — Façon polie d'exprimer un refus.

NÈFLES (des). — Voir le mot précédent.

NÉGOCIANT. — Terme de profonde commisération. Une des appellations les plus désagréables que l'on puisse décerner à quelqu'un.

NETTOYER. — Rendre poli à l'aide d'une brossée, au bal de l'Opéra.

« Chicard, si tu ne finis pas de tarabuster mon épouse, tu vas te faire nettoyer. »

NEZ (pied de). — Surprise qui pourrait être agréable.

« Hier, j'ai eu un fameux pied de nez. Pendant que je prenais la taille à Catherine, ma femme est entrée dans la cuisine. » (*Isidore ou le mari trop coureur.*)

NICHER. — Voyez *Jucher, Percher*, etc.

« ..... Demande un délai à mon *usurmard*; mais surtout ne va pas lui indiquer où je niche. »

NOIRS. — Preuves d'amour.

« Dans le commencement de notre liaison, Maurice ne me faisait que des bleus; mais maintenant, il a pris l'habitude de me faire des noirs. » (*Acad.*)

NON-CHALAND. — Ennemi naturel des commerçants.

« — Phémie, as-tu étrenné ce matin?
» — Je t'en souhaite! On ne se figure pas comme le public est non-chaland aujourd'hui! » (*Acad.*)

Nourrisseur. — Voyez *Gargotier*.

« Papa, hâtez-vous de venir dégager votre enfant ; je suis gardé à vue pour quinze malheureuses livres sterling, chez un nourrisseur empoisonneur. »

(*Lettres d'Adolphe, à son auteur.*)

O

Ohé ! — Spirituelle exclamation qui a définitivement remplacé, au bal de l'Opéra, les délicates causeries et les fleurettes musquées de l'intrigue.

Ours. — Enfant à un ou plusieurs pères, trop souvent désavoué par ses *auteurs*. Quelle que soit son entrée dans le monde, il ne peut échapper à cet inexorable dilemme, ou sifflé ou claqué.

Obèse. — Individu de l'un ou de l'autre sexe, dont le développement abdominal prend des proportions inquiétantes.

« Ma femme est obèse depuis neuf mois. — J'ai un propriétaire féroce et obèse, » etc., etc., locutions que le Parisien emploie souvent, et qui ne peignent que trop fidèlement les déboires de sa vie domestique.

OBJET. — But vivant des dames de théâtre ou des troupiers sentimentaux.

« Mon objet est cuisinière dans une grande maison. » Ou bien encore : « Ma biche, si ton objet ne veut pas te décrocher plus de 500 francs par mois, il faut le lâcher d'un cran, et plus vite que ça ! »

ODALIXE. — Substantif usité dans plusieurs arrondissements pour désigner une femme légère, dont le costume brille par son débraillé oriental. M. Chapsal jure par les cheveux gris de M. Poitevin, qu'il faut dire odalisque. De son côté, notre ami le sergent La Ramée jure sur les cheveux blancs de M. Chapsal, qu'il y a urgence de prononcer obélisque.

OEIL (*faire ou avoir de l'*). — Ces deux gallicismes ont un sens bien différent, qui échappe aux idiots (ceux-ci ne comprennent que les idiotismes). La phrase suivante, extraite des souvenirs par trop intimes d'une rouleuse du bal Mabille, leur donnera la clef de l'un et de l'autre trope :

« — Nonore, tu viens de guigner le restaurateur du coin !

« — Laisse donc ! si je lui fais de l'œil, c'est afin d'en avoir dans sa gargote ! »

OFFUXER. — « Va-t'en, tu m'offuxes. » (*Dict. de l'Acad.*) — M. Bescherelle jure sur les cendres de Boiste qu'il faut dire offusquer. Donnons un pleur aux mânes de M. Bescherelle.

OGNON! (*il y a de l'*). — Euphémisme usé dans le langage aristocratique, et qui indique une situation pleine de chiendent.

« Vicomte, je vous en supplie, ne venez pas ce soir; il y a de l'ognon ; mon mari sait tout ! » (*Acad.*)

OIE (*jouer à l'*). — Dans le vocabulaire des dames du *lans* et du *baccar*, cette formule désigne le divertissement malhonnête et coûteux que prend l'aimable société ci-dessus, aux dépens de quelques volatiles provinciaux ou étrangers, qu'elle débarrasse de leurs plumes en deux tours de tapis vert.

« — Viens donc ce soir chez la grande Sophie! nous nous amuserons crânement, on jouera à l'oie ! »

(Propos recueillis sur le bitume.)

OPIUM. — Se dit d'une pièce de théâtre dont l'action laudanisante est singulièrement utile aux personnes tourmentées d'insomnie.

ORQUESSE. — M. Poitevin est unanime avec M. Bescherelle pour prononcer orchestre. — Respectons la monomanie de ces deux grammairiens.

ORILLER. — Ah! voici un mot bien orthographié, j'espère, et dont les lexicographes ne contesteront pas la rédaction. Que deux ou trois académiciens arriérés s'entêtent encore à écrire oreiller, c'est leur affaire; quant à nous, restons dans le progrès, et n'hésitons pas à dire oriller, comme nous disons aussi *tête d'oriller* et *aigledon*.

ORFÈVRE (*draps de l'*). — Draps très utiles aux personnes accablées de sommeil et qui ont la tête sur l'oreiller.

« A peine ma cousine fut-elle partie, que je me jetai dans les draps de l'orfèvre. » (J.-J. Rousseau, *Nouvelle Héloïse.*)

ORGEAT (*carafe d'*). — Se dit d'une personne très expansive en dedans.

« Oui, ma mère, mon mari est bel homme, mais c'est une vraie carafe d'orgeat. » (*Mme de Grignan à Mme de Sévigné.*)

Ouvreuse. — Oiseau femelle de l'ordre des rapaces, qui se nourrit de petits bancs, d'*Entr'actes*, de chapeaux de femmes et de paletots. Son appétit est insatiable comme sa loquacité.

« — Ta belle-mère a l'air bien respectable ; c'est dommage qu'elle ait le physique d'une ouvreuse. »   (*Acad.*)

P

Pachyderme. — Animal à cuir épais. Les provinciaux qui croient encore aux fameux alinéas de M. de Girardin, composent, pour la plupart, cette variété du genre mammifère.

Paillasse. — Métaphore à carreaux par laquelle MM. les boursichottiers se désignent amicalement entre eux, dans la coulisse. « Surtout ne vendez pas mes Romains à Chose ; c'est un paillasse ! »

Paillot. — Premier matelas de l'enfance. « Allons, Nini, on t'attend pour déjeuner ; allons, vite, à bas de ce paillot ! »

Palfermier. — Type de l'élégance et du suprême bon goût pour nos modernes dandies. — Napoléon Landais assure que ce mot se prononce palfrenier. Plaignons Napoléon Landais, mais ne le maudissons pas!

PANNE. — Voyez *Dèche, Débine*, etc.

PANNÉ. — Etat de l'homme en panne.

Je suis panné, la chose est positive;
De mes goussets je cherche en vain l'emploi.
(Cogniard frères, *Les Trois Dimanches*.)

PANNICULE. — Petite panne. « S'il te » reste trente sous, tu n'es pas dans la » panne; tu n'es encore que dans la pan- » nicule. »   (*Dict. de l'Acad.*)

PANTE. — Locution amicale par laquelle le spéculateur de toute classe désigne le public *payant* devant lequel il exécute ses petits tours de gobelet. « Allons, messieurs les *pantes*, il nous manque encore 20,000 souscriptions d'actions à 1,500 fr. pièce pour nous permettre d'exécuter le grrrand tour de la Société en commandite! Allons, messieurs les *pantes*, un peu de courage à la poche! C'est l'instant, c'est le moment! »

PATTE D'OIE. — Outrage physique du temps, que l'on est toujours contraint à recevoir de front.

Pansif. — Homme esclave de sa panse. Une fois guéri de ce travers, on devient ex-pansif.

Papetier. — Une des plus grandes injures que l'on puisse adresser à un homme.

« J'ai refusé un châle à Cœlina ; elle
» m'a appelé papetier. »   (*Acad.*)

Pastèque. — Melon d'eau ; épithète qu'on applique aux marins trop bons enfants, quand ils sont à terre.

« Mme de Montespan me disait un
» soir, en me parlant de l'amiral Du-
» quesne : Ce bonhomme est un peu pas-
» tèque. »

(Bussy-Rabutin, *Histoire amoureuse des Gaules.*)

Patée. — Ce que la Providence donne tous les jours aux petits des oiseaux, aux notaires et aux ferblantiers enrichis.

« Je ne te demande pas des mille et
» des cents, divine Julie ; donne-moi
» seulement la niche et la pâtée. »

(Rousseau, *Nouvelle Héloïse.*)

Patient. — Individu dont le cuir sert à de cruelles expériences scientifiques ou littéraires, telles que la lecture des feuilletons panadiformes du *Constitutionnel* ou des premiers Paris du vieux monsieur de la rue des Prêtres.

PATRAQUE. — Métaphore empruntée à la mécanique; personnage dont les ressorts vont mal.

« Marie-Antoinette me dit : Restons au château; aujourd'hui, je me sens toute patraque. » (Mᵐᵉ *Campan*.)

PÈGRE. — Expression aristocratique « La haute et la basse pègre, » comme qui dirait le faubourg Saint-Germain et le quartier Mouffetard.

PÉCUNE. — Voyez *Tune*, *Saint-Frusquin*.

PÉKIN. — Pauvre hère, assez ridiculement arriéré en fait de jubilation parisienne, pour arriver au bal de l'Opéra sans être ivre-mort et costumé en cureur d'égout. Substantif qui représente, dans la bouche du militaire, tout ce qui est plus ou moins civil, et, dans l'idiome du pierrot du bal masqué, tout ce qui porte un habit noir. Dans la belle saison, on voit souvent des Pékins en nankin.

PENDELOQUES. — Métamorphose gracieuse par laquelle on désigne les bras, au Conservatoire.

« Recommencez-moi donc cette en-
» trée-là, capitaine Hernani, et surtout
» ne faites pas les ailes de moulin avec
» vos pendeloques. »

PÉPIE. — Maladie du pierrot, avant, pendant et après la contredanse. Cette indisposition se traduit par une soif ardente que le punch, le Champagne, le Bordeaux-Laffitte et autres calmants éteignent à grand'peine, et qui semble se rallumer à table. De là le fameux proverbe cité par Balzac dans la *Comédie humaine* : La pépie vient en mangeant.

PERROQUET. — Oiseau embêtant et qui chante toujours la même chose. —
« Mon tailleur vint pour la 112e fois me
» demander de l'argent. Je lui dis :
» Vous êtes encore un drôle de perro-
» quet ! »
(*Mémoires de Lauzun*, ch. XIV)

PERRUQUE. — Particule nobiliaire des membres de l'Institut.

PIGEON. — Autre volatile dont la mission sociale consiste à se faire plumer jusqu'à l'épiderme dans les maisons de baccarat, lansquenet et autres jeux innocents — comme le Grec qui vient de naître. — La lorette raffole du pigeon.

Pieu. — Bois de lit (métaphore très noble.) — « En arrivant le soir au camp, après la défaite de Vercingétorix, j'étais si fatigué que je courus me fourrer dans le pieu. »

(*Commentaires de César, trad. Grassot.*)

Pile. (Au pluriel, piles.) — Il faut distinguer entre celles de coups de poing et celles de pièces de 5 fr. — Les créanciers sont généralement plus disposés à vous en flanquer de la première catégorie que de la seconde.

Pinces. — Antennes de l'homme. — « Mais si votre mari m'attaque, chère comtesse ? — Oh! alors, Henri, s'il vous attaque, je vous l'abandonne, jouez des *pinces*. »

(*Les Adultères vertueux.*)

Poitrail. — Terme de Jockey's-Club.
« La petite Lilie, la choriste, promet d'avoir quelque poitrail. »

Pose. — Pantomime vertueuse mais taquinante que jouent les *biches* pour sé-

duire les daims : « Le roi Louis XIII
» n'a encore osé me prendre que la taille;
» je le maintiens à la pose. »

(*Lettres* de Mme d'Hautefort.)

Pot aux roses. — Vase à intrigues adultérines, dont l'un des deux époux soulève parfois le couvercle, au grand désappointement de l'autre.

Potiron. — Légume dont la couleur plaît beaucoup aux gens mariés. — Quelques escogriffes de grammairiens, Lhomond en tête, ont la chose d'écrire : Potiron.

Pouillerie. — Terme de mépris. —
» Que q'tas levé hier soir à Valentino,
» Caroline ? Un boyard anglais ou un
» mylord russe ? — Non, ma chatte, je
» n'ai pu faire qu'un clerc d'huissier.
» Hein ! quelle pouillerie ! » (*Acad.*)

Poulailler. — Asile dramatique des émotions véritables et des pommes à 2 sous le tas (45 degrés de chaleur). —
» Viens-tu au poulailler de l'Ambigu ? —
» Non, merci, il y a des puces ! »

Pouliner. — Se dit des cavales qui se trouvent dans une position intéres-

— 245 —

sante. — « Je dis à Louis XV : Votre
» Majesté paraît bien émue ! — Je le
» crois bien, me dit-il, figurez-vous que
» la petite Romans vient de pouliner su-
» bitement. »
(*Mémoires* de Besenval, ch. VI.)

Pourrissoir. — Galetas où on fait pourrir les vieux chiffons.

Que dites-vous, marquis, de mon nouveau bou-
(doir ?
—Ma foi, j'en dis que c'est un charmant pourris-
(soir,
(Dorat, *les Mœurs du jour*)

Pré (*aller au*). — Se dit des *chevaux de retour* qui vont se refaire dans les herbages de Toulon et de Brest.

Properté. — Improprement écrit *propreté* par deux ou trois linguistes poussifs : « La *properté* est la moitié de la vie. »
(*M*^me *Pochet à M*^me *Gibou.*)

Propiétaire. — Encore un mot que ce gobe-mouches de M. Chapsal s'obstine à orthographier *propriétaire*. L'entêté ! il ne connaît donc pas la citation ci-contre : « J'y ai dit ; qui dit, dit-il, le pro-
» piétaire va faire ésiquestrer votre mo-
» bélier. » (*M*^me *Gibou à M*^me *Pochet.*)

PRUNES. — Fruits de plomb qui tombent de l'arbre de la gloire : « Couche-toi à plat ventre, Dumanet, ou tu vas *gober* une prune; le Cosaque t'a couché en joue! »

(*Six mois en Crimée,* par une vivandière.)

Q

QUART (*faire son*). — Terme de marine applicable à l'officier commandé pour un service de nuit. — On lui donne, à Paris, dans certaines existences interlopes, une acception que nous aurons la discrétion de ne point indiquer ici.

QUENOTTES. — Diminutif mignard dont on use vis-à-vis des femmes que l'on veut complimenter sur leur râtelier : « Musidora a une belle peau!... — Oui, mais quelles *quenottes,* mon bon!... on dirait les touches d'un piano à huit oc'ves! » (Désirabode, *Mémoires.*)

QUILLES. — Organes de la locomotion; — d'une faiblesse extraordinaire chez les ivrognes.

R

RABLÉ. — « Allons donc, mon cher, vous êtes fou!... mettre votre danseuse des *Folies* en parallèle avec ma vicomtesse!... une coquine avec une grande dame, fi donc! — Grande dame, grande dame tant que vous voudrez! mais votre vicomtesse est pitoyablement *râblée*, chacun sait ça!... tandis que ma danseuse a autre chose que des os! »

(Gavarni, *OEuvres inédites*.)

RACLÉE. — Voy. *Trempée, Tripotée, Tournée, Frottée*, etc., etc.

RACLEUSE. — Qualification insultante, mais juste, donnée habituellement aux filles d'Euterpe, qui entremêlent de concertos pour piano, basse et flûte, transposés sur la guitare, et de septuors à grand orchestre exécutés par une *dame seule*, les demi-tasses et les chopes offertes par les cafés-chantants à leurs consommateurs.

RAMASSER (*se faire*). — Se brouiller avec l'*autorité supérieure*, selon la belle expression de feu Poiret : « Jeune homme,

» si vous continuez à gigotter comme ça,
» vous allez vous *faire ramasser.* »

(*Souvenirs d'un municipal.*)

RAMONER. — Se dit de l'effet produit par certains médicaments : « ...Maintenant, papa, je suis à l'épreuve du feu ; le métal que vous connaissez, — sans doute par votre baromètre, m'a *ramoné du haut en bas.* »

(*Lettres d'un sergent-major à ses parents.*)

RANCIR. — « ...Oui, *Chose* est toujours un admirable poète, mais sa verve a fortement *ranci.* »

(*Feuilleton de n'importe qui à propos de n'importe quoi.*)

RAPIÈRE. — Substantif aussi féminin que singulier, dont le vulgaire, né malin, se plaît à baptiser cette catégorie de personnes obligeantes dont Victor Hugo nous montre un exemplaire dans *Ruy-Blas*, sous la forme d'une

Affreuse compagnonne,
Dont le menton fleurit et dont le nez tro..... nonne.

Quand on se sert de ce qualificatif, on ajoute généralement à rapière l'épithète de *vieille*, afin de compléter l'ensemble et d'arrondir la pensée : *Vieille rapière !*

Allez saluer de ces deux mots magiques la première pipelette venue, armée d'un balai, et vous verrez comme vous serez reçu!... à bouleau ouvert.

RASER. — Il est de certains coiffeurs dont le cœur est comme l'enfer, pavé de bonnes intentions, et la main moins heureuse que le cœur, à preuve les arabesques sanglantes dont leur *homicide acier* (comme dirait feu Racine) s'amuse à patarapher les joues des clients. De semblables pataraphes sont peu drôles, — toujours pour les clients; aussi ces derniers ont-ils introduit dans la langue imagée de l'atelier et des coulisses le verbe *raser* et le substantif *raseur*, par un amer ressouvenir des disciples de Jasmin qui mettent notre menton au supplice. — Inutile d'ajouter que ces deux expressions sont figuratives, et que, lorsque je dis, par exemple : « La tragédie de Viennet m'a abominablement rasé hier soir..... le père Viennet est un triste raseur, » je ne veux pas faire entendre par là que l'auteur d'*Arbogaste* tient une boutique dans un passage quelconque, et cultive avec insuccès le cuir à repasser;

oh! non, une telle hyperbole est bien loin de ma manière de voir; ce n'est qu'allégoriquement qu'il faut interpréter ces deux phrases.

RAT. — Mot qui a deux acceptions : 1º *substantivement*, il désigne un petit animal rongeur, grugeur et grignoteur, qu'on trouve habituellement dans les coulisses de l'Opéra, et qui, comme certains insectes, se change en *nymphe*, quelquefois en *sauterelle*, d'autres fois encore en *lionne*, en *dromadaire*, plusieurs disent même en jeune bœuf; cette dernière hypothèse est sans doute une calomnie. — 2º *Adjectivement*, il est synonyme de *canore*, *grigou*, etc., etc.

REJETON. — Équivalent poétique de *louveteau*. — « ..... Je suis, mon cher papa, avec tous les sentiments d'un bon fils qui a besoin d'argent, votre rejeton bien aimé... JEAN-PAUL CHOPPART. »
(*Correspondance générale*).

RENIFLER. — Jeter par les naseaux un souffle de convoitise sur un objet aimé : « ..... Que je t'y prenne encore, Toto, à *renifler* les pruneaux de l'épicier ! »

REPOUSSOIR. — Ombre au tableau,

peau d'agneau noir mise près de l'hermine, portrait de coulisse malpropre destiné à faire valoir la toile de fond bleue et rose de la féerie : « .... Quelle bonne
» fille que cette Greluchette ! elle donne
» ses vieilles robes à sa sœur et l'em-
» mène partout avec elle... — Oui, pour
» lui servir de *repoussoir* ! »

REQUINQUER (se). — « Parer la viande » comme dirait ce bon M. Grassot. — Le verbe *se requinquer* date de loin dans la langue française, ainsi que le prouve ce vieux refrain de chanson cité par Tallemant dans l'historiette du joueur de viole Maugars :

Requinquez-vous, vieille,
Requinquez-vous donc.

RETAPEUSE. — Notre délicatesse s'oppose à faire connaître ici l'acception que reçoit cet adjectif au bureau des mœurs.

RHUMATISSE. — Continuez, portiers et portières, continuez et dites toujours *rhumatisse*; à nos yeux, vous aurez toujours raison contre ceux de vos locataires assez Poitevin pour prononcer *rhumatisme*.

RIMOULEUR. — Voilà 300 ans que messieurs les portiers de Paris et leurs honorables épouses bataillent contre l'usage pour lui faire prononcer *rimouleur*, et voilà 300 ans que l'usage s'obstine à dire *rémouleur*. C'est possible, mais, en définitive, lequel des deux partis est dans le vrai? — Le parti des portiers, parbleu ! toujours le parti des portiers.

ROGOMME (*voix de*). — Objet plus connu dans les salons sous la désignation euphémique de *contr'alto*.

« Il est bien rare qu'une femme à voix
» de *rogomme* ne porte pas moustaches,
» la culotte dans son ménage, et, au besoin, les effets de son mari au Mont-
» de-Piété. » (Odry, *Réflex. morales*.)

ROMAINS. — Peuple qui jadis fit le lustre du monde, et aujourd'hui fait le monde du lustre. — On reconnaît les individus qui le composent à ce signe caractéristique qu'ils ont tous des *têtes à claques*.

ROSSIGNOL. — Oiseau d'acier dont le chant annonce la présence d'un oiseleur élève de Cartouche.

Le chant du *rossignol* est bien fait pour me plaire.
(LACENAIRE, *poésies très mêlées*.)

Roue de derrière. — Débris du char de la Fortune servant à faire rouler le véhicule de l'existence.

Roupiller. — Regarder en dedans. — « Nitocris appuya ses lèvres sur la bouche de rose du blond Joseph qui *roupillait*. » (Bitaubé, *Joseph*.)

Rupe (*style noble*). — Objet qui n'est pas piqué des éléphants.

S

Sac (*avoir le*). — But unique de la vie pour beaucoup de gens. — « A présent que t'as *le sac*, Théo, j'espère que tu vas me payer mon terme. »
(*Lettres d'une culottière à un boursier.*)

Saler. — Verbe emprunté au vocabulaire créanciérique. — A un agréé : « Maître un tel, *salez-moi* ce gaillard-là, » traduction : Faites-lui pour cent écus de frais.

Savate. — Escrime cruale dont les assauts faisaient pâmer d'aise l'enceinte des juges de la salle Montesquieu, à l'époque où Arpin, Locéan, la Résistance et compagnie florissaient dans cet établissement devenu aujourd'hui une usine à bouillon.

Scie. — Romance ornée de couplets aussi nombreux que les insectes sur la tête du petit jeune homme de Murillo. — Les artistes la chantent dans les grandes occasions, — où il y a urgence de mettre quelqu'un à la porte.

Singe. — En style *ouvrier*, celui qui fait la paye tous les samedis. — Il y a beaucoup de *singes* à Paris qui ont pour femmes de vraies guenons.

Soiffard. — Païen obstiné qui adore quand même le fils de Sémélé sous la forme de litres, demi-litres et canons. Généralement, un soiffard est un homme **des litres.**

Sorbonne. — La tête considérée au point de vue intellectuel et moral, par opposition à *tronche*, l'objet purement physique.

Suer (*faire*). — Expression métaphorique ; se dit d'un homme dont les opinions et les sentiments poussent à la peau de ses interlocuteurs ; notre société moderne renferme beaucoup de ces fleurs de sureau animées, de ces tasses de bourrache à deux anses : à de telles infusions anthropomorphes, on ne peut guère opposer que le gilet de flanelle de l'indifférence.

Suif. — Produit chimique que les enfants reçoivent souventes fois de leurs parents, jaloux de les éclairer. On distingue entre la *graisse* simple, le *suif*, le *savon* et le *poil*.

Supente. — Dortoir des arrière-neveux de Pipelet. — M. Chapsal a la chose d'écrire *soupente*.

T

Taf. — Sensation désagréable qui se traduit par des envies d'aller et de venir, d'une nature toute particulière. — Voyez *Trac*.)

Tarauder quelqu'un. — Prendre sa peau pour un produit destiné à la tannerie. « Allons, Landerneau, mon garçon, « qu'est-ce que tu vas donc faire?.....
« Battre un municipal après le bal mas« qué, c'est malsain ! — Laisse-moi, que
« j'en *taraude* un, avant les huîtres ! »
(Gavarni, *Scènes de carnaval*.)

TERRER. — Verbe d'une énergie effrayante, et qui, dans la bouche de MM. les forçats, exprime l'action de mettre quelqu'un en mesure d'aller dormir le grand sommeil — sous terre. « Fil-de-Soie » sera *terré* sous quinze jours. »

(Balzac, *La dernière incarnation de Vautrin.*)

TIGNASSE. — La plus belle parure de la femme. « Madame de Saint-Alph.. » aimait beaucoup à me passer la main » dans les cheveux : — Tu as vraiment » une *tignasse* bien cocasse ! disait-elle » en me câlinant. »

(*L'Heureux Drôle, souvenirs d'un ténor de province,* t. II, p. 87.)

TOC. — Se dit de quelque chose qui est très chique. « La marquise est assez » *toc*, n'est-ce pas, chère ? — Mais oui » cher, je la trouve très *toc*. » (Acad.)

TORCHON. — Suivant quelques connaisseurs en beau langage, le tissu de cretonne dans lequel on s'insinue pour s'abandonner aux douceurs du repos. Tout le monde connaît cette apostrophe conjugale d'un de nos plus célèbres comiques : « Allons, allons, madame X..., mettons le gigot dans le *torchon !* »

Toupie. — Voy. *Bourrichon.* — « La
» princesse, me voyant triste et rêveur,
» m'accosta au détour d'une charmille,
» en me disant : Cher Mélesphor, qu'a-
» vez-vous donc dans la *toupie?* »

(D'Urfé, *Astrée*, livre VII, partie 3.)

Tousser. — Mot employé dans cette
phrase, où la distinction du tour le dis-
pute au pittoresque de l'image : « Moi,
» prince, ne plus vous voir, ne plus vous
» aimer... non, c'est que je *tousse!* »

(Pixérécourt, *Le Donjon sanglant.*)

Trac. — Voyez *Taf.*

Travailler. — Gagner honnêtement
sa vie. « Depuis quand es-tu à Saint-
» Lazare, Norine? — Depuis six mois.
» Si tu savais, comme je m'ennuie de
» ne plus pouvoir *travailler!* »

(*Soixante-quinze ans de la vie d'une
femme*, tome IV, *passim.*)

Trèfle. — « As-tu encore du *trèfle*
» dans ta *bouffarde*, Barbillon? »
(Eug. Sue, *Mystères de Paris*, tom. Ier.)

Trimballer. — Promener avec fracas.
« Dis donc, Anna, tu auras bientôt fini de

» *trimballer* ta crinoline sur toutes les
» banquettes du foyer ? »
(*Propos recueillis au bal de l'Opéra.*)

TROMPE. — Organe nasal de certains pachydermes. « Sois tranquille, Tiennette,
» j'ai mis mon *monsieur* sur un bon
» pied ; ce n'est pas lui qui oserait met-
» tre la *trompe* dans ma correspondance
» pour déchiffrer les billets doux qu'on
» m'envoie. » (*L'École des protecteurs.*)

TRUFFE. — Chez certains amis de la dive bouteille, ce mot a la même signification que le précédent.

TUBERCULE. — Végétal parasite et incommode. « Pardon, monsieur, j'ai in-
» vité mademoiselle avant vous ! —
» Qu'est-ce que c'est, jeune *tubercule ?*
» Fais-moi l'amitié de *taire ton grelot*,
» ou je vas te servir un petit verre sans
» bain de pied ! »
(*Voyage du jeune Anacharsis à Valentino.*)

TUILE. — « Oui, père La Ressource, je
» m'adresse à vous comme à mon bien-
» faiteur, comme à mon second père ;
» j'ai ce mois-ci deux *tuiles* de 300 fr.
» chaque : faites-moi ces fonds-là, je vous

» en prie, et je vous payerai l'intérêt que
» vous me demanderez ! »
(Gobseck, *Correspondance générale.*)

U

Ut. — Voyez *Zut*.

V

Vache a lait. — Espèce mammifère très cultivée dans le monde parisien par les industriels qui ont pris de bonne heure l'habitude de traire et même de soustraire.

Vaguer. — Aller voir sur le sommet de la tour Saint-Jacques si j'y suis : — « ....Quant à vous, tas de propres à rien, » faites-moi le plaisir d'aller *vaguer* sur » le bitume au *lieur* de flairer mes châ- » taignes. »
(*Pensées d'un marchand de marrons.*)

Valser. — Même signification que le mot précédent.

Vanner. — Secouer quelqu'un sur le crible de l'ennui : « Louis XIV peut se flatter de m'avoir *vannée* quinze ans de suite. » (Mme de Maintenon, *Mémoires.*)

VARLOPER. — Argot de coulisses; imprimer à ses jambes, au moment solennel de l'*entrée en scène*, le mouvement disgracieux de va et vient produit sur l'établi du menuisier par le jeu de l'outil appelé *varlope* : « La comtesse (*au marquis*) : Arrivez donc, cher marquis, arrivez vite; (*bas*) et surtout tâche de ne pas *varloper*. »

VENTRÉE. — Plaisir de l'âge mûr: « Dî-
» nâtes-vous bien hier soir chez le vi-
» comte, cher baron? — Ah! fichtre
» oui! ce n'est pas pour dire, mon bon,
» mais je m'en suis *collé* une *ventrée*. »

VEULE. — Personne qui a trop de désinvolture dans les manières: « Quand il
» avait ingurgité une quinzaine de petits
» verres, Vitellius devenait un peu *veule*. »
(Suétone, *les Douze Césars*, traduction Gil Perès.)

VOLÉE. — Voyez *Tournée, Trempée, Tripotée*, etc.

Y

YA. — Interjection argentiloque qu'on est sûr de voir sortir immédiatement de la bouche d'un bottier plus ou moins alsacien, lorsqu'on lui demande s'il serait bien aise de toucher, séance tenante, le montant de « sa petite note. »

Z

Zigue. — Synonyme dissyllabique de « bon garçon. » — On retrouve ce substantif dans une complainte de tournure très originale, composée et chantée en avril 1848.

 « M. Musard nous fera d' la musique,
 » En compagni' de son ami Troup'nas;
 » Et chez Marrast qu'est encore un bon *zigue*,
 » Nous mangerons des compot' d'ananas. »

Zut. — Manière polie d'exprimer un refus.

L'hygiène à Paris

Je ne suis pas apothicaire, je pourrais l'être. Je ne suis pas herboriste, et c'est le tort que j'ai. Si j'étais apothicaire, je ne serais pas auteur. Si je n'étais pas homme de lettres, je vous vendrais de la racine de guimauve.

Mais, riant des diplômes dont je ne saurais que faire, je veux vous donner une nomenclature des médicaments dont vous devez toujours être muni, une liste des instruments de chirurgie que vous ne devez jamais déplacer au profit d'un ami, — liste et nomenclature de ma façon. Ah! jeune idiot, fraîchement débarqué, sans moi vous allez rentrer dans vos lares et dans ceux de vos familles, perclus de maladies aussi peu avouables que gênantes, vous seriez resté impotent pour le reste de vos jours, vous auriez méprisé cette pauvre Vénus aux baisers si tendres, aux formes si arrondies, aux soufflets sans gravité comme sans agréments.

Mais je suis là, rassurez-vous!

Aimez, buvez, chantez, vous trouverez

dans ma nomenclature la guérison des mille maux qu'enfantent l'amour, la boisson et le chant !

Battez-vous, assommez-vous, meurtrissez-vous, ma liste vous indiquera les instruments dont vous devez vous servir pour remboîter vos bras, pour redresser votre torse, pour dégonfler vos yeux.

Et maintenant lisez :

Dextrine.

Eau de laurier-cerise.

Extrait de belladone pour l'usage externe.

Feuilles et préparations de Boyer (moins le sirop.)

Huile de foie de morue.

Limaille de fer.

Pilules de laquais ou de valets.

Tablettes alcalines.

Résine de jalap.

Ruthée préparée.

Acétate de morphine.

— de plomb cristallisé.

Acide hydrocyanique médicinal.

— nitrique.

— sulfurique.

Chlorure d'antimoine.

— de baryum.

Chlorure de mercure (d[e]uto-) (sublimé corrosif.)
Cyanure de mercure.
Extrait d'aconit napel.
— de belladone.
— ciguë.
— digitale.
— jusquiame.
— noix vomique.
— rhus radicans.
— stramonium.
Huile de croton tiglium.
Hydrochlorate de morphine.
Iode.
Pommade émétisée.
Poudre d'euphorbe.
— de scammonée d'Alep.
Préparations arsénicales.
Résine de jalap.
— de scammonée.
Solution iodurée rubéfiante.
— caustique.
Strychnine.
Teinture de semences de colchique (très chic).
Racine (les Œuvres complètes).
— d'aunée.
— d'asperge.

Racine de bardane.
— de bistorte.
— de carme.
— de chiendent.
— de consoude.
— de fougère.
— de fraisier.
— de gentiane.
— de patience.
— de polygala.
— de ratanhia.
— de rhubarbe de Chine.
— de squine.
— de valériane.
Bois de gaïac râpé.
— de quassia.
— de racine de grenadier — (de la garde nationale).
Agaric de chêne.
Bourgeons de sapin.
Lichen d'Islande.
Mousse de Corse.
Noix de galle—(pour ceux qui l'ont).
Feuilles d'absinthe.
— d'armoise.
— de bourrache.
— de capillaire de Montpellier.
— de chicorée.

Feuilles de fumeterre,
— de mauve.
— d'hyssope.
Fleurs de tussilage.
— de semen-contra.
Résine de gaïac.
— de térébenthine.
Colle de Flandre.
Axonge.
Poudre de Colombo.
— de gomme-adraganthe.
— d'ipécacuanha.
— de scille.
Extrait de fiel d'hippopotame.
Rob de sureau (ou de soie).
Vinaigre des quatre éditeurs.
Teinture de castoréum.
— de Mars tartarisée.
— de succin.
Elixir antiscrofuleux.
— de Pérylhe (sans danger).
Alcoolat de cochléaria (esprit ardent, ne pas confondre avec celui de Panard).
Alcoolat de Fioravanti (*lisez Fiorentino*).
Sirop de nerprun.
Diascordium.
Thériaque.

Tablettes vermifuges.
— de cachou (où?)
Pommade épispastique.
— populéum.
Onguent basilicum.
— de Canet.
— de styrax.
Sparadrap (d'Elbeuf).
Emplâtre de diachylon gommé.
— de Visigotho.
Ethiops martial.
Hypochlorite de chaux.
Liqueur de Labarraque (de Passard).
Alun (et à l'autre).
Sel d'Austerlitz.
Tartre stibié.
Boules de Mars (ou de loto).
Savon amygdalin.
Mousse de Corse (ou de vaisseau).
Consoude.

Tous ces médicaments pourront être avantageusement remplacés par deux sous de jujube ou un coup de pied n'importe où et surtout quelque part.

Passons aux instruments de chirurgie (c'est par décence que nous n'avons pas fa t figurer les instruments avant).

Cucurbites en cuivre.

Blutoirs.
Dépotoirs.
Tables à broyer le chocolat, avec leurs rouleaux.
Tonneaux à concasser.
Poêlons à queue.
Spatules.
Palettes à saigner.
Seringues { ordinaires. / petites. / grandes pour les chevaux.
Bain-marie.
Mouilloirs.
Cucurbites en plomb.
Hausses en étain.
Robiquets.
Cornues.
Matras.
Ballons.
Fourneaux à reverbères.
— à tubes.
Appareils à eau minérale.
Gazomètres.
Cuves pneumatiques en marbre.
Presses hydrauliques.
Spatules.
Courtines.
Tubes.

Pipettes.
Pèse-acides.
Alcalimètres.
Capsules en platine.
Terrines.
Bassins.
Creusets.
Hauts-fourneaux.
Trébuchets.
Thermomètres.
Baromètres.
Ouf! quelle collection!

Et dites maintenant que nous ne songeons pas aux maladies du corps, nous qui avons entrepris la guérison des maux de l'esprit — les seuls vraiment incurables!

Si vous l'osez — dites-le!

Nous vous répondrons en autocrates et en tirant — à cent mille exemplaires!

Ce que cette nomenclature que vous ne lirez pas — oh! si vous ne la lisez pas! — nous a coûté de recherches, de nuits blanches, de jours noirs, de travaux, de tracas, de visites, de sollicitations, de veilles, d'érudition, de gros sous, de persévérance, de sève, d'angoisses, de réflexions, d'omnibus, de labeurs, de bougies, de méditations, de supplications, de vexations, d'humiliations, de déceptions, de parapluies, d'imprécations, vous ne le savez pas, vous ne le saurez jamais !

Béotiens, vous en rirez !

Epiciers, vous en ferez des cornets à cassonade !

Mais l'avenir nous vengera ! — et l'herboriste aussi !

Ah ! que la vengeance sera douce après un tel affront !

Ne pas lire un passage aussi intéressant, je dirai plus, — dois-je dire plus ? — oui, je dirai plus — un passage aussi instructif !

Les livres utiles sont les étapes de la vie !

Comme c'est profond — et creux !

Le puits de Grenelle n'est pas plus — creux.

Et combien n'en ai-je pas connu de ces jeunes gens à la superbe chevelure luisante comme une robe de soie, aux joues veloutées comme des regards, aux fines moustaches, aux persiflants sourires, qui auraient donné dix ans de la vie de leur porteur d'eau pour posséder les remèdes et les instruments que je vous indique — mais que je me garderai bien de vous donner!

Ils passaient pâles et défigurés après une nuit de festin — on lisait sur leurs lèvres les luxuriantes tortures de l'orgie éteinte — la raison était revenue du fond de leurs verres, mais encore empreints de la lie qu'ils y avaient laissée! — oh! les pauvres jeunes gens et les pâles figures! —buvez de l'eau, vous qui ne pouvez dompter le vin! buvez de l'eau, vous qui mourrez au fond de la rivière — ce sera autant de pris — autant de bu!

Ou lisez notre hygiène — cela vaudra mieux — pour nous.

Mais où les acheter, ces remèdes?

Mais où les trouver, ces instruments? me direz-vous?

Nulle part, excepté — ah! ah! c'est à votre tour de me sourire, de me presser, de me tendre la main.

Je l'accepte et la serre — à la briser — la main!... Excepté chez M. Passard, éditeur-herboriste, chirurgien - bouquiniste,

Il vous les vendra au prix coûtant — n'en croyez rien — c'est un marchand!

Dites-lui que vous venez de ma part — il vous recevra extrêmement mal — ouvrez votre porte — gros sous, il vous tendra sa chaise — tant pis!

Et puis, après avoir fait vos emplettes, demandez lui un exemplaire de *Paris à vol de Canard* — il faut bien flatter sa manie!

Ce sera, en fin de compte, une bonne acquisition pour vous. Il faut toujours avoir des papiers — dans sa bibliothèque.

Où chacun devrait percher.

Je vais vous le dire, moi.

Qui ne s'est plaint de posséder, au rez-de-chaussée de sa maison, un gros serrurier plein de marteaux, de bruit et de fumée?

Au-dessus de sa tête, une jeune tapoteuse qui s'acharne à bousculer son piano sous prétexte de gammer?

En face de son miroir à barbe, une botte de rieuses modistes qui jettent des flammèches d'amour dans le brasier du cœur ?

Dans l'appartement voisin, un poète chevelu qui ne rêve qu'Odéon ?

Au-dessous de son sommier, un romain qui repasse ses *endroits* ?

Plus loin, un paisible bourgeois qui fourbit sa bonne épée de Tolède les jours de revue de la garde nationale ?

Plus près, une blanchisseuse qui assomme le linge de ses pratiques ?

Plus près encore, de jeunes mariés qui crient comme si on les assassinait ?

Pour ma part, j'ai tant souffert de ces mille épingles plantées journellement dans les mollets de mon existence, qu'il m'a pris la fantaisie de publier ce classement de la population parisienne : tous les états y trouveront une rue pour les recevoir ; ils ne se gêneront plus que mutuellement, et je les en féliciterai.

PROFESSIONS OU QUALITÉS.	RUES.
Académiciens.	Pontoise (de).
Acteurs.	Jouffroy (passage).
Actionnaires.	Échaudé (de l').
Aéronautes.	Quatre-Vents (des).

Amoureux.	Cœur-Volant (du).
Avares.	Cassette.
Avocats.	Mauvaises-Paroles (des).
Bandagistes.	Duphot.
Banquiers.	Vide-Gousset.
Bateliers.	Bac (du).
Bijoutiers.	Cinq-Diamants (des)
Blanchisseuses.	Cuvier.
Bottiers.	Courtalon.
Bossus.	Dauphin (du).
Boulangers.	Gindre (du).
Boursiers.	Cote.
Brasseurs.	Canettes (des).
Calembouristes.	Bièvre (de).
Carrossiers.	Roule (du).
Charbonniers.	Lenoir.
Charcutiers.	Lard (au)
Charlatans.	Banque (de la).
Chiffonniers.	Rome (de).
Claqueurs.	Battoir (du).
Cochers.	Saint-Fiacre.
Colons.	Colonnes (des).
Compositeurs.	Aubert (passage).
Cordonniers.	Chausson (pass.).
Créanciers.	Anglais (des).
Cuisiniers.	Fourneaux (des).
Culottiers.	Molay.

Dandies.	Lion (du).
Danseurs.	Pirouette.
Danseuses.	Porte-Maillot.
M. Domange.	Richer.
Écuyers.	Ansel (passage).
Employés.	Martyrs (des).
Fariniers.	Haut-Moulin (du)
Jeunes filles.	Poupée.
Gardes nationaux.	Bizet.
Gourmands.	Richepanse.
Gueux.	Râpée (quai de la).
Horlogers.	Sonnerie.
Joueurs.	Descartes.
Layetiers, emballeurs.	Aumale.
Maîtres d'études.	Scipion.
Marchands de bougies.	Étoile (de l').
Marchands de cannes.	Beaujon.
Marchands de châles.	Ternaux.
Marchands de chevaux.	Arras (d').
Marchands de couleurs.	Ponceau (pass. du).
Marchands d'élastiques.	Bondy (de).
Marchands de glaces.	Antin (d').

Marchands de poissons.	Larrey.
Marchands de vins.	Verdeau (pass.).
Marchands de volailles.	Chapon.
Gens mariés.	Cornes (des).
Membres du Jockey-Club.	Éperon (de l').
Menuisiers.	Copeau.
Monts-de-piété.	Bony.
Musiciens.	Harpe (de la).
Parfumeurs.	Saint-Bon.
Peintres en bâtim.	Arcole (d').
Peureux.	Homme-Armé (de l')
Poètes.	Braque (de).
Pompiers.	Pompe-à-Feu (pas.)
Portières.	Babille.
Publicistes.	Pantin (barrière de)
Ramasseurs de bouts de cigares.	Boulets (des).
Romanciers.	Ours (aux).
Sauteuses.	Rats (des).
Scieurs de bois.	Censier.
Serruriers.	Enfer (d').
Spéculateurs.	Enghien (d').
Vaisseaux (constructeurs de).	Ancre (pass. de l').
Vedettes.	Postes (des).

Vitriers.	Petit-Carreau (du).
Vaudevillistes.	Bayard.
Le Vaudeville.	Feuillet.
Zouaves.	Anjou (d').

Les Chansons de la rue.

Ah! vous les connaissez bien tous ces mille cris qui vous arrachent des bras du sommeil pour vous plonger dans les crispations de la rage! Bien souvent ils vous ont fait maudire le séjour de la capitale. Vous avez bien souvent frappé à coups redoublés sur votre traversin, vous vengeant ainsi, sur cet innocent accessoire de la literie, d'un beau rêve brusquement interrompu. Ils sont sans pitié pour vos pauvres oreilles! Que leur importent vos douleurs, vos plaisirs, vos fantaisies, vos habitudes, votre intérieur. La rue leur appartient; ils sont bien chez eux sur le pavé national! Si vous avez envie de dormir, de rêver, de pleurer, de rire, de bâiller à vous décrocher la mâchoire ou de vous enfoncer votre bonnet de coton jusqu'au menton, c'est vous, vous seul, qui avez tort ! Vos désirs sont malencontreux ! Il fait grand jour ; l'heure des songes est passée, celle du réveil vient de sonner : alerte !... enfourchez vos pantoufles, engloutissez-vous dans votre robe de chambre, posez crânement votre bonnet grec sur le coin de votre tête, et, si vous êtes assez heureux pour posséder un cabinet bien noir, donnant sur n'importe quoi, loin du bruit de la rue, roulez-y votre ganache, ce second vous-même, et endormez-vous paisiblement dans ce meuble, si vous pouvez !... le sommeil c'est l'oubli. Point de colère, point de menaces surtout ! A vos représentations, ils répondront par des gestes d'une familiarité outrageante; à vos malédictions, par l'exhibition de leur plaque, qui veut dire : l'administration municipale autorise le sieur... (nom et prénoms), portant le n°..., à scier les oreilles des habitants de Paris depuis six heures du matin jusqu'à six heures du soir. Qu'on se le chuchotte ! Si vous vous permettez la moindre observation devant votre suisse, celui-ci vous traitera dédaigneusement de légume ! — Le silence est donc le meilleur remède à ce mal-là. Taisez-vous, et calfeutrez-vous, ou bien encore faites l'acquisition d'une clarinette et d'un chien caniche, et crevez-vous les yeux. L'existence nomade dont votre nouvel emploi d'aveugle sera la conséquence immédiate changera assez votre manière de voir pour vous faire endurer ces petites misères de la vie humaine et pour vous familiariser avec ces bêtes féroces que vous ne cesserez pas d'entendre, mais que vous ne verrez plus! — Quoi! me direz-vous, je ne suis pas libre de m'étaler sur mon sommier élastique, — car je dois vous avouer qu'il est élastique, — jusqu'à des heures indues, si tel est mon bon plaisir! Quoi! mes reçus de contributions, mon inscription au tableau des sergents-majors de la garde nationale, les nombreuses blessures que je pourrais avoir et le rhumatisme que j'ai, ne sauraient me conférer ce droit-là? Non, monsieur, non, et mille fois non!... voyez la plaque, voyez la plaque, monsieur!

Vous n'êtes pas sans avoir lu les *Petites Misères de la vie humaine*, cette grande vérité dorée sur tranches et illustrée par Grandville? Un seul chapitre manque à cette agglomération de chapitres, une seule misère est omise dans ce recueil de toutes les petites misères : c'est le chapitre que nous écrivons, c'est la misère que nous signalons.

Supposons un instant, rien qu'un instant, que vous, vous lecteur, soyez l'heureux père de cette grande demoiselle qui rougit perpétuellement, et dont les études musicales font déserter tous les voisins, aboyer tous les chiens et miauler tous les chats des alentours. Cette supposition admise, vous éprouvez le plus violent désir de marier votre manche à balai de fille, sous le prétexte insensé qu'elle a dix-huit ans et qu'elle raccommode horriblement mal vos chaussons de lisière! Le lourdaud sur lequel vous avez jeté vos yeux de père doit être antipathique à votre fille, car la mission d'un père est de marier sa fille à l'homme qu'elle ne peut sentir, et pour cause. Vous vous enfermez un beau matin dans votre cabinet avec votre futur gendre, et, tandis qu'il vous fait part de ses espérances, — la mort de M. son père et le décès de Mme sa mère, — une voix de Stentor, qui couvre vos voix de beau-père et de gendre, part de la rue et suspend votre causerie :

« Habits !... vieux habits !... habits-galons !... bits !... lons !... »

Pas moyen de placer un quart de mot ! Enfin la voix passe, et vous croyez, je respecte cette croyance, vous croyez pouvoir recommencer de plus belle. En effet, vous ouvrez la bouche, et :

« Ah ! qu'il est donc beau l'artichaut ! qu'il est donc beau !

Vous vous élancez vers la fenêtre, que vous ouvrez avec fracas ; puis vous vous mettez à faire des gestes furibonds à cette brave marchande de verdure, qui, se méprenant sur vos intentions, grimpe vos six étages. Arrivée là, elle est jetée dehors par vos vigoureux poignets, et s'en va, en vous traitant de :

« Ah ! qu'il est donc beau l'artichaut ! qu'il est donc beau !... »

Le calme se rétablit, votre gendre est tout oreilles, mais :

« Raccommodez vot' faïence ! v'là le raccommodeur !... »

Vous appelez votre fille, qui abuse de la situation tendue dans laquelle vous la poussez pour rougir jusqu'aux oreilles, — de grandes oreilles, ma foi! et vous lui demandez d'une voix amicale, en lui présentant le lourdaud aux espérances, si elle veut accepter monsieur pour mari. Votre fille balbutie, en ne cessant pas de rougir; vous la pressez, elle balbutie de nouveau, rougit, mais ne répond pas. Vous êtes sur le point de vous fâcher, lorsque :

« Drin! drin! drin! drin! drin! »

Vous appelez votre épouse, qui prend la parole, et exhorte sa fille à répondre d'une façon ou d'une autre; votre gendre croit devoir s'interposer :

« A la barque!... à la barque!... à la barque!... »

Vous faites les dernières sommations :

« V'là le marchand de paillassons!... paillassons! »

Votre fille se trouve mal, votre femme se met à pleurer en versant le vinaigrier sur son mouchoir :

« Parapluies!... parapluies! »

Votre gendre s'esquive, et marche sur la queue de votre épagneul en se sauvant; votre chien se met à hurler :

« Pissenlit!... la salade!... »

Votre chat, qui s'est brûlé la queue à la chaufferette que vous venez de renverser, profite de l'occasion pour miauler; — votre fille, inondée de vinaigre, s'exclame; — votre femme s'arrache les cheveux que vous venez de lui acheter; — l'orgue recommence pour la vingtième fois son interminable chanson ; les vociférations des marchands s'entrechoquent :

« Drin !.... drin !.... artichaut ! ... faïence !... paillassons !... à la barque !... parapluies !... parapluies !... »

Ce que vous avez de mieux à faire pour échapper à ce charivari, c'est de prendre l'omnibus, qui, moyennant un supplément de 10 centimes, vous conduira directement à Bicêtre !

Comme quoi l'amour fait aller le commerce.

Croquade.

Ce n'est point une plaisanterie — il n'en serait pas de plus sotte et de plus fastidieuse. — Mettre en prose commerciale la poésie amoureuse, peser les battements de cœur, comme tout bon épicier pèse le jujube — faux poids — transformer les billets doux en cornets à chicorée — donner au fils de Vénus (très vieux style) un grand livre et une comptabilité en partie double — réduire les beaux rêves des vingt ans à la prosaïque réalité de la table de Pythagore — serait une triste profanation, si ce n'était une dure vérité. Et nous la devons tout entière à ce jeune éventé promenant ses souliers ferrés dans le macadam de la capitale, qu'il honore de ses regards les plus hébétés — à ce stupide provincial qui abrite sa conscience et ses timides illusions sous le parapluie de famille — fond rouge agrémenté de bouquets, étui vert, — place pour 17 personnes, une de plus qu'en omnibus. — A ce Jocrisse endimanché que nous avons entrepris de guider dans le labyrinthe parisien dont notre mince volume est le fil d'Ariane, et dont il reconnaîtra le Minotaure dans la personne du premier mari de notre connaissance qui va frôler son barbeau.

Oui — nous le lui dirons bien haut et bien carrément, et fût-il sourd comme le coffre d'un père en courroux, — il nous entendra — le bon sens a des oreilles — qu'il les ouvre à plusieurs battants, et à nos sages conseils. — Oui, démontrer l'influence de l'amour au point de vue commercial est une tâche aussi facile qu'ennuyeuse ; — aimer fait aller le commerce, — voilà un axiome qui va mettre les gros sous à l'oreille des ahuris qui payent patente ; la preuve que nous allons leur en donner est assez évidente. Toute joie doit remonter à la pièce de cinq francs d'où elle descend. — Vous aurez beau vous frapper la tête contre un gros mur pendant cinq heures consécutives, en ne prenant que le temps de vous moucher ; vous aurez beau vous arracher un à un tous les cheveux que vous pouvez posséder sur votre tête, — le gros mur s'écroulera — les cheveux ne repousseront plus ; — mais cette vérité restera debout, et vous répéterez avec nous : — Puisque l'amour fait aller le commerce, aimons pour l'amour du commerce.

Prenons pour type le premier paletot enveloppant corps d'homme qui va flâner sous notre plume — prenons et disséquons-le pour l'instruction d'autrui —

qu'il soit jeune ou vieux — qu'il soit laid comme un tableau de M. Courbet — et insipide comme un orgue plus ou moins de Barbarie — peu nous importe — il serait même décoré que cela vous serait bien égal — et parlons plume abattue.

Ce brosseur, plus spirituel que peigné, qui marche sur trente ans et sur ses tiges, dit partout qu'il est peintre, mais on n'en croit rien — c'est un fumeur de la force de vingt Turcs, et, sous le rapport du culottage, il rend des points à son tailleur qui lui fournit des pantalons vraiment trop courts; sa barbe d'un jaune hérissé cause familièrement avec sa chevelure qui nourrit et engraisse le collet de son paletot; — il est taciturne comme un poète qui cherche une rime à triomphe; et, si vous vouliez connaître la cause de cette noire tristesse, vous finiriez par découvrir, après bien des allées et des venues dans les couloirs de son existence, qu'il a cessé d'être amoureux en cessant d'être amant — un cœur sans amour ressemble fort à un jour sans soleil. — Avec l'amour a fui la gaieté, ce soleil intérieur. — il a rompu avec une pauvre fille qui, pour suffire à ses amours, était

forcée de mettre une rallonge à son cœur.
— Cela devait finir ainsi un soir ou l'autre — pourquoi ce soir-là plutôt qu'un autre? — il l'ignore — la lune jasait au ciel avec les étoiles, ses filles, il avait frappé vainement à la porte de sa Marguerite, et était parti comme il l'avait fait bien souvent, mais cette fois pour ne plus revenir; — le lendemain, la pauvre délaissée, en faisant l'appel de ses *hommes*, s'aperçut qu'il en manquait un, — je ne sais s'il lui fut répondu : Mort au champ d'honneur, — mais en tout cas, le jour même, il fut pourvu à son remplacement; — personne n'y pensa plus, et lui moins que tout autre : — pourtant cette rupture n'eut pas lieu sans apporter un grand changement dans sa petite existence. — Plus de folles dépenses! — il dîne à vingt-deux sous — quand il dîne, ce qui lui arrive régulièrement trois fois par semaine — il se couche à huit heures — l'été à la lumière du jour, — l'hiver à tâtons — au café, lorsqu'on apporte la carte, il met généreusement la main à son gousset en ayant soin d'en rester là; — il change de chemise quelquefois, et de faux-col jamais, — il n'en

porte pas. — Si vous le rencontrez faubourg Saint-Germain en pantoufles et en chapeau de paille, et que vous ayez l'esprit assez mal fait pour vous étonner de son accoutrement, il vous répondra gravement qu'il se promène en voisin;— il est vrai que son lit de sangle est situé rue Bréda, — son bottier, son tailleur et son chapelier n'entendent plus parler de lui que par huissier, — son Auvergnat de porteur d'eau, sous le fallacieux prétexte qu'il n'a pas touché à la voie d'eau fournie un mois auparavant, dit hautement qu'il est hydrophobe — et prouve, en proposant l'achat par cotisation d'une muselière, que son origine et ses escarpins ferrés n'excluent pas la plaisanterie. — En cessant d'être amoureux il a cessé d'être dépensier : — plus d'amour, plus de commerce — il est bien mort, bien mort pour vous, ô négociants, l'Adam sans Eve!

Mais regardez maintenant ce petit monsieur qui quitte, tout ruisselant de pommade, l'entresol de son coiffeur — il parfume l'air — c'est une bouteille d'eau athénienne faite homme— il allume un cigare et jette négligemment deux sous à la plaque numérotée qui a toujours une boîte d'allumettes sans odeur au service de la partie du genre humain qui se fait la barbe. — Il fait très froid et vous vous calfeutrez dans un matelas qui n'a du paletot que le nom; — lui est en habit, et s'il a un twine sur le bras, ce n'est que pour la forme, — il trouve qu'il fait très chaud et répond juillet à qui dit janvier. Dédaignant l'omnibus qui se traîne mélancoliquement, il arrête un coupé alerte comme lui — il a six paires de gants dans ses poches, des sacs de bonbons dans les deux mains, — il est vraiment prodigue, — il y aurait de quoi griser la capitale avec ses pourboires. — Il fait des emplettes dans tous les magasins et paye les marchands avec de l'or, les filles de boutique avec des œillades; — les uns et les autres lui rendent la monnaie. — Ah! c'est qu'il est amoureux, lui!—Ce coupé le mène au rendez-vous, ces gants doivent presser de blanches mains gantées de peau blanche aux ruisseaux bleus; ces bonbons sont pour elle, ces emplettes doivent la rendre plus belle encore; il aurait acheté tout Paris si elle avait dit un mot! Elle ne l'a pas dit.

Eh bien ! lecteur stupide, avions-nous tort en vous hurlant : Aimer fait aller le commerce ? — Voyez, l'un est triste et mal peigné — l'autre est tout chanson, et sa raie est bien faite ! — l'un a aimé et n'aime plus — l'autre aime, et si son amour cesse, vous pourrez acheter du 4 1/2 avec les souvenirs qu'il vous aura laissés !

Décidément, — et ceci est la note de l'auteur, — décidément l'amour est une belle chose — même au point de vue matériel, — l'amour est une belle chose, quand bien même il ne servirait qu'à vous égayer, et qu'à vous faire acheter des chemises de batiste.

Les Bals publics.

« Jeudi, dimanche et jours de fête,
» prix d'entrée, pour un cavalier,
» 50 centimes ; entrée libre pour les da-
» mes ; l'orchestre sera dirigé par le cé-
» lèbre Gratouillard ; une mise décente
» est de rigueur. »

A toutes les barrières, dans toutes les

banlieues qui environnent ce pauvre Paris, qui n'en peut mais, vous rencontrerez, placardée aux murs, entre une annonce du docteur Charles Albert et une récompense honnête pour bouledogue perdu, cette affiche, entourée de fleurs, et peinte en couleurs choisies. Il est des farceurs, hors barrière comme ailleurs, qui y apportent diverses modifications, qui retranchent, ajoutent ou transposent, suivant l'exigence de leur imagination vagabonde. Ainsi, au lieu d'une mise décente, ils croient devoir mettre : « Une mise indécente est de rigueur, » comme si, en style de bal public, cela n'était pas sous-entendu ! » Au lieu de : « Entrée libre pour les dames, » ils trouvent plaisant de faire lire aux promeneurs « : Entrée, pour les dames, libre. » Et mille autre tours encore que je ne saurais rapporter ici sans rougir, et que vous connaissez aussi bien que moi... mieux peut-être !

L'été, c'est chose curieuse à voir, lorsque la nuit descend lentement, imprégnée de parfums comme une lorette en quête d'un lord, que l'entrée de ces taudis, éclairée de mille verres de couleurs mal allumés, et précédée du municipal officiel.

Dès huit heures, l'orchestre, dirigé par le célèbre Gratouillard, est au grand complet. L'aveugle, l'employé aux contributions indirectes, et le pioupiou d'un régiment de ligne quelconque, ou, si vous aimez mieux, la clarinette, l'alto et la grosse caisse, se tiennent devant leur pupitre, sur lequel on a posé, les pieds en l'air, des pages grasses, tachées d'huile et barbouillées d'encre, qui représentent les mélodies en vogue arrangées par Gratouillard... toujours célèbre ! L'aveugle, par outrecuidance et aussi un peu par impossibilité, ne jette pas le moindre coup d'œil sur sa partition, dans laquelle, lorsque sa corvée musicale sera finie, il entortillera le montant de sa soirée, un pied de cochon avec de la gelée et trois tranches de cornichon ; car le maître du bal, partisan effréné du cumul, est en même temps gargotier ; il loge à pied et à cheval, donne à boire, à manger et à danser. Au lieu de payer en argent son orchestre, il le solde en nourriture et en liquide, pour prouver, une fois de plus, que dans l'état d'artiste il n'y a pas d'eau à boire. Aussi, lorsque les danseurs jugent à propos de filer, ce que les quinquets n'ont cessé de faire durant toute la soirée, les trois membres de l'orchestre, plus que jamais dirigé par son célèbre chef, toujours Gratouillard, se précipitent dans la cuisine, où le maître de l'établissement, qui vient d'ôter l'habit noir pour le tablier blanc, les attend déjà. Il déroule alors une pancarte sur laquelle est consignée la rétribution de chaque exécutant, suivant la valeur de la mélodie exécutée, et qui est réglée à peu près comme suit :

Une mélodie de Schubert : — une tranche de gigot, ou un plat de haricots, au choix ;

Un fragment d'un opéra d'Auber : — une purée de lentilles avec deux saucisses ;

Un fragment d'un opéra d'Halévy : — une purée de lentilles sans saucisses ;

Une polka sur des motifs de Rossini : — une tripe à la mode de Caen, ou du gras-double façon Montorgueil, au choix ;

Une rêverie de Massé : — un plat d'escargots au court-bouillon, ou des narines de veau à l'étuvée, au choix ;

Une redowa de Nargeot : — un chausson pommes et pruneaux ;

Une valse de Laurent de Rillé : — pruneaux et pommes sans pâte ;

Un quadrille de Pilodo : — un litre d'eau-de-vie.

Etc., etc., etc., etc.

Chacun fait sa part et se retire en emportant, — qui dans sa poche, — qui dans son chapeau, — qui dans son mouchoir, les objets de consommation sus-énoncés. Gratouillard, simple mortel après minuit, abuse de l'infirmité de la clarinette placée sous ses ordres pour lui jouer divers tours du plus mauvais goût. Souvent une discussion musicale s'élève entre eux : le pioupiou préfère Auber à Halévy, parce qu'Auber a fait la *Muette* et qu'il donne droit à deux saucisses ; l'aveugle, musicien dans l'âme, penche pour les haricots Schubert ; quant à Gratouillard, il s'écrie : Pilodo et l'alcool *for ever!*

Mabille et Musard fils sont les rois des bals publics. Là, le municipal est à cheval, les salons sont éclairés au gaz, les musiciens sont mis comme des ministres qui sont mis comme des musiciens, les dames sont réservées dans leurs danses, et les messieurs sont tous des fils de famille riches... mais honnêtes. Quant aux guinguettes où dansent les Auvergnats, aux bals publics des barrières où se vautrent des modèles des deux sexes, ce sont les bas-fonds de la chorégraphie. On y fait le provincial et le mouchoir, la montre et le cœur. On y rencontre bien quelquefois, le dimanche, une grisette qui vient là, sans arrière-pensée, pour danser et boire : danser un cancan modeste et boire de la bière blanche. La légère sylphide est reconduite par un dieu qui aune du madapolam tant que dure la semaine ; mais ces couples-là sont rares, et ne doivent pas être confondus avec les habitués.

Je finirai cette crayonnade à la plume par une comédie lugubre qui m'a été contée, et qui a eu pour scène les établissements en question, et pour comédiens les habitués. C'était un dimanche; la soirée était chaude et le bal était plein. A en juger par la pauvreté de l'orchestre, qui ne donnait signe de vie que par des couacs incommensurables, on pouvait dire que Gratouillard était là. Les danses étaient un peu libres, car l'ivresse était presque générale ; on riait fort, mais de ces rires qui sonnent comme des sanglots. Un couple surtout se faisait remarquer par sa désinvolture : la danseuse était des plus débraillées, et le danseur était aux trois quarts ivre. Le maître de l'établissement, quand minuit vint à sonner, voulut être payé de son vin et de ses danses; le danseur ivre ne possédait plus un denier : aux demandes qu'on lui faisait, il répondait par des jurons et menaçait de pourfendre celui qui avancerait. Le municipal parvint toutefois à s'en emparer, et le gargotier prit son habit en payement, un bel habit noir. L'homme dépouillé était un croque-mort. Les jours suivants, on vit le maître se promener au milieu des danseurs aux folâtres ébats, grave et digne dans son nouvel habit. Un soir, un jeudi, je crois, il venait de terminer sa ronde, lorsqu'il tomba de tout son haut au milieu d'un quadrille. Le bonhomme fut relevé mort, mort d'une attaque d'apoplexie foudroyante. Le surlendemain, on vint tendre la maison de noir, et l'un des croque-morts chargé de clouer la bière eut soin, avant de procéder à ce triste exercice, de lui enlever son bel habit, qu'il vint rechercher le soir même : c'était le danseur ivre.

Maintenant, si vous aimez les bals publics, passez lestement cette boutade, relevez vos manches, et allez-y gaiement; mais n'oubliez pas qu'une mise décente est de rigueur.

Les Voitures à Paris.

Souvent je suis resté des heures entières à contempler, rire aux lèvres, les encombrements de voitures, si fréquents dans ces boyaux qu'à Paris on nomme des rues : une voiture de déménagement arrêtant la marche funèbre d'un convoi, un omnibus barrant la route à un svelte coupé, une charrette faisant stationner une citadine aux stores baissés, m'ont toujours paru des incidents du plus haut comique, et j'ai béni plus d'une fois le ciel de m'avoir donné des mains sans lesquelles je n'aurais pu me tenir les côtes. Est-il rien de plus hideux et de moins commode que ces baraques ambulantes, peintes de couleurs criardes, portant au milieu du dos des chiffres d'une hauteur prodigieuse, qui se font offrir 1 fr. 50 pour vous traîner péniblement à l'endroit où vos affaires vous appellent ! Est-il rien de plus sottement ridicule que ces longs tuyaux garnis de stalles où seize personnes, moyennant six sous, ont l'avantage de se rendre incommodes les unes aux autres ? Et cet homme, coiffé d'une casquette impossible, cet être amphibie, moitié en voiture et moitié dans la rue, qui vous jette de temps à autre, refrains dépareillés d'une même chanson, les noms des rues que l'omnibus croit pertinemment traverser, qu'a-t il de commun avec l'espèce humaine, ce conducteur, cauchemar d'un cerveau malade, qui ne sait qu'engloutir des gros sous dans ses poches sans fond ? Et les correspondances, que pensez-vous des correspondances ? Que dites-vous de ces bandes imprimées, rouges, bleues ou blanches, qui vous permettent de vous asphyxier dans un taudis infect, de voir passer devant vos yeux, lorsqu'il pleut à verse, des *complets* qui vous rient au nez, et d'arriver une heure trop tard dans la maison où vous êtes invité à dîner? Je méprise les fiacres; je gouaille les cabriolets. Ces véhicules, aux formes indécentes, me produisent des malaises inexplicables, qui changent pour moi la rue en océan, et qui me font d'une course de Paris à l'Odéon un voyage de long cours. Ces cochers ont des faces qui mendient des soufflets, et je résiste difficilement au désir de leur faire l'aumône; ce qui m'a prouvé qu'il était plus prudent de se sauver à toutes jambes que par la charité. Et ce quadrupède qui vous ouvre la portière en vous ôtant respectueusement sa casquette, politesse frappée à l'effigie d'un monarque quelconque et qui représente deux sous... et ce petit carré de carton, portant le numéro de la voiture, que le cocher vous glisse sournoisement dans la main, ce petit carré de carton m'agace extrêmement. Quelle est son utilité, puisque utilité il y a? Vous allez me répondre que, si j'oublie quatre cent mille francs dans un fiacre, je serai bien heureux de les retrouver à l'aide de cet insipide carré. Il faut que vous ayez une singulière opinion de ma personne pour me formuler une semblable réponse! D'abord je ne trimballe jamais avec moi une somme aussi importante, et puisquand bien même je la trimballerais, ma distraction ne saurait aller jusqu'à l'oublier sur un coussin de fiacre ; en supposant même que je l'oublie, croyez-vous donc que je conserve précieusement ce numéro entre une lettre d'amour et une note de bottier? Jamais! Je le roule dans mes doigts avec rage, je lui fais subir toutes les avanies que me suggère mon état de surexcitation, je le déchire en petits morceaux que j'éparpille avec une joie féroce dans l'intérieur de la cahutte que j'habite à l'heure : voilà ce que j'en fais, de votre numéro!

Le coupé est plus sociable : l'amour y fait son nid, et l'on peut y dormir presque aussi bien qu'en diligence..... c'est-à-dire qu'on peut y très mal dormir. Le coupé coûte 2 francs, mais il marche, mais il court, mais il vole sur le chemin de fer de la rue, en attendant le vrai chemin de fer qui doit établir ses wagons dans le sein de la capitale. Le cocher est à peu près mis, il prend vos ordres discrètement, il coupe les ruisseaux à propos, il sait respecter votre intérieur, il s'associe à vos joies sans les envier. L'ami qui vous voit passer peut supposer que vous avez huit mille livres de rente, et que cette voiture vous appartient ; il croit que vous avez mauvais goût, voilà tout ! Le coupé, en homme qui connaît son monde, a établi ses quartiers généraux dans les rues bien famées. Il passe rapidement le Marais, il ne met jamais ses roues dans le faubourg du Temple, il coudoie à peine le faubourg Saint-Germain ; mais il flâne, mais il règne, mais il triomphe rue Bréda, rue Saint-Georges, sur le boulevard des Italiens, et dans tous ces quartiers où la femme *comme il en faut* a sculpté son blason ; c'est là seulement qu'il est vraiment chez lui : ces échos-là seuls savent répéter les joyeux claquements de son fouet et les hennissements de son coursier joyeux. Le fiacre conduit le petit bourgeois à ses petites affaires, l'omnibus traîne les employés à leurs bureaux ; mais le coupé mène les viveurs au plaisir. Le cocher du fiacre dort à la porte d'un huissier ; le cocher du coupé fume son cigare à la porte de Vachette; le fiacre est dételé à minuit; le coupé s'attelle à onze heures : il commence quand l'autre finit; car c'est la nuit qu'il gagne ses meilleures journées.

Les Anglais, inventeurs brevetés du spleen, ont imaginé le cab. Cette fois, l'ennui est pour nous. C'est le monde renversé que cette voiture, et l'invention est digne d'un peuple libertomane : le cocher est dessus, le bourgeois est dessous. On est, du reste, fort bien placé pour recevoir des coups de fouet dans la figure, et pour se livrer à une foule de réflexions philosophiques sur les queues de chevaux; ce qui est bien quelque chose pour les philosophes et les chevaux! Le cocher a un petit air anglais qui ne nuit pas, et qui l'aide beaucoup à vous conduire : *very well!* J'aime à croire que ces aimables drôles ont fondé une *Petite-Angleterre*, à l'instar de la *Petite-Pologne*. S'ils ne l'ont pas fondée, je leur permets, en dépit des traités internationaux, de me faire cette idée, à la condition, — *sine quâ non* (c'est de l'anglais), — de faire stationner un cab à ma porte, pendant toute l'année 1857, venant, véhiculant. Je dois avouer ici, en toute humilité, que je n'ai jamais eu l'idée de me faire *caber*. C'est un mot que je livre à l'Académie française. Je crois, du reste, qu'une notable partie de mes compatriotes s'est privée de cette nouvelle distraction. Quelques familles anglaises, par esprit de nationalité, sans doute, s'entassent dans ces voitures, dont l'invention leur appartient, pour visiter les démolitions de Paris, toutes ces merveilles qui nous empêchent de circuler, en nous immortalisant, et qui leur ont fait quitter leur *english house*. Les cabs leur appartiennent; qu'ils en usent! Nous autres Français, nous avons les fiacres et les omnibus, et nous allons *pedibus*; c'est encore de l'anglais!

Que vous dirai-je encore des voitures? Pas grand'chose, si ce n'est que j'admire le Juif errant, et que j'envie le sort de cet intrépide marcheur, qui n'avait pas le droit de grimper en omnibus, de dormir en coupé et de pourrir en fiacre. Du reste, je dois l'avouer, les voitures sont quelquefois agréables, quand on veut faire concurrence à une écrevisse, par exemple. Mais il est un véhicule que j'admire, que je vénère même; c'est le coucou! Vous souriez de joie, n'est-ce pas? Oh! la belle chose qu'un coucou, lorsque ce coucou est obstiné, lorsque ce coucou s'acharne à vous conduire, — c'est son mot, — à Saint-Denis, à Saint-Cloud, à Versailles, en dépit de tous les chemins de fer du monde civilisé! Comme il les raille, ces pauvres locomotives, qui font en un quart d'heure ce qu'il fait en deux heures! Le beau mérite! Si vous le défiez, il mettra trois heures, car il n'est rien qu'il ne fasse pour vous narguer, locomotives maudites, cavales de l'écurie de Satan! Trois heures contre quinze minutes, n'est-ce pas de la supériorité? Et, lorsqu'il apprend la nouvelle d'un accident, après avoir pleuré les morts, comme il rit des vivants, lui qui ne tuerait pas une mouche! Oh! mes beaux coucous, combien je vous aime, combien je vous préfère à ces inventions modernes qui, en vous tuant, ont tué le voyage!

Rendez-moi mes coucous, ou laissez-moi courir!

Cabs et coupés, fiacres et omnibus, vous êtes sans attraits pour moi! En vous voyant sillonner les rues de Paris, je ne puis m'empêcher d'écrire en lettres majuscules :

HEUREUX L'HOMME QUI VA A PIED, S'IL CONNAIT SON CHEMIN !

Paris en manches de chemise.

Il se réveille, il bâille majestueusement, il se détire les bras; sept heures tintent. De grosses voitures, péniblement traînées, passent, et enlèvent les débris de ses festins d'hier. Il y aurait là de curieuses études et d'amères réflexions pour l'écrivain, chiffonnier littéraire, qui s'amuserait à fouiller avec sa plume dans ces tas d'ordures que les bonnes déversent tous les matins sur la voie publique. Que de découvertes il pourrait y faire, que d'enseignements il remporterait dans sa hotte : rubans fanés, fleurs desséchées, cuvettes brisées, parures d'hier, oripeaux d'aujourd'hui, rubans qu'elle repassait en riant et que le vent écartait de son cou, fleurs dont elle a pris tout le parfum, roses qu'elle a flétries sous ses baisers et fait renaître sous la rosée de ses larmes, bouquet qui était un signal, cuvette dans laquelle elle avait lavé ses blanches mains, qu'elle avait retirées en secouant les gouttes d'eau comme autant de perles, vous gisez sur la voie publique! Le chiffonnier vous a dédaignés; la lourde charrette vous emportera pêle-mêle, vous qui n'avez vécu qu'un jour, qu'une heure de caprice, d'amour ou de fantaisie, c'est une triste sépulture que celle qu'on vous donne! — Ainsi va le monde! — La mort est au bout de toute vie, l'oubli au bout de toute existence, et la honte bien près de l'oubli! Nous irons vous rejoindre, vous qui nous avez donné joies et parfums! La mort nous déposera aussi au coin de la borne, notre charrette aussi passera, et vous n'aurez plus rien à nous envier! Hommes, femmes, dieux, déesses, rois, reines, almés, oubliés, vous laisserez sur la terre cette trace que laisse un ruban fané et abandonné dans la rue!

Il fait à peine jour. C'est l'heure où Paris, — ce monstre, suivant M. de Balzac, — se promène en robe de chambre et en pantoufles. Il flâne dans sa chambre à coucher, il ferme dédaigneusement sa table de nuit, il se pose devant son miroir en asticotant sa barbe si c'est un homme, en s'essuyant le coin des yeux si c'est une femme, en se contemplant si c'est une lorette, et homme, femme ou lorette, se met à bâiller : c'est la manière dont on souhaite le bonjour à son miroir. L'homme défait son madras, la femme passe son jupon, la lorette dénatte ses cheveux, l'homme va à ses bottes, la femme à ses chaussons, la lorette à ses pantoufles : bottes à 15 francs, chaussons de lisière, pantoufles de satin rose surchargées de dentelles avec des petits talons de marquise. En somme, ce sont trois tristes figures que ces figures d'homme, de femme et de lorette ; prises au saut du lit, grimaçant un bâillement, articulant un grognement, dévorant des larmes d'ennui ; après dormir, l'espèce humaine vous fait regretter de ne pas être homard ou Auvergna : la figure de l'homme a des teintes jaunâtres du plus déplorable effet ; la face de la femme, boursoufflée par le sommeil, semble une ronde boule de chair dans laquelle on piquerait volontiers une épingle pour voir un peu ce qu'il en sortirait ; le minois de la lorette représente assez bien un pastel effacé... les joues dont on admirait hier soir la blancheur rosée ont perdu leur fraîcheur, car, hélas! ces joues sont restées sur la taie d'oreiller! Elle époussette ses meubles avec une notable partie de sa chevelure, noire comme minuit, car sa fausse queue lui sert aussi de plumeau! Ses yeux, mal ouverts, sont sans reflet; car ce n'est que le soir qu'elle sort ces diamants-là de leur écrin!

Paris brosse ses meubles.
Paris balaye son appartement.
Paris bat ses tapis.
Paris cire ses souliers.
Paris lace son corset.
Paris met sa redingote.
Paris ajuste sa robe.
Paris se démêle.
Paris se rase.
Paris se peigne.
Paris se natte.
Paris se frise.
Paris se pommade.
Paris s'habille.
Paris va chercher son lait.

Paris lit ses journaux.
Paris ouvre ses lettres.
Paris prend son café.
Paris se lave la figure.
Paris change de chemise.
Paris se lave les pieds.
Paris consulte son baromètre.
Paris ouvre son agenda.
Paris prend son livre de rêves.
Paris éteint sa veilleuse.
Paris rallume son feu.
Paris arrose ses fleurs.
Paris taille ses plumes.
Paris nettoie ses pinceaux.
Paris ouvre son piano.
Paris reprend son papier.
Paris apprête sa toile.
Paris recommence ses gammes.
Paris va à son bureau.
Paris va chez sa couturière.
Paris va à son atelier.
Paris va au Conservatoire.
Paris va à ses répétitions.
Paris ouvre sa boutique.
Paris ôte ses volets.
Paris refait ses étalages.
Paris porte son pain.
Paris achète les vieux habits.

Paris vend des paillassons.
Paris vide ses immondices.
Paris va à Clichy.
Paris compte son argent
Paris visite ses débiteurs.
Paris fuit ses créanciers.
Paris donne le fouet à sa fille.
Paris mène son garçon à l'école.
Paris se met du rouge.
Paris se fourre du blanc.
Paris réchauffe son dîner de la veille.
Paris rompt sa flûte.
Paris repasse sa robe blanche.
Paris bourre sa pipe.
Paris allume son cigare.
Paris roule sa cigarette.
Paris met son chapeau.
Paris fait son lit.
Paris carde ses matelas.
Paris regarde sa voisine.
Paris s'envoie des baisers.

Arrêtez-vous, promeneurs, Paris vient d'ouvrir ses fenêtres aux premiers regards du soleil!

Les spectacles qu'on voit gratis.

Il est des gens naïfs; les Parisiens en comptent des milliers, et n'en consentent pas moins à passer pour le peuple le plus spirituel du globe. Spirituel, j'en conviens; mais naïf... aussi. Les gens dont je viens de parler, les gens naïfs, se figurent, — ce qui rentre dans leur rôle, — qu'il n'y a de spectacle qu'au théâtre, de comédiens que sur la scène, et justement ils se trouvent partout, excepté là : les meilleures pièces se jouent dans la rue, dans le salon, dans le boudoir, dans la mansarde, et non dans tel ou tel théâtre que je ne nommerai pas. Les meilleurs acteurs sont moi, vous, lui, elle, eux, et non Monsieur n'importe qui ou Madame six cent soixante six étoiles, que je passerai sous silence.

Croyez-vous qu'il faille payer sa place ou solliciter un billet d'un ami, ami d'un ami de l'ami du directeur, pour assister à un spectacle quelconque? Croyez-vous qu'il faille avoir passé quatre longues heures dans une salle chargée de mille aromes empestés, mal assis, les mains dans des gants, les gants dans une lorgnette, pour pouvoir dire à son portier : « J'ai vu un vaudeville, un drame ou une comédie! » O aberration des aberrations! Prenez simplement une chaise, si vous êtes sur le boulevard, et regardez les passants; si vous êtes dans votre chambre, ouvrez la fenêtre; si vous êtes dans le monde, ouvrez les oreilles; si vous êtes seul, déshabillez-vous... moralement : saluez ce commissionnaire qui passe lourdement chargé, c'est le drame; — saisissez au passage cette grande brune aux regards baissés : la comédie; — cet homme mélancolique, chargé de chagrins et d'années : le vaudeville; — et vous, ami lecteur, — l'ours!

Franchement, les meilleurs spectacles sont les spectacles qu'on voit gratis, d'abord parce qu'ils sont gratis. Quels fins couplets, quelles splendides tirades, quelles fines satires ils chantent, ils débitent, ils lancent, ces gens que nous coudoyons journellement, ces gens du monde, acteurs des spectacles gratis! Ce sont plus que des acteurs ordinaires, même au point de vue de la Comédie-Française; regardons-les passer, étudions-les, et gardons précieusement les fragments de leur comédie que le vent des souvenirs apporte jusqu'à nous.

Salut à vous, père noble! salut à vos longs cheveux blancs, à votre jabot plus blanc encore, à vos souliers à boucles aussi noirs que sont blancs votre jabot et vos cheveux, à votre canne à pomme d'or sur laquelle vous appuyez vos quatre-vingts ans tirés à quatre épingles, salut! Mariez-vous toujours, en digne père noble que vous êtes, donnez-vous votre fille, goutte de lait délayée dans une feuille de rose, à ce gros Mondor, dont les écus suffiront à étouffer ses sanglots? Préfère-t-elle toujours le couvent au mariage, quand le mariage est représenté par M. Mondor! Son cousin, votre neveu à vous, père noble, est si gentil! Comme il porte vaillamment sa fragile épée, son uniforme étincelant, ses épaulettes de lieutenant! Allons! allons! père noble, soyez-le en les mariant, faites un couplet de ces deux cœurs qui riment si bien! Et, quand vous aurez fait cela, quand vous aurez chassé ce gros Mondor, je vous laisserai passer, et vous m'entendrez vous dire encore : « Salut à vous, père vraiment noble, à vous, salut! »

Après le père noble, la mère, qui ne lui cède en rien quant à la noblesse; — le roquet, insipide et vorace, se vautre à ses pieds. — Elle est harnachée dès le matin; ses laquais reçoivent ses ordres l'échine baissée; elle renvoie sa fille, tout éplorée, — ferme la porte du boudoir au jeune cousin, et ouvre la porte cochère au vieux Mondor. Qu'on se taise, madame a parlé! Madame a commandé, qu'on obéisse! Voici le comique qui s'avance. C'est un grand jeune homme au teint blafard, aux regards pointus, à la chevelure courte, au menton sans barbe, aux rires stridents. Il est vêtu de noir, comme un soir d'automne. Lorsqu'il parle, on croirait entendre la lecture d'un acte de décès, et, tandis que vous riez de ses paroles, il semble errer dans les solitudes où dorment ses pères. Près de lui, se tient nonchalamment le jeune amoureux; ses yeux, levés au ciel, semblent chercher au milieu des étoiles les regards aimés. Les nuages qui passent lui rappellent le profil qu'il tient sans cesse et qui sans cesse lui échappe. Ses pieds sont seuls sur la terre, son cœur est là-haut, — à la rosace. Quelques comparses encore : le bourru, le comique outré, le notaire, la ganache, la coquette, l'ingénue, la soubrette, l'ami pique-assiette, utilités et bouche-trous, et vous aurez la troupe au grand complet. Oui, ce sont bien eux, eux les acteurs de tous les jours, les grands acteurs, les seuls acteurs! Les voilà avec leurs tics, leur roideur, leur maigreur, leur embonpoint, leur sottise et leur esprit! Oui, les voilà, ces acteurs qui jouent sur une scène, plus grande que l'Opéra, qu'on nomme le Monde!... une comédie, plus ennuyeuse encore que toutes nos comédies, qui a pour titre la Vie!

Je plains ceux qui ne voient dans le théâtre des Marionnettes, connu sous le nom de *Guignol*, qu'une distraction enfantine! Rien n'est plus réel, plus saisissant, plus terrible et plus drôlatique à la fois, que ces petits hommes taillés au couteau qui remplissent les Champs-

Elysées de leurs exploits! Quels cris! quels coups! quelles disputes et quels combats! C'est la vie telle que le philosophe la voit, c'est le monde tel que Dieu l'a fait! Que d'enseignements dans ces scènes décousues et débraillées du répertoire-Guignol! Les acteurs ordinaires de ce théâtre sont des acteurs extraordinaires. Quel entrain! Les Romains devaient se battre ainsi; ils ne faisaient pas de plus épouvantables blessures, les Romains! Et quelle supériorité ils ont, ces acteurs de bois, sur leurs camarades des grands théâtres! Jamais de maladies! jamais de congés! point d'appointements! point de *feux!* — Oh! non, pauvres marionnettes, on ne vous donne pas de *feux* à vous, mais bien souvent vous servez à l'allumer! Oh! combien mieux vous valez, acteurs de Guignol, que les marionnettes de bois des théâtres subventionnés, vous qui avez pour subvention les rires de l'oisif et le denier du pauvre! Un coup d'épingle fâche la marionnette; un clou dans la tête raccommode l'acteur : plus on vous plante de clous, et mieux vous vous portez! Quelle supériorité! Et les pièces qu'ils jouent, autant d'enseignements, de grands enseignements pour la foule! — Voyez, le faible est honnête, tranquille; il amasse sous sur sous, et ces sous entassés sont toute sa fortune, comme sa femme est tout son amour, comme ses enfants sont toute sa joie! Le fort, le riche Polichinelle passe, et va droit à la cabane du faible, du pauvre; il prend femme et enfants, fleurs qu'il effeuille au vent du déshonneur! Le faible veut redresser la tête, il veut frapper à son tour; — il veut, mais ses forces trahissent son courage! Le riche Polichinelle a dépouillé le pauvre; le fort Polichinelle tuera le faible! Il frappe, il frappe, — à coups redoublés, — sur sa tête, et chacun de ses coups retentit comme la foudre, et chacun de ses coups effraye les échos, et chacun de ses coups glace de terreur le chat, spectateur immobile d'un combat sans fin, témoin du duel humanitaire, qui finit faute de marionnettes! Quel enseignement, quel grand enseignement pour la foule!

Le spectacle est partout, les acteurs sont partout : vivent donc les spectacles qu'on voit gratis et l'esprit qui court les rues!... les jours où notre éditeur ne sort pas!

Chapitre des Mystifications.

Pour bien des gens, c'est une distraction sans égale que celle d'une mystification perfidement ourdie — rendre un être inoffensif, dépourvu de toute intelligence, rouge de colère, et lorsqu'il demande la clef de cette énigme, lui rire au nez, mais d'un rire outrecuidant qui laisse voir toutes vos osanores, est un passe-temps qui, pour être bien usé, n'en est pas moins pourvu de charmes. Une moitié du genre humain rit aux dépens de l'autre : le genre humain entier se mystifie. Ainsi va le monde. — Le crétin est l'ennemi de l'homme intelligent. Et je les approuve l'un et l'autre. Ils ont raison tous deux.

Qui mystifie-t-on ici?

Personne.

Si — le lecteur!

Soyez prudent, vous qui courez les rues de la capitale. Souvent vous ne voyez, dans le paletot qui vous coudoie plus ou moins brutalement, qu'un promeneur inoffensif, qu'un poëte sans rimes, qu'un boursier affairé, qu'un amoureux suivant un joyeux rêve chaussé de bottines à talons, qu'un honnête Parisien enfin, — c'est là que je vous attends, moi qui suis votre guide-né, moi qui veux être le compagnon de toutes vos promenades, le convive de tous vos repas; l'ombre de vous-même, l'oreiller de votre intelligence. Je vous colle au mur, je vous prends dans vos propres filets. — Un promeneur inoffensif, dites-vous? — inoffensif vous-même! Si vous continuez à me murmurer qu'il y a des êtres inoffensifs dans ce Paris que nous peuplons l'un et l'autre, je vais vous donner la carte de mon bottier — un Allemand!

La mystification est partout, dans tout: le mystificateur va, vient, roule, marche, vole, nage, court, saute; — il bondit de l'omnibus dans le coupé, du coupé dans la voiture de déménagements; il est là près de vous, derrière vous, devant vous; il vous flaire, il vous tâte, il vous marchande, il vous époussette du regard; l'odeur de la charge l'attire comme l'odeur du sang attire le tigre. Il va s'élancer sur vous; vous allez devenir sa proie, son mannequin à désopilations. Vous n'avez que le temps de fuir... le voici! Il vient, il vous saisit... il est trop tard! Il a passé le Pruth que les convenances sociales avaient mis entre vous; il a envahi les provinces danubiennes de votre individualité. Bonsoir!... une autre fois, vous serez plus prudent, et, pour vous en garer à jamais, lisez ce qui suit :

Il est minuit; vous sortez des lares d'un vieux teneur de livres dont vous serrez amicalement les doigts jaunis depuis à peu près vingt-sept ans; vous avez gagné, à force de tricherie, car il n'est pas d'honnêteté bourgeoise sans tricherie, la stupide somme de sept sous, et vous rentrez chez vous en poussant des hum! hum! de jubilation à troubler une sage-femme qui ne serait pas une femme sage. Le mystificateur sort, lui aussi, d'une soirée d'amis. Il a bien laissé sur le tapis vert d'une élégante table de jeu quelques-unes des pièces d'or que son laquais, un drôle! avait introduites dans ses goussets, après les avoir préalablement parfumées. Mais, bath! il est trop bien élevé pour s'arrêter à de pareilles misères ! L'or est fait pour rouler, et, s'il ne roule pas assez vite, on le pousse du bout de son gant blanc. raie derrière la tête oblige ! Et d'ailleurs votre rencontre doit le venger des petites bouderies de la fortune; il vous mystifiera à son tour, lui que la chance a mystifié.

Il s'avance très poliment.

Vous reculez, et vous portez machinalement votre main à un cure-oreille qui se trouve dans le fond de votre poche.

La mise irréprochable du mystificateur vous fait repousser toute crainte... et votre cure-oreille.

— Pourriez-vous avoir la bonté de me dire l'heure qu'il est, Monsieur?

— Avec plaisir, Monsieur.

Alors vous vous livrez à une gymnastique ridicule, qui fait croire, au premier abord, que vous allez vous déshabiller. Après cinq minutes de trifouillage, vous retirez des cavités de votre gilet un oignon, qu'un cordon aux trois quarts usé tient en laisse.

— Monsieur, il est minuit et demi et trois minutes.

Horriblement satisfait, vous rengaînez votre horloge, et le mystificateur, posant alors son lorgnon dans son œil qui vous raille, vous dit de son air le plus insolent :

— Qu'est-ce que cela me fait?
Et d'un !
Vous êtes à la tête de cinquante francs, qui ne doivent rien à personne, comme vous vous plaisez à le répéter; votre femme est chez une de ses tantes, à Montretout, votre chat dort paisiblement sur vos chaussons, votre roquet pleure sur votre mobilier : — Que pourrais-je bien faire ce soir? vous dites-vous. — Que pourrais-je bien?... Et vous vous mettez à parcourir votre journal du matin : « Décès... mariages... spec- » tacles... ce soir, dernier grand bal » masqué à l'Opéra : l'orchestre, com- » posé de trois cent mille musiciens, sera » dirigé, par extraordinaire et comme » toujours, par MUSARD. » Ce nom vous fait lâcher votre journal et un cri de joie. Vous n'avez jamais été au bal de l'Opéra, votre femme vous a demandé de l'y conduire, et vous avez généreusement... refusé : vous êtes seul, il est juste que vous vous l'offriez; mettez votre habit noir, prenez vos cinquante

francs qui ne doivent rien à personne, et partez.

Une fois dans ce sanctuaire, vous ne tardez pas à faire l'aimable connaissance d'une foule de jupons qui, pour être courts, n'en sont pas moins indécents! O mon pauvre Joseph (Prudhomme)! vous y laisserez un pan de votre vertu en gaieté; — l'argent rend un son plein de douces promesses, on vous trouve joli garçon, vous souriez complaisamment, tout est pour le mieux : mais à qui donner votre cœur? Le domino rose est bien provoquant, le domino jaune est des plus agaçants; vous avez une préférence pour le jaune, monsieur Prudhomme (Joseph) : ce que c'est que d'être marié! Vous vous promenez gravement entre ces deux sirènes; mais à qui donner la préférence? Toutes deux acceptent un fin souper; — le champagne et le pousse-champagne leur plaît également; — c'est embarrassant! Si vous les preniez toutes deux?... hein? Vous avez bien du temps à rattraper!... Vous ne dites pas non, polisson! Le bonheur est là, il vous sourit, il vous tend les bras! O joies du tutoiement et du célibat!

Un polichinelle vous aborde.

— Comment! animal (vous ne l'avez jamais vu), comment! bête brute, tu te promènes entre deux dominos, sans vergogne?... et mes bottes? où sont mes bottes?

— Vos bottes?

— Oui, mes bottes, tubercule!... les bottes que je t'ai commandées il y a deux mois, où sont-elles?

Vous prenant pour un bottier, les deux déesses s'éloignent. Furieux, vous vous écriez avec une voix digne d'un Stentor :

— Je n'ai pas de bottes à vous!

— Tu n'as pas de bottes à moi, voleur! Et ta femme?

— Elle est chez ma tante.

— Quoi! tu l'as mise au mont-de-piété? Ta femme au mont-de-piété! Et tes enfants?... ils n'ont pas de pain, et tu te promènes! Ils ont faim, et tu te nourris d'amour! Animal, mes bottes!... où sont mes bottes?

Les deux femmes sont parties; vous fuyez vous-même pour échapper à la fureur du polichinelle.

Et de deux!

Il en est bien d'autres!

LE JUIF ERRANT. — Mais le plus mystifié des mystifiés est un pauvre homme d'une cinquantaine d'années, bien mis, à l'air distingué, quoique décoré, que je viens de rencontrer rue des Grands-Augustins; il sortait de chez Passard, un exemplaire de *Paris à vol de canard* à la main.

Le Juif errant, cet intrépide marcheur, cette locomotive vivante, que ses moyens et la volonté divine empêchent de prendre la moindre voiture, de s'offrir le plus humble siége, depuis la chaise des Tuileries jusqu'à la banquette à 15 centimes des omnibus, le Juif errant vient de trouver le moyen, introuvable, suivant bien des gens, d'arrondir sa fortune sans enfreindre l'arrêt du destin, qui l'oblige à marcher toujours et à ne se reposer jamais. Le Juif errant est aujourd'hui attaché, moralement, bien entendu, au magasin de nouveautés du *Grand Saint-Médard*, en qualité de garçon de caisse chargé de l'encaissement des factures. L'administration, qui vient de l'équiper à neuf, lui a permis de conserver sa longue barbe grise et son vieux bâton, pour éviter le courroux céleste. C'est à peine s'il est reconnaissable, ce pauvre Juif errant, avec sa casquette de cuir bouilli, son habit à la française d'un drap couleur gris sale, et son pantalon de même étoffe et de même couleur. Cet emploi lui vaut cinquante francs par mois, ce qui, ajouté à la rente viagère de cinq sous par jour, qui lui est servie par le ciel, représente un traitement annuel de sept cent cinquante francs. Au demeurant, c'est un habile homme que ce Juif errant, et sa nouvelle combinaison est une combinaison habile. Dieu lui a dit, en un jour de colère : « Tu marcheras jusqu'à la fin des siècles ! » Et, s'il n'a pas ajouté : « Tu toucheras le montant des factures, » c'est une lacune que le pauvre Juif est libre de combler. Dieu lui a dit : — « Tu marcheras !... » il marche. Il s'en va dès l'aube avec sa besace remplie de factures ; il monte chez les clients, et, tandis que ceux-ci vont à leur secrétaire, il marche dans l'appartement, visite la cuisine, la chambre à coucher et tous les recoins de la maison. Puisque Dieu ne lui a pas assigné de costume distinctif, il peut bien se coiffer du cuir bouilli et se vêtir de drap gris. Dieu lui fait six cents francs de pension, libre à lui d'augmenter la dotation d'en haut. Marcher, et toujours marcher, voilà la condition essentielle : il marche ! « Tu ne te reposeras jamais! » Il n'a jamais profané un siége. Le pauvre Juif est donc parfaitement en règle, et, loin de le blâmer, comme bien des jaloux pourraient le faire, je m'incline devant ce génie inventif qui a su concilier les exigences célestes avec les exigences commerciales d'une boutique de nouveautés.

En marchant, on étudie, et, si parfois le marcheur n'est pas observateur, toujours l'observateur est marcheur. En parcourant Paris, le Juif errant a recueilli çà et là, nulle part et un peu partout, mille traits caractéristiques dont il nous a promis la communication. Aujourd'hui même, nous recevons de ce Juif infatigable quelques feuilles volantes qu'il a griffonnées en marchant. C'est avec une joie fébrile que nous allons les dévorer, et, si vous êtes curieux, lisez par-dessus notre épaule :

ENSEIGNES ET ÉCRITEAUX.

« J'ai beaucoup marché, j'ai beaucoup étudié, et quoique je sois plus connu comme marcheur que comme publiciste, j'ai plus étudié que je n'ai marché. Si mes chausses sont couvertes de poussière, mon cerveau ne leur cède en rien : la poussière qui couvre l'intelligence se nomme la science, voilà tout. Ma tête est plus fatiguée que mes jambes, et, si le repos m'était accordé, c'est un oreiller que je choisirais pour reposer ma tête, et non un coussin pour reposer mes pieds.

» J'ai beaucoup vu, j'ai beaucoup entendu.

» J'ai regardé et j'ai écouté.

» Il est des choses qu'on voit avec les oreilles et d'autres qu'on écoute avec les yeux.

» Que de fleurs fanées j'ai poussé de mon pied poudreux, que d'existences brisées j'ai touché de mon bâton !

» Je n'ai jamais compris qu'on mît

des poteaux indicateurs aux carrefours des grandes routes.

» Qu'importe le nom du chemin qu'on va suivre, — la mort est au bout.

» Qu'importe le nom du pays qu'on va traverser, — la haine est au fond.

» Le poteau est comme le médecin, il vous dit la distance qu'on a parcourue : il ignore la distance qu'on parcourra.

» Doit-il vous apprendre que vous êtes dans un pays habité ?

» De l'inutilité il passe à la niaiserie, alors.

» Écoutez, et vous saurez bientôt qu'il y a là des femmes, des jeunes filles, des enfants et des vieillards.

» Écoutez ces sourdes rumeurs, ce sont des sanglots.

» Écoutez ces longs cris, ce sont des imprécations.

» Écoutez ces timides murmures, ce sont des prières.

» Écoutez ces doux bruissements, ce sont des baisers.

» Le pays est habité.

» On souffre, on maudit, on prie, on aime.

» De la haine à l'amour, il n'y a que la distance d'un baiser.

» De la prière à l'imprécation, la distance d'un crucifix.

» De la vie à la mort, la distance d'un fossé.

» Un baiser, un signe de croix, une pelletée de terre.

» L'amour, la prière, la mort.

» Trinité de la vie !

» Le jour où je perdrai mon bâton, je déracinerai un poteau pour m'en faire un appui.

» Dans mes pérégrinations à travers le monde, j'ai emporté avec moi un lambeau de tout ce que j'ai vu, de tout ce que j'ai entendu, de tout ce qui a frappé mes regards et mes oreilles.

» J'ai effeuillé sur ma route toutes les fleurs fanées, mais j'en ai gardé religieusement le parfum.

» Le souvenir est le parfum du passé.

» Je détache un feuillet des réflexions que j'ai faites en parcourant Paris.

» Cet extrait a pour titre :

» *Écriteaux et Enseignes.*

» Il en est de toutes les formes, de toutes les couleurs, et je dirai même de toutes les orthographes.

» Si j'avais pu m'arrêter un instant, rien qu'un instant, il en est plusieurs que j'aurais disséquées.

» Il en est une qui m'a effrayé.

» C'était dans une rue infecte, dont j'ai oublié le nom que je n'ai jamais su.

» Au-dessus d'une porte basse, tachée de graisse, de boue et de vin, on avait accroché une longue planche badigeonnée en blanc, sur laquelle on lisait ces lignes peintes en lettres noires:

» *Mathieu, fabricant de chaussure humaine.*

» Ce dernier mot me donna le vertige.

» Il me sembla voir un vieillard, cornu et empourpré, tannant, sur une table couverte d'une nappe de sang humain, de la peau qu'il arrachait à des cadavres descendus des lits de marbre de la Morgue!

» Cette apparition méphistophélique, qui traversa mon cerveau comme un éclair, fit perler des larmes de sueur glacée sur mon front brûlant.

» Et tout cela à propos de bottier!

» Un pauvre homme plus éculé que sa marchandise.

» *A la Corne d'abondance*, à *l'Épi scié*, *au Fidèle Berger*, sont des enseignes bien connues. Il en est de plus curieuses que je vais vous citer.

» Écoutez plutôt... »

Le manuscrit du Juif errant, plus heureux que lui-même, s'arrête là.

Remercions-le de cette communication aussi alléchante qu'incomplète, et souhaitons bonne marche à ce pauvre soleil, — qui attend son Josué!

Les Chemins de ronde.

Lorsque je vais à la banlieue, je prends les chemins de ronde ; c'est plus court et plus pittoresque.

Que de drames intimes, que de lugubres scènes, que de sanglantes épopées se passent chaque soir dans ces antres fangeux, que la civilisation a nommés : *Chemins de ronde* !

Là, deux ombres amoureusement entrelacées, s'en vont en murmurant leurs chansons d'amour que le vent berce, répète et emporte ; là, un homme adossé contre un pan de muraille, épèle des affiches qui n'existent plus ; là, un troupeau trotte, les cris plaintifs des moutons, les hurlements des chiens, les vociférations des bergers, ces autres hurlements ; puis, dans le lointain, les refrains obscènes fréquemment interrompus, d'un vieillard aviné, les signaux des voleurs qui se répondent d'une barrière à l'autre ; la marche monotone de la patrouille.

Les chemins de ronde sont arriérés ; là, pas de gaz : pour vous guider, d'ignobles lanternes qui fument, mais qui se garderaient bien d'éclairer; pas de trottoirs pour faciliter votre marche; de la crotte, des ordures et des pierres.

Et c'est là pourtant que vous vous donnez rendez-vous; c'est pour vous retrouver là, que vous vous envolez du logis, que vous trompez votre camériste, que vous dégringolez gaiement vos six étages, que vous quittez toutes les joies du foyer : la tranquillité et les pantoufles!

La population des chemins de ronde mérite le nom d'équivoque : l'amoureux coudoie le mari, la bonne sa maîtresse; le soldat son colonel; le voleur la patrouille.

Les maisons sont boiteuses, grêlées par la boue, des loques jouent le rôle de rideaux. Quant aux locataires, ils sont de tous points dignes de leurs habitations : des vieillards mal vieillis, des enfants sans jeunesse, des femmes de vingt ans ridées, des hommes aux visages flétris par le vice qu'ils exploitent, par le vin qu'ils boivent, par l'air qu'ils respirent; des filles de joie lutinant des soldats en goguette : tel en est le personnel. Tout cela rit, mange, chante, aime; tout cela vit enfin dans ces bouges infects, chaque voix est un accord, chaque cri est une note dans cette symphonie discordante qui fait saigner le cœur.

Où vont-ils les enfants sortis de ces familles, les enfants nés dans ces maisons? où vont-ils? qui nous le dira? les chiourmes ou le bourreau? les galères ou l'échafaud? reviennent-ils à leurs berceaux? partis enfants, les voit-on revenir, brisés et flétris, mendier un pain taché au seuil paternel? restent-ils fidèles, ces preux gentilshommes de la gueuserie au double blason de honte et de misère sculpté sur leur front avec du sang, avec de la boue, avec des larmes!

Plus d'un bourgeois attardé a payé de sa fortune et souvent de sa vie, quelques pas dans les chemins de ronde : grattez la terre, vous y trouverez encore des taches de sang!

J'en ai vu, par un impertinent soleil de juillet, de ces vieillards maladifs, réchauffant leurs membres débiles au regard de Dieu, je les ai considérés avec plus de tristesse encore que de dégoût, ces cadavres vivants, enterrés dans un fauteuil en guenilles! O Voltaire, ton nom devait-il servir d'étiquette à un siége aussi besogneux ! Ils sont sans respect pour ton éclat, ô Voltaire, et ne suffisait-il pas de se reposer dans ta science, sans te faire figurer dans la momenclature des chaises d'un tapissier en faillite ! O siècle impie, qui d'un grand homme fait un ridicule fauteuil ! On ne te lit pas, on te rembourre, on te refuserait une robe de chambre, on te couvre de damas ! on te blasphème, on t'époussette, on te maudit, on te brosse, on te bat en brèche, on te recouvre d'une housse. En voyant les soins que l'on prodigue à l'un et les injures dont on abreuve l'autre, peut-on s'empêcher de préférer la chose inanimée à l'être pensant, le fauteuil à la Voltaire, à Voltaire l'écrivain ? De nos jours, le premier entrerait plus aisément à l'Académie que le second !

Un bon bourgeois m'aborde l'autre matin et me dit :

— Je viens d'acheter un Voltaire !
— Les œuvres complètes ?
— Damas rouge avec élastiques.

Je rentrai chez moi, je m'assis sur une chaise de paille, et j'ouvris *Candide*.

De Voltaire aux chemins de ronde il n'y a que l'espace d'un... tapissier !

Je suis d'une nature assez crédule, je crois à tout un peu : je crois qu'un amour peut durer un jour, qu'une paire de bottes peut durer un mois, qu'un créancier est un animal farouche, qu'une rose se fane moins vite qu'une jeune fille, cette autre rose dont la virginité est le parfum ; qu'un garde national est un Daumier sans signature, qu'un chemin de fer va moins vite qu'un coucou, qu'une diligence verse plus volontiers qu'un actionnaire, qu'un père est un portier donné par la nature, qui tire trop rarement le cordon de sa bourse ; que la vie est une drôlesse, que Mlle Page est plus jeune que Mme Doche, que la mort est une duègne acariâtre, que le crâne d'un vieillard ressemble au parterre de l'Odéon, un soir de tragédie ; que l'hippopotame est réellement mort, qu'un quinquet, aussi bien qu'Hercule, aurait filé aux pieds d'Omphale ; qu'on peut défoncer son chapeau en tombant d'un cinquième étage et en mourir ; que Nadar, 113, rue Saint-Lazare (pas de succursale), est un grand photographe, que les blés sont plus jaunes que ses cheveux, et M. *** aussi, que M. Scribe est une chimère, que la loterie des lingots d'or n'a jamais été tirée, que le Constitutionnel l'est à un million d'exemplaires, que les bateaux vont sur l'eau, que je suis un crétin et vous aussi.

Mais ce à quoi je ne croirai jamais, c'est à la propreté de l'intérieur des maisons grêlées dont je vous parlais tout à l'heure.

Non je n'y croirai jamais.

Je n'ai pas à me reprocher d'y avoir introduit le tibia, mais ce sont de ces choses dont on juge l'intérieur par l'extérieur, le cœur par le corps. Ah! que de femmes pourtant, qui ont eu l'honneur de voir figurer leurs formes divines chez tous les marchands de plâtre de la capitale, dépourvues de l'antique feuille de vigne, faux-col de nos premiers parents que de femmes, dis-je, parfaites par le corps, sont difformes par le cœur! et les femmes bossues, mal bâties, dont le cœur pourrait être mis au Mont-de-Piété, qui ont un cœur d'or, sont-elles bien rares? non certes : entre les deux, entre la femme bien faite qui possède un cœur bossu et la femme bossue qui cache une âme bien faite, je placerai l'Eve aux formes agréables et au cœur, ni d'or ni de plomb, mais de ruolz. Et de même pour les maisons boiteuses, mais grêlées.

Je veux bien, et c'est là une concession que je fais à la propreté de ces bouges, pour bien croire, sans m'en assurer pourtant, qu'il en est de sales, d'à peu près propres, d'une saleté propre et d'une propreté sale.

Mais encore une fois et pour la dernière, je ne veux pas m'en convaincre.

Franchement le jeu n'en vaudrait pas la bougie !

Et maintenant que nous avons parlé des habitants et de leurs boîtes, causons un instant de ceux qui n'y vivent que l'espace d'une promenade.

Ce sont, la plupart du temps, des bouviers conduisant leurs bœufs à l'abattoir ; ils font entendre leurs jurons, leurs imprécations ! quels gosiers, bon Dieu ! et dire que le Créateur a fait ces braves gens à son image ! à son image soit, mais non à son gosier ! et les chiens ! comme ils vous aiguillonnent, avec leurs dents, ces pauvres bœufs qui vont à la mort! ils entament ce que nous mangerons tout à l'heure; et lorsqu'ils veulent s'élancer dans les rues, comme on les fait rentrer dans les chemins de ronde, comme si toute route ne menait pas à l'abattoir! Bouviers, vous le savez bien vous, que tout chemin mène à Rhum! Lorsque je les aperçois ces bœufs, dont je me fais ici le défenseur, je me sens pris d'une terreur soudaine. Fuir est ma seule idée! Je n'ai jamais pu regarder en face un bœuf, quelque maigre qu'il soit. Cela me rappelle trop le mari d'une femme qu'un mien ami a beaucoup aimée!

Ouf! j'en ai assez moi, et vous aussi, sans doute, des chemins de ronde! allons respirer un air plus salubre, n'importe où, aux Tuileries, à Constantinople, ou dans la boutique de Piver!

Révélations d'une Casquette de loutre.

Autrefois, lorsque l'on voulait faire un compliment à une personne éloquente, on lui disait avec un doux sourire : « Monsieur, vous parlez comme un livre! » Aujourd'hui, par les livres qui courent, ce compliment pourrait passer pour une insulte, ou tout au moins pour une banalité, ce qui est pire! Parler comme un livre!... voyez le beau mérite, et comme on doit sauter de joie à un pareil éloge! Les compliments du temps jadis ne seraient pas bons à décrotter les souliers de nos galanteries d'aujourd'hui. Heureusement nous avons changé tout cela! Maintenant on dit : « Monsieur, vous parlez comme une table! » Ce qui est beaucoup plus flatteur — pour l'acajou! Il paraît que les tables sont fort bavardes, — comme des pies, ou des portières : l'esprit quitte les cervelles pour se nicher dans une armoire à glace, ou dans un gibus. Charmant siècle, qui, ne se contentant pas de faire tourner les êtres animés, s'attaque aux choses inanimées ! L'autre soir, j'entendis deux jeunes collégiens qui revenaient au logis en causant :

— Crois-tu au magnétisme, toi ?
— Non... et toi ?
— Complétement ! Hier, j'ai fait tourner le pion.
— Comment cela ?
— En bourrique !

Vous le savez, cet âge est sans pitié, — pour les pions !

Cet hiver, bien souvent, on a voulu me faire tourner n'importe quoi : « Quand ce ne serait qu'un chapeau ! » me disait en souriant la maîtresse de maison. Elles ont toujours de friands sourires en vous offrant une corvée : — jouer une valse, — danser avec Mlle ***, qui est si grande ! accompagner Mme ****, qui est si grosse ! faire un whist avec M. *****, qui est si bête !... Et mille autres agréments qu'on ne rencontre que dans les réunions hebdomadaires — et sans façon, du reste.

— Ah ! vous êtes un esprit fort, un sceptique !... vous ne croyez à rien !
— Pardon, madame ! dis-je en finis-

sant mon écarté avec le monsieur si bête, pardon, je crois à tout! Tranquillisez-vous pour moi, personne ne l'a compris!... c'est bien assez de vous tourner en ridicule! ajoutai-je à la cantonnade.

Et puis j'ai mille autres choses à faire lorsque je suis dans le monde. Figurez-vous que je possède le dos le plus fatal qu'on puisse imaginer : un des insociable, rembourré en fer et ouaté de cuivre. On m'offre une chaise poliment ; je l'accepte de même : on sourit, je salue, et je m'assieds. Je cause, et, croyant pouvoir profiter du dossier d'une chaise aussi agréablement offerte, je m'appuie. Je reprends ma conversation, et le dossier craque. Au cri poussé par l'acajou, je reconnais un nouveau tour de mon infâme dos : la chaise est cassée! Dans une maison où l'on m'avait invité à dîner, j'ai tué trois chaises de salle à manger, un fauteuil à la Voltaire et quatre menus siéges; total : huit meubles!... et tout cela avec mon dos! Comme c'est agréable de posséder une épine dorsale aussi désastreuse en société! Depuis, et comme bien vous le pensez, je n'ai plus remis le dos dans cette maison.

Mais ce n'est pas de cela que je voulais vous parler; il s'agit de révélations : mon titre vous les promet, et, comme tout négociant doit faire honneur à son enseigne, vous les aurez.

Faire tourner une table, faire tourner un chapeau, cela est vieux, cela se fait partout. Je connais une jeune femme à marier fort jolie, et âgée de douze cents livres de rente, qui a fait tourner une crème au chocolat en soufflant dessus.— Pauvre ange!

— Que pourrais-je bien faire tourner? me dis-je un beau matin. A ce moment, mon concierge entra.

— Pardon, Monsieur, mais je crois que j'ai laissé ma casquette?

— De loutre?

— Il n'y a pas de quoi, Monsieur!

Mon concierge a la manie de fourrer cette phrase dans son dialogue usuel à tort et à travers, et sans se soucier de ce que vous venez de lui dire. Une idée joviale traversa mon cerveau : si je faisais tourner sa casquette?

— Joseph!

— Monsieur?

— Vous êtes-vous lavé les mains?

— Il n'y a pas de quoi, Monsieur!

Je ne pus m'empêcher de rire: Joseph dut penser qu'il n'y avait pas de quoi!

— Montrez-les-moi!

— Voilà, Monsieur!

— Bien... mettez-vous là.

— Oui, Monsieur.

— Posez votre petit doigt sur le mien, n'appuyez pas trop fort, et taisez-vous!

— Il n'y a pas de quoi, Monsieur!

Nous nous tûmes, et, ayant interrogé la casquette sur le siècle que nous allions parcourir, elle nous fit les révélations suivantes :

DE 1857 A 1867 — DIX ANS.

1857. — Une pétition demande le raccourcissement des redingotes ; une autre, le prolongement de la rue de Rivoli. — Les invalides quittent leur palais de l'Esplanade pour s'installer à l'Académie (section des Beaux-Arts), *et vice versa*. — Un des chapeaux de l'illustre Grassot, armé de cent vingt canons, prendra la mer dans quelques jours. — La Société gastronomique vient d'obtenir le privilége de l'Odéon. — On parle de l'établissement d'un chemin de fer électrique pour le transport des voyageurs. La pétition des maîtres tailleurs est rejetée. — Reprise de l'*Honneur et l'Argent*.

1858. — Éboulement des buttes Montmartre. — Le nez d'Hyacinthe est pris dans deux quartiers de roc; on fait des fouilles. — Abolition des portiers; M. Toutouillet invente un procédé au moyen duquel chaque locataire peut ouvrir la porte lui-même : le visiteur n'a plus qu'à crier le nom de la personne qu'il désire voir, et celle-ci s'empresse de tirer son cordon. L'Académie de médecine prononce l'interdiction de M. Toutouillet. — Les fouilles qui ont été faites au commencement du mois, à Montmartre, n'ont produit aucun résultat. — Reprise de l'*Honneur et l'Argent*.

1859. — Un grand bal masqué doit avoir lieu sur la place de la Concorde; les invités pourront rester dans leurs voitures et parcourir le bal en ayant soin de ne pas écraser les danseurs. — MM. D** et R** viennent d'être arrêtés pour avoir publiquement mangé leur fonds. — Les feuilles d'arbre à raisin, en drap de couleur pour la journée et en velours noir pour les réceptions, seront très bien portées cette année. — Un savant de Pithiviers vient d'envoyer à notre musée, transporté aux abattoirs Rochechouart, des moitiés de tuyau de poêle, de grands morceaux d'étoffe, et mille chiffons qui servaient, suivant le dire de l'illustre Pithiviers, à la coiffure et à l'habillement de nos pères. L'affluence des visiteurs est considérable. Trois sergents de ville, chargés de veiller à l'ordre public et d'empêcher tous accidents, ont été étouffés.—L'ouverture de la maison de retraite de Saint-Lazare, à l'usage des jeunes filles de bonne maison, est irrévocablement fixée au 13 janvier prochain. — La maison du *Prophète* vient de louer le bois de Boulogne. — Toute la nation prendra part à la guerre que nous venons d'entreprendre contre nos ennemis nés les sauvages Batignollais. Du reste, le ciel semble favorable à l'armement de nos troupes : il pleut des hallebardes!—MM. les aveugles devront se réunir sur la place Bréda, tous les soirs, pour y exécuter l'air national de : *Français, troubadour et soiffard!* qui doit entretenir l'ardeur guerrière de nos jeunes héros.

1860. — Les conspirateurs qui viennent d'être arrêtés rue Jules-Janin, au moment où ils allaient lancer leur proclamation en faveur de l'indépendance des singes du Jardin-des-Plantes, ont été transférés à la Bastille, reconstruite depuis deux ans seulement. — La mort du gardien de la colonne de Juillet est attribuée à la malveillance d'un visiteur monté au haut du monument. Cet accident rappelle celui qui est arrivé, il y a quelques siècles, au malheureux Tobie.
— Le Théâtre-Bobino vient d'être fermé par mesure de salubrité publique; il y aura beaucoup de melons cette année, malgré cette mesure.

1861. — Des ouvriers chargés de travaux de terrassements viennent de trouver, à Montmartre, des ossements qui vont être soumis à l'examen de notre Académie de médecine. On pense généralement que c'est le squelette du nez d'un certain Hyacinthe, qui l'a perdu lors de l'éboulement qui a eu lieu en 1858. Le gouvernement vient d'acheter les *Lutteurs*, d'un nommé Courbet, qui

s'est fait un nom dans la viande peinte.
— Le *Constitutionnel*, journal très répandu, vient de se brouiller avec la pâte Regnauld : rumeurs parmi les pharmaciens.

1862. — Constatons un immense progrès : désormais, au lieu du service qu'avait établi le chemin de fer du Nord, la commune de Saint-Denis sera desservie par un véhicule dit *coucou*; c'est-à-dire qu'au lieu de quinze minutes, on mettra six heures pour se rendre à Saint-Denis. — Les becs de gaz vont être décidément remplacés par l'éclairage à l'huile; chaque habitant ne pourra sortir, dès les huit heures du soir, sans être armé d'une chandelle, d'une bougie ou d'une lampe, au choix.
— On vient de découvrir un nouveau système de locomotion, qui consiste à s'attacher au dernier wagon d'un train et aux roues d'un cabriolet. Un monsieur se rendant à Carpentras, ayant pris pour son chien un billet de ces places, n'a plus retrouvé à son arrivée que la corde et la muselière du susdit quadrupède : l'infidèle animal était resté en route. —
On vient d'arrêter un jeune homme en

rupture de baus..., de mariage; il a été condamné au bagne conjugal. — Reprise de l'*Honneur et l'Argent*.

1863. — Toutes les maisons de Paris et de Pontoise vont être démolies, et avantageusement remplacées par des baraques en bois et à roulettes. Cette mesure, qui supprime à tout jamais les déménagements, a excité une certaine rumeur parmi ces industriels. Désormais les déménagements auront lieu de la manière suivante : la mère et l'aînée de ses filles pousseront alternativement la maison, dans laquelle le mari et ses garçons devront rester dans une douce quiétude; la mère et l'aînée de ses filles pourront se faire aider par un âne ou par un commissionnaire, sans en abuser pourtant. — L'ordonnance qui prescrit la démolition des maisons actuelles et la construction des baraques roulantes informe MM. les Parisiens et MM. les Pontoiseaux qu'ils devront annuellement changer de quartier, sous peine de démolition. — Dorénavant, pendant la canicule, tous les propriétaires de chiens qui voudront se promener dans les rues de la capitale avec leurs animaux devront sortir muselés, sous peine d'attraper une boulette de godiveau. Souvent ces pauvres bêtes (les chiens) ont été mordus par leurs maîtres, et ont ainsi communiqué la rage à leurs semblables. Les personnes qui auront l'imprudence de sortir sans muselière seront immédiatement abattues; les gens à lunettes ne sont pas exemptés de cette obligation. — Un monsieur qui avait mangé des moules à s'en rendre incommode a été pendu.

1864. — Nous avons rencontré dans les rues de Paris une nouvelle voiture que nous croyons appelée à un grand succès de vogue; *Omnibus aux buses,* tel est le titre de ce véhicule. Figurez-vous une voiture ayant la forme d'un canon traîné par derrière et par douze écrevisses. (Ces animaux ont l'avantage de marcher à reculons, comme certaines intelligences.) On peut empiler aisément cinquante personnes dans ce canon, chargé ainsi jusqu'à la gueule. Le conducteur met le feu, et les voyageurs se trouvent lancés à destination. Pour les correspondances, on doit s'adresser aux canonniers. — Encore une nouvelle invention! Les édredons vont être remplacés par des cages en osier de la même longueur, rembourrées en ouate. On pourra y introduire sa basse-cour et l'étouffer en même temps. Les almanachs, qui nous annonçaient un hiver des plus rigoureux, ne s'attendaient pas à ce nouveau système de chauffage. — Les escaliers intérieurs vont céder la place à des escaliers extérieurs. Expliquons-nous. Depuis longtemps déjà les propriétaires se plaignaient de l'exigence des architectes, qui prenaient un si grand espace de terrain pour y établir une échelle en bois, deux quinquets et un concierge fumeux. Le nouveau système supprime tout cela : chaque locataire aura son échelle, qu'il appliquera à sa fenêtre pour rentrer, et qu'il pourra emporter avec lui.

1865. — Les alouettes tombent toutes rôties. Chacun tient ses plats levés vers le ciel, et, grâce à la gloutonnerie de nos concitoyens, nous aurons beaucoup de plats nets cette année. Il pleut du vin. Nous avons rencontré hier un pauvre diable trempé jusqu'aux os et ivre mort; il était sorti sans parapluie. — On vend chez tous les grainetiers de la graine de confitures, qui vient de remplacer la graine de niais. — Les asperges sortent toutes cuites de la terre et toutes trempées de sauce blanche, ou à l'huile, au goût des consommateurs.— On vient de découvrir un nouvel arbre fruitier qui donne des boutons de guêtres, et des clous à ceux qui le touchent. — Les pêcheurs qui se reposent tout le long des quais constatent une singulière amélioration dans les petits profits de leurs pêches : les goujons qu'ils prennent sont frits. — Même changement parmi les baleines : celles qui sont prises sont immédiatement utilisées chez les corsetières ; il en est même qui se trouvent munies de lacets ; celles-là sont d'une espèce différente. — On annonce la formation d'une société en commandite pour l'exploitation des visières de casquettes et des boucles de chapeaux.— Un Batignollais vient d'être tué par *La Thuille*... qui lui est tombé sur la tête — à bras raccourcis.

1866.— Par décision macaronique de l'imprimerie Dubuisson, le journal le *Tintamarre*, qui ne paraissait plus que sept fois par jour, vient d'être suspendu... au haut d'un arbre ; son rédacteur en chef, M. Commerson, a été empaillé. Cette nouvelle, fausse, du reste, a fait baisser la Bourse de Paris, et élevé très haut la réputation du spirituel journaliste. — La vogue des clysos à jet... continue. — Dorénavant, les lapins et autres seront tenus de rapporter aux chasseurs les balles qu'ils ont gardées et dont ils ne sont pas morts. Les gardes champêtres sont chargés de l'exécution de cette mesure, aussi sage qu'impraticable. — Les morues viennent d'adresser une pétition à tous les restaurateurs de Paris, les tables d'hôtes comprises, pour ne plus être mangées à la maître-d'hôtel : elles vont même jusqu'à menacer de leurs nageoires ces estimables négociants. — On s'occupe activement de l'émancipation des singes. — On vient d'autoriser l'ouverture d'une maison de jeu dans la forêt de Bondy, à la condition expresse qu'on n'y jouera... que des jambes, lorsqu'on sera poursuivi par des malfaiteurs. — La rosière dernièrement couronnée, et que nous ne nommerons pas, s'est noyée dans une rivière... en diamants ; son corps a été retrouvé chez Mabille.

1867. — M. X**, directeur du théâtre du..., invite tous les auteurs des pièces qu'il n'a pas encore pu écouler à un banquet *à l'Ours qui tette*. A la fin du repas, les joyeux convives tombent sous la table, mais pour ne plus se relever ; ils étaient tous intoxiqués : après tout, c'était une façon comme une autre de les *jouer*.

. . . .
. . . .

La casquette fit une dernière pirouette et tomba ; je la ramassai, et la remis à mon concierge, qui ne put s'empêcher de murmurer :

— Il n'y pas de quoi, Monsieur !

Les Nègres blancs.

— Ah ! ceci est par trop fort ! des nègres blancs !

— Eh bien ! Monsieur, qu'y a-t-il là d'extraordinaire ?

— Ce qu'il y a ? d'abord je ne vous parle pas, et puis quand bien même je vous parlerais, votre réponse est pour le moins ambiguë...

— Comique?

— Je ne vous parle pas! oui, monsieur, votre réponse est étrange!

— Cela rime avec ange...

— Cela ne rime à rien! mais si vous voulez que je vous réponde par des rimes, quoique j'aie une aversion profonde, raisonnée et raisonnable pour tout ce qu'on nous débite journellement à la strophe, sous la rubrique de *Poésie*, je vous dirai que vos nègres blancs riment avec... impossible!

— Elle n'a pas voiture, cette rime-là!

— Parce qu'elle est honnête...

— Ah! nous en sommes aux épigrammes!

— Je ne vous parle pas! mais pour en revenir aux *nègres blancs!*

— Vous n'en connaissez pas?

— Vous en connaissez peut-être? osez le dire, osez-le?

— J'oserai tout à l'heure. Connaissez-vous des nègres noirs!

— Cette question, des nègres noirs! oui monsieur, j'en connais! noirs comme la nuit, comme ma botte, comme une bouteille à encre... nouveau système, comme un mélodrame, noirs enfin comme les cheveux d'Hyacinthe... mon domestique, il est noir!

— C'est bien aimable de sa part! vous connaissez aussi des mulâtres?

— J'ai beaucoup de connaissances.

— Des marrons?

— Comment l'entendez-vous?

— Je l'entends, nègre marron?

— Cela ne m'est pas impossible.

— Des quarterons?

— Ah bien! des quarterons aux marrons...

— Vous préféreriez peut-être, des marrons aux quarterons?

— Je n'ai pas de préférence.

— Enfin, vous n'ignorez pas que les quarterons sont issus d'une mulâtresse et d'un blanc?

— Ou d'une blanche et d'un mulâtre!

— Précisément.

— Je puis l'ignorer, si cela me fait plaisir.

— Allons, pas de discussion mal placée!

— Mes placements ne regardent que moi, mais si vous voulez que je vous le dise, vous me faites l'effet d'une tragédie...

— Pourquoi?

— Allez aux Français, un soir, et vous le saurez.

— J'irai, mais d'abord...

— Monsieur, je suis sorti ce matin, dès les 8 heures, les lèvres encore barbouillées de ce nectar divin qu'on appelle à Paris du café. J'en prends, ordinairement, trois cent soixante-cinq fois par an, autant de jours, autant de bols...

— Et les années bissextiles?

— Je ne sais pas l'anglais..., j'aime le café, par amour du lait; quand j'en ai devant moi une jatte pleine, je me crois transporté en Suisse, mon cœur est aussi loin de mon déjeuner que mes lèvres en sont près; je vois dans le fond de ma tasse des vaches, des laitières, des châlets, des sapins, de la neige, des montagnes et des vallées... des vallées, des montagnes. Rien n'est délicieux et nutritif comme ce voyage qu'on fait en buvant et qui ne coûte que deux sous — chicorée comprise! La Suisse, c'est mon rêve à moi, qui n'a le sien? J'ai pour devant de cheminée une miniature de la Suisse... par M. Abel de Pujol, un peintre d'histoire... Tout autour de mon salon, des vues de la Suisse... J'ai lu quinze fois le remarquable opéra de *Guillaume Tell*, qui raconte, en vers purs et grandioses, l'histoire de ce valeureux pays, et que M. Rossini est venu fort mal à propos accompagner de sa musique... O pays enchanteur! mais, hélas! je ne suis pas encore assez riche pour me passer cette fantaisie d'artiste... droguiste...

Pas d'argent... pas de Suisse!...

Donc, je suis sorti ce matin... les lèvres encore barbouillées de ce nectar divin qu'à Paris on appelle du café...

— Qui vous a dit cela?
— Un imbécile.
— De quoi se mêlent-ils, bon Dieu! de quoi se mêlent-ils! Je suis sorti ce matin... le temps était lourd... et mon parapluie aussi; car je l'avais pris, après avoir consulté le ciel et mon concierge... qui n'était pas serein... Je suis sorti pour mes affaires; vous entendez, mes affaires? J'attendais l'omnibus, ce mort qui ne va pas vite, au rebours de ceux de Burger, et pour me distraire, je me suis mis à feuilleter un volume; ce titre : *Les nègres blancs*, a frappé mes

lunettes; j'ai poussé un cri; vous y avez répondu (je ne dis pas comment), et maintenant j'ai bien... voici mon omnibus... pour mon bonheur!

— Il est complet!

— Mon bonheur? oui, monsieur!

— Non, monsieur, l'omnibus!

— C'est vrai! je joue...

— Du cornet à piston?

— Non, monsieur, de malheur.

— Instrument des gens prédestinés.

— C'est un voltairien!

— Permettez-moi alors de reprendre mon explication des *Nègres blancs*?

— Savez-vous ce que c'est que la colle forte?

— Médiocrement.

— Moi, je le sais... depuis... depuis... une demi-heure...

— Votre montre retarde.

— Et l'omnibus n'avance pas!

— Je serai bref; les nègres blancs sont pour la plupart originaires de l'Auvergne... ils sont nés où fleurissent l'ail et le fouchtra... ce sont en un mot des Auvergnats (si j'ose m'exprimer ainsi), sans aucun signe distinctif... Ils n'ont en propre que la saleté — ça tient chaud l'hiver et permet de se promener nu l'été! une redingote de crasse, un pantalon velu! tout de noir habillé comme le page de Marlborough, ou le premier notaire venu de Château-Chinon! deux pâles et luronnes figures, allez! ils font leur beurre, — un beurre rance, — dans ce Paris qui refuse du pain à ses poètes et de l'eau à ses altérés! ne sont-ils pas habitués à boire leurs larmes, les chanteurs de chansons éternelles? mais les Auvergnats, qui naissent avec des souliers ferrés, des chapeaux de feutre, et cet idiome qui claque comme des castagnettes en belle humeur, les Auvergnats auvergnants, se nourrissent d'ail et d'échalotes; ils ne boivent pas d'eau de Seine — et abondante; mais de ce vin, plus gros que Lablache, qui déteint dans l'estomac — du vin lourd et dans des verres épais! puis, après quelques années de séjour dans la *Capitale*, on emporte le *sien* au pays avec la femme et les enfants et tout le mobilier et toute la splendeur, et l'on éteint la chandelle et l'on emporte le chandelier... On revient les poches pleines à la maison vide... Eh! gai! la pichounette!

eh! gai, la gaieté! et le marchand de robinets, buccinomane des fontaines, après avoir rempli les rues de Paris de ses chants mélodieux, revient, lui aussi, sans tambour ni... trompette! et c'est joie partout et c'est joie grande! on use ses lèvres en embrassades et ses coudes sur la table dressée! Paris les renvoie et plus lourds qu'il ne les avait pris! partis nu-pieds ils reviennent avec de beaux souliers, étoilés de clous, comme d'étoiles un ciel d'été! La terre promise a tenu! le poète a jeté son or par les fenêtres, et l'Auvergnat a tendu son feutre! Vous ne connaissez pas les *nègres blancs*? celui qui vous monte votre eau? celui qui frotte votre parquet? celui qui arrange votre fontaine? celui qui vous vend des paillassons, du bois, du coke? celui qui vous achète vos peaux de lapin, vos vieux galons et vos vieux habits? *Nègres blancs*, tout cela! tous ceux-là! ils sont millionnaires à la longue, mais ils n'ont jamais quatre sous... pour prendre un bain!

Eh! gai! la pichounette!

Études flânologiques.

Vous voulez visiter Paris, vous voulez connaître à fond cette cité-reine, vous voulez à prix d'or (c'est le cas) lui faire dire son mot, je suis votre homme. En route, monsieur, j'ai bien l'honneur d'être votre tout dévoué conducteur.

Ah! c'est que je la sais par cœur ma vieille Lutèce; c'est ma mère, et je n'en ai jamais eu d'autre. Elle m'a donné tout ce que j'ai, pas grand'chose à la vérité, et m'a appris à dédaigner ce que je n'aurai jamais. Elle n'a plus de secrets pour moi; elle est douce est soumise depuis cinquante ans que je la bats de mes talons ferrés. Je lis dans son cœur, moi, qui ne déchiffrerais pas un journal. Je vous dirais les noms, la date de la naissance et la date de la mort de ses fils et de ses filles, les rues, les cités, les boulevards, les carrefours et les *dos* de sac, mais ce serait trop long et j'aime mieux flâner. Flâner! c'est la seule chose qu'elle m'ait apprise et que je n'oublierai jamais! Flâner! c'est-à-dire éclabousser le bourgeois, grimper derrière les véhicules, se cultiver l'esprit aux caricatures, relever une femme enceinte qui se trouve mal, dételer le cheval qui vient de culbuter, avoir l'œil partout et l'esprit à tout ! Flâner ! c'est-à-dire connaître les nouvelles avant les têtes couronnées, faire queue aux grands théâtres, gagner vingt-cinq francs et un rhumatisme en repêchant son voisin ! Flâner ! partout ce n'est que flâner, mais à Paris, Monsieur, à Paris, c'est vivre !

Les monuments, vous voulez connaître les monuments ! Ah ! Monsieur, c'est mon faible et mon fort ! Je vous montrerai leurs façades et leurs destinations. Je vous ouvrirai tous les jardins publics et curieux avec la clef de mon érudition ! — Arrière les omnibus, — les indicateurs, arrière ! — ma mémoire est un livre que vous allez feuilleter ! mon dialogue vif et animé est le fil d'Ariane, qui vous guidera dans le labyrinthe parisien ! — La main, Monsieur, et suivez-moi !

Permettez-moi, d'abord, de vous prévenir que tous les volumes que vous avez pu lire, que tous les journaux, plus ou moins indicateurs qui sont passés devant vos yeux, renferment une infinité d'erreurs sur lesquelles un étranger de distinction, comme vous, doit être éclairé. Ils vous disent, ces affreux petits machins, couverts de jaune, dans leur langage timbré, que Paris renferme deux millions d'âmes ! C'est faux comme plusieurs jetons ! Il n'y a pas d'âmes à Paris, il n'y en a jamais eu ! Il y a des épiciers, des droguistes, des libraires, des passementiers, des avocats, des notaires, des garçons de café, des sages-femmes, des marchands de contremarques, des gens de lettres, des Auvergnats, des critiques, des maraîchers de France, des poissardes, des académiciens, et bien d'autres choses encore, mais pas l'ombre d'une âme !

Et leur statistique, et leurs renseignements, et leurs guides, et leurs conseils, autant de mensonges gros comme des éléphants, autant de fautes inqualifiables ! Je m'arrête pour cause d'indignation !

Je vous présente le Jardin-des-Plantes, ainsi nommé, parce qu'il ne renferme que des animaux, — et quels animaux ! Ce jardin est spécialement réservé aux hauts fonctionnaires de la haute bureaucratie qui ont éprouvé des malheurs. Il en vient des quatre coins du monde, car c'est pour eux, ils le savent, un vaste hôpital, une douce retraite, où ils s'éteignent petit à petit, quand l'huile vitale est épuisée.

Après avoir régné pendant une quarantaine d'années dans un bureau, dans une étude ou dans un ministère ; après avoir porté une cravate plus blanche que la blanche hermine et des lunettes d'or, ils sont admis au Jardin-des-Plantes, vestiaire intellectuel, où ils déposent leur cravate, leurs lunettes et leur dignité !

Ils ont chacun leur cage ou leur chambre, à votre choix, leur gardien ou leur valet de chambre, leurs grognements ou leur idiome, comme vous voudrez. Celui-ci grave et superbe, a été chef de division, et le sobriquet de lion lui est resté. Cet autre, rogue et mécontent, est un sous-chef qui n'a jamais pu devenir chef. Ici on ne le connaît que sous le nom de rhinocéros. Plus loin, c'est un simple expéditionnaire qui vit retiré chez lui en véritable ours. Plus loin encore, c'est un gros homme qui a englouti toutes les indemnités imaginables et qui représente dignement un éléphant. A côté, c'est un courtisan qui a usé son existence et ses bottes dans les antichambres ministérielles, où l'on n'a jamais cessé de le traiter de buffle. Son voisin ne vaut guère mieux, ainsi que l'indiquent les bosses qu'il porte sur son échine de chameau. — Celui-ci est plus aimable, il vous fait mille courbettes, mille amabilités, quand vous le caressez; à peine avez-vous le dos tourné, qu'il vous imite, qu'il vous ridiculise, qu'il vous *singe*, en un mot. Il a grimpé très haut, mais on s'est vite aperçu qu'il n'était qu'une espèce de miroir, reflétant les qualités des autres, mais n'ayant rien à lui; on l'a brisé de sa place. Près de lui se tient un bison, ancien médecin en chef d'une société philanthropique. Cet ex-secrétaire général qui les avoisine, est un bouc qui est parvenu à cette haute fonction, grâce aux talents de sa femme, disent les mauvaises langues. Même dans sa retraite, on voit le bouc s'immiscer dans les secrets d'autrui, malgré les plaisanteries jaunes qu'on lui corne aux oreilles. Son ami intime est un ancien notaire, véritable fouine, qui le câline dans l'espoir de rédiger son testament et d'y être moelleusement couché. Cet autre est un maître finaud, qui se plaint de tout le monde et qui a étrillé la jeunesse dorée lorsqu'il portait le beau nom d'Abraham. C'est un renard qui rédige en cachette, pour charmer ses loisirs, un mémoire sur la maladie de la vigne. Dans un autre bâtiment, voici une haute intelligence qui a monté plusieurs administrations et qui passe encore pour un aigle. Son associé, le vautour, a tout empoché, et tandis que l'aigle avait l'honneur, le vautour se contentait de l'argent; ils veulent faire encore une affaire ensemble avant de mourir, sur ce problème : savoir qui mangera les oreilles à l'autre; je passe sous silence les autres dignitaires; l'almanach Bottin vous donnera leur nom, et vous n'avez pas besoin de leur *adresse*.

Faisons un saut, à nous deux, et transportons-nous bien loin, place de la Bourse, à cent pas du Palais-Royal, à deux bouffées de cigarette du boulevard. Entrons, sans préambule et sans banne, dans le palais de la Bourse ! — C'est deux francs !

Entendez-vous ces sourds gémissements, ces bruits de chaînes, ces plaintes interrompues par des sanglots? un millier de *boursicotiers* croupit là; on a supprimé les bagnes et on leur a bâti un palais, un superbe palais à colonnes — avec tourniquets. Le chapeau noir, à coiffe blanche ou brune, a remplacé le bonnet vert, et l'habit noir la veste de laine rouge. Les malheureux n'ont pas gagné au change; au lieu d'un pantalon, ils portent une cote, ils haussent les épaules et baissent leurs regards! leurs nouveaux gardes-chiourmes, en changeant d'uniformes, n'ont pas changé de procédés à leur égard; ce n'est plus un boulet qu'ils traînent, mais les larmes d'une famille qu'ils ont ruinée, mais le suicide d'un homme qu'ils ont tué, mais l'honneur d'un vieillard qu'ils ont déshonoré, ce n'est plus un boulet, c'est une banqueroute qu'ils traînent après eux! c'est une flétrissure, c'est un remords! si vous avez pitié de leurs souffrances, achetez les petits ouvrages qu'ils fabriquent pour se procurer des cigares, des gants blancs, des lorgnons et toutes choses de première nécessité. Voyez ce petit bonhomme a confectionné des actions d'un crédit quelconque, celui-ci termine des obligations d'un chemin de fer dont le besoin se fait généralement sentir. Cet autre prépare une rente à 150 0/0 qu'il vous cédera à bon prix. Voulez-vous des Nord? ils valent 90, vous les aurez pour cent sous; les titres sont faux, mais comme ils sont bien imités! des Strasbourg pour dix francs, des Lyon pour quinze francs, des Ouest pour vingt francs, des Orléans pour vingt-cinq francs! Accourez, accourez! c'est le même procédé, et le caissier n'y verra que des dividendes! Désirez-vous des bons sur la Banque? en voici; Banque de Bondy; bureaux : carrefour A, dans le milieu de la forêt; le caissier se tient au sixième arbre, huitième branche, à gauche en entrant; on touche de minuit à six heures du matin; les jours de clair de lune, les bureaux sont fermés; les actionnaires avec gourdin sont rigoureusement refusés; pour les feuilles d'émargement, s'adresser aux arbres. Les mines de la Californie sont des mines d'or, voici des obligations ; on verse tout le long de la route jusqu'à San-Francisco ; qui veut souscrire au nouvel emprunt, ouvert au profit des malheureux qui mangent des *couvertures* à l'approche de l'hiver? On paye l'intérêt en bénédictions et en actions... de grâce. Celui-ci vient d'inventer un ballon qui ira de Paris à Bruxelles en deux secondes ; il organise un train de plaisir pour ses amis et connaissances. Prenez des billets — des billets de banque et suivez-les en Belgique ! sont-ils, sont-ils assez ingénieux ces bons boursicotiers ? Enrichir l'humanité, agrandir l'industrie et faire rouler des voitures à quatre chevaux, telle est leur devise ! Pauvres honnêtes gens ; plus tard on vous comprendra, et Dieu réserve à vos actions le dividende de l'avenir.

Ceci est une prison, et le factionnaire qui veille à la porte de Clichy n'en défend pas les bottiers ! — c'est une prison, avec ses geôliers, ses cachots, ses barreaux, son pain noir et ses chaînes ! — c'est une prison avec ses toiles d'araignée, ses portes armées de pied en cap comme les preux chevaliers du moyen âge, son jour sans soleil, sa nuit sans bougie! — c'est une prison; homme libre, incline-toi!

Il n'est pas de prison sans utilité, comme de tragédie sans dormeurs.

Je vous livre cet axiome pour ce qu'il vaut, à charge de revanche.

Laissez-moi maintenant vous expliquer l'utilité incontestable de la prison de Clichy.

Vous avez un bottier qui vous gêne, après avoir gêné vos gros pieds; vous lui devez, c'est une simple supposition, vous lui devez mille à douze cents francs; il vous présente notes sur notes; le miel se change en colle forte; miel avant la founiture, colle forte après; vous le laissez faire, et ses chiffons non acquittés servent à différents usages trop connus pour que je les rapporte ici. Mais un beau jour, — soit que votre sonnette rende un son plus criard que d'habitude, soit que vous ayez marché sur une herbe malsaine, — mais un beau jour, dis-je, ce visiteur journalier et matinal vous ennuie au quatrième degré; ses mêmes phrases, sa même demande, ses mêmes mines, ses mêmes regards, tout cela vous porte aux nerfs ; en un mot vous ne pouvez plus digérer votre créancier.

C'est ici que Clichy se développe !

Alors vous envoyez quérir quatre hommes, sans caporal, quatre recors, pour parler le langage de l'endroit, vous leur payez à boire et une voiture ; ils vous empoignent votre homme, et le voilà pour cinq ans dans une cellule étroite ; au bout de ce laps de temps vous ne lui devez plus rien, et lui alors, vous doit la liberté. J'ai pris un bottier, mais ce privilége s'étend à toutes les classes des fournisseurs.

Vous n'avez plus à vous occuper d'eux : ils sont mal logés, mal blanchis, chauffés par le soleil et éclairés par la lune à leurs frais, — la loi est positive à cet égard ; tout est supporté par les créanciers ; vivez en paix !

C'est qu'en France, en plein Paris, il ne suffit pas de fournir des habits en mauvais drap, des bottes en déplorable cuir, du vin baptisé, des denrées sortant des colonies... Mouffetard, des chemises qui n'ont rien de commun avec la toile du Nord, des gants qui craquent comme des Gascons, des parfums sans parfum, des meubles sans pied ni tête, des pendules qui vont comme la Bourse (hélas!) etc., etc., pour être à l'abri de la prison. Tôt ou tard justice est faite!

Pour mon compte et pour mes comptes, j'ai fait coffrer :

12 tailleurs, soit.	12
9 bottiers, soit.	9
20 fournisseurs divers, soit. .	20
Total.	41

Passons!.....

Je donne *cent mille francs* à celui qui m'apprendra pourquoi l'établissement situé faubourg Poissonnière s'appelle le *Conservatoire*.

Pour ma part, je l'ignore profondément.

Savez-vous ce qu'on y entasse dans cette grande et belle maison, d'une apparence aussi calme, d'un extérieur aussi sévère? savez-vous le genre de marchandise qu'on y débite? savez-vous les objets qu'on y fabrique pour la France et l'étranger? savez-vous quels sont les passe-temps et les exercices des hôtes de cette baraque? Vous qui passez devant, le savez-vous?

Je vais vous l'apprendre.

On y entasse des jeunes gens et des jeunes filles, on y débite des chanteurs et des chanteuses, on y fabrique des ténors, des barytons, des sopranos, des basses-tailles, des chanteuses *légères*, des je ne sais pas quoi ; on y fait des gammes et des exercices de vocalise.

Ces bassinoires des deux sexes se récoltent dans les ateliers de tonneliers, de modistes et dans les loges de portier, vous possédez un brin de fille grande comme un porte-manteau, rouge comme un nez d'ivrogne, et aigre comme une burette de vinaigre ; elle a l'apparence d'une voix, elle pourrait bredouiller la romance et rendre intelligible un grand air, vite vous la fourrez au Conservatoire ; au bout d'un mois elle ne chante plus, elle gémit.

Sa voix est éteinte, elle entre au grand Opéra.

Votre fils est un grand gaillard qui fend le bois à ravir, et votre âme de père, en mettant des cercles à son tonneau ; il met aussi beaucoup d'intelligence dans le récit de la complainte de Fualdès; c'est une voix comme on en entend peu, l'écho est si charmé qu'il répète ses moindres fioritures. Le bedeau l'a retenu pour chanter dans les grandes cérémonies; la ronde du pays ne peut être comprise, qu'entonnée par lui. Dans un but crapuleux, vous l'expédiez sur Paris, franc de port, à l'adresse du Conservatoire; au bout de quinze jours de leçons on le prendrait volontiers par Abeilard; après la lettre, il chante à la cantonnade.

Plus de voix, il est engagé à l'Opéra-Comique.

Donc, si je ne me trompe, le Conservatoire a été institué pour couper les voix sous les gosiers des chanteurs. Ils envahiraient la France, si le Conservatoire n'y mettait bon ordre; ce ne serait plus que roulades, que cadences, qu'andantes, etc., etc. La musique serait à l'ordre du jour, et, sans voix, on vivrait ignoré. Ce serait trop vexant pour les muets qui abondent. Le Conservatoire, pour ne pas faire de jaloux, a filouté toutes les voix qui lui avaient été confiées, il filoute et continuera à filouter ; quand ils ouvrent la bouche, ces braves jeunes gens, ces séduisantes jeunes filles, c'est comme s'ils chantaient. Sans le Conservatoire, nous aurions des chanteurs et des chanteuses ; — franchement nous lui devons une fière chandelle !

Je l'allume pour vous éclairer.

Au Conservatoire, on apprend à chanter et à aimer — faux ; rien n'est plus juste que cet axiome.

Alors je maintiens ma prime de cent mille francs.

Encore un de plus !

Bien des gens croient encore aujourd'hui que les douze arrondissements, augmentés du treizième, le moins reconnu et le plus reconnaissable de tous, doivent suffire à la consommation parisienne. Ces gens-là, en minorité, hâtons-nous de l'affirmer, ne manqueront pas de hurler aux talons de notre titre, de le trouver mal sonnant et mal venu, et de nous dire qu'avec cette facilité d'augmenter le nombre des arrondissements on finira par ne plus s'y reconnaître !

A quoi nous répondrons :

Quand on prend de l'arrondissement, on n'en saurait trop prendre ! Les douze premiers sont d'une utilité qui n'est guère contestée que par le treizième, pourquoi n'y en aurait-t-il pas un quatorzième ?

Pourquoi ?

Les douze premières marches de l'escalier de Vénus (vieux style et vieille déesse !) appartiennent à la municipalité. Là, un homme déchire le voile pudique de la jeune fille rougissante, et s'en fait une écharpe... et cet homme-là c'est le maire !

La treizième marche est moins balayée et l'escalier se fait boiteux ; il n'y a là ni père ni mère : on se marie quand on veut, quand on peut, et comme on peut. La voiture qui a conduit la jeune fille des douze arrondissements à la porte de la mairie les mène tout doucement à la guinguette, et ils n'ont qu'à retourner les coussins. La jeune fille baissait les yeux, celle du treizième arrondissement baisse les stores. Descendons maintenant la quatorzième marche, et disons, le plus longuement possible, à ceux qui nient son existence, qu'elle existe, et son utilité à ceux qui voudraient la contester.

Mais, avant, une parenthèse :

Nous écrivons, qu'on le sache ! pour tout le monde ; notre livre est dédié à l'univers entier.

Qu'on se l'achète !

On nous dit bien qu'il est, de par ce faubourg qu'on appelle la France, des gens prêts à rougir du moindre mot, à se scandaliser d'un rien, et qui semblent nés avec du fard sur la figure. On nous affirme qu'ils sont nombreux, et à notre objection, qu'ils doivent éviter les livres qui pourraient les effaroucher, et que partant ils n'ouvriront jamais le nôtre, on nous répond qu'ils n'auront rien de plus pressé que de dévorer notre *Paris* pour apprendre à chacun le scandale dont ils auront été victimes, — victimes volontaires, ajoutons-le, mais victimes. Ces gens-là forment une secte à part. Ce sont des rebuts de toutes les sociétés qui ont fini par en former une ; comme les morceaux d'un serpent, ils se sont rejoints et parfaitement reconstitués.

— Les serpents sifflent, et ils vous siffleront! disent nos amis; tant mieux! — Ils sont influents; ils feront défendre votre livre! — Nous le défendrons! — Ils le brûleront! — Pour le brûler, il faudra l'acheter; plus ils en brûleront, plus nous nous réjouirons. — Ils vous feront condamner à la prison! — Nous y enverrons notre éditeur responsable.

Nos amis se sont tus.

Mais pour en finir avec ces maîtres pudibonds à la façon de Tartuffe, avec ces gens qui ne devraient rougir que de leur conduite, avec ces cagots sans religion, ces moralistes sans moralité, avec ces grandes oreilles toujours ouvertes aux polissonneries dont ils rougiront plus tard, avec ces cuistres qui nient l'amour, nous leur dirons que nous n'écrivons pas pour eux.

Ils peuvent faire partie de l'*Univers*, mais, certes, ils ne font pas partie du monde.

Et maintenant fermons la parenthèse.

Paris, s'il faut en croire les plâtras qui nous crèvent les yeux, Paris se... comment dirons-nous?... — Paris met une chemise blanche... on l'a dit; Paris se maquille... on l'a dit; Paris se lave les pieds... on l'a dit; Paris se retape.. on l'a dit; Paris se rase... nous le dirons! Quels coiffeurs que ces badigeonneurs et quelles savonnettes que leurs pinceaux!

Toutes les maisons de Paris se sont piquées d'honneur, et se grattent..... jusqu'au 100!

Cette pensée est de M. Dugléré. Vous ne savez pas ce que c'est que M. Dugléré?.. Voyez à la quatrième page des grands journaux ou à notre table des matières!

Il est de notre devoir de guider le jeune provincial qui arrive, qui arrive dans la grande ville. Nous devons lui faire voir Paris vieillard, Paris jeune homme, Paris qui s'en va, Paris qui vient, Paris d'hier, Paris de demain, Paris amas de pierres, Paris vieille folle dont la mâchoire compte encore quelques maisons branlantes, Paris élégant et qui se pousse du col, comme un fat qu'il est; Paris vieux matériaux, Paris nouvelles constructions, Paris démoli, Paris reconstruit! Mais il est de notre devoir aussi de lui montrer les dangers qui le menacent, les abîmes ouverts sous ses

ses pas, et de lui crier de notre voix la plus forte : Prends garde! (Nous le tutoyons.)

Et c'est pour remplir cette mission sainte que nous avons écrit ce chapitre : *Quatorzième arrondissement*.

Lorsqu'une chose infâme existe, y a-t-il infamie à constater son existence? Lui doit-on l'oubli ou la dénonciation, un linceul blanc ou une veste rouge? Faut-il cacher les oppresseurs comme on doit cacher les opprimés? Faut-il dire à la foule : — Déchire ces lambeaux, réduis en poussière, piaffe et rue! Ou à la chose infâme : — Dissimule-toi, on pourrait te voir! Péché caché est à moitié pardonné ; mais ce péché-là ne doit être ni caché ni pardonné : il doit avoir sa place, quelle qu'elle soit, dans un livre sur Paris; il doit figurer parmi ses comédiens, il doit défiler devant le lecteur, qui le classera... notre mission est de tout montrer, et la sienne de tout voir.

En France ou autre part (Dieu sait où c'est!) on vend un volume qui a pour titre : *Le 41ᵉ Fauteuil de l'Académie française.* — L'auteur — poète blond —

fait asseoir sur ce meuble précieux (il est des gens qui ajoutent : et ridicule) les illustres qui n'ont pas passé le pont des Arts, ce qui ne les empêche nullement d'avoir de l'esprit comme quarante. — O poésie blonde, voilà bien de tes coups ! Voyez-vous d'ici Piron mollement étendu dans un fauteuil — à la Voltaire ! — et bien d'autres, et tant d'autres, qui, à leur mort, ont été bien heureux de trouver La Chaise.

Qu'on nous pardonne cette pérégrination sur la terre d'autrui ; si mal placée ici, mais qui nous ramène par le chemin des écoliers, le plus long et le plus fréquenté des chemins, à notre point de départ.

Ce quarante-unième fauteuil, que nous trouvons trop *élastique*, est à l'Académie ce que notre quatorzième arrondissement est à la préfecture de la Seine. — Tout se tient ici-bas, et si la France et l'Angleterre ne sont séparées que par la Manche, notre chapitre et le livre dont nous venons de parler ne doivent l'être que par les ressorts. En un mot, le quatorzième arrondissement sera pour ceux qui n'auront pas trouvé à s'asseoir dans les treize autres, le quarante-unième fauteuil de Paris.

Maintenant que nous avons fait toutes nos restrictions, que nous avons bien posé nos bases, que nous avons pris toutes nos mesures pour éviter les quiproquos fâcheux et les amphigouris malpropres, nous posons notre enseigne :

14ᵉ Arrondissement.

— Où commence-t-il ?
— Partout.
— Où finit-il ?
— Nulle part.
— Vous ne péchez pas par la clarté !
— Lorsque je dis qu'il commence partout et qu'il ne finit nulle part, je me comprends et je vais me faire comprendre. — Tout individu peut posséder à un degré plus ou moins grand la manie du déménagement. — Cet individu, peu soucieux de cet axiome émis par un pompier : deux déménagements équivalent à un incendie, — moins juste que cet autre : un incendie équivaut à tous les déménagements ; — cet individu peut chan-

ger d'arrondissement tous les matins. — Un peu de bizarerie dans la cervelle et une voiture de déménagement à la porte, et la chose est faite. — Cette excentricité étant des plus ruineuses, il se verra forcé de laisser chaque fois en payement de transport son armoire à glace un jour, sa commode le lendemain, et, un beau matin, il se trouvera n'avoir plus à transporter que l'objet contenu dans sa table de nuit, ce qui simplifiera considérablement son déménagement, car il pourra le mettre sur sa tête, en guise de chapeau, pour se rendre à son nouveau domicile. Ces existences nomades ne sont pas rares. Les gens possédés de la passion du déclouage, du dérangement sous prétexte de nouveaux arrangements, qui trouvent un ineffable plaisir à charrier leurs gros meubles, à trimballer leur bataclan, sont trop communs pour qu'on puisse nous taxer d'exagération ; — mais un vice n'a pas de domicile connu, mais une passion ne figure pas dans l'almanach Bottin comme un bottier, mais telle maison que nous nommerons plus tard n'a pas de quartier spécial ; c'est pourquoi nous avons répondu à cette question qui nous était faite, à propos du quatorzième arrondissement :

— Où commence-t-il ?
— Partout.
— Où finit-il ?
— Nulle part.

Et franchement rien n'est plus logique.

Le quartier Latin a sa physionomie; le faubourg Saint-Germain tranche sur les autres ; le quartier Breda est un monde à part ; le Marais n'a pas son pareil; mais le quatorzième arrondissement, qui n'a pas un type avouable, mais le quatorzième arrondissement, qui se cache un peu dans chacun d'eux, est à la fois rue Jacob, rue de l'Université, rue Saint-Louis et rue Notre-Dame-de-Lorette. — Partout et nulle part. — Ce qui le rend méconnaissable à beaucoup de promeneurs, c'est son étendue, sa diversité. Ils sont en France quelques étrangers, quelques débauchés, quelques philosophes qui le connaissent ; — quant aux Parisiens, ils préfèrent les tatouages d'un habitant de la Nouvelle-Zélande aux marques de leurs compatriotes. — Il en est beaucoup qui ne connaissent le dôme des Invalides que de nom, — beaucoup d'habitants de Paris. — Si l'Odéon était en Laponie, il ne désemplirait pas de Français. — Les chemins de fer ont tué les voyages en omnibus, plus longs, mais plus incommodes. — Le Parisien aime mieux donner six cents francs que six sous; parce que les six sous sortiraient de sa poche, tandis qu'il emprunte les six cents francs. Les Parisiens de Pithiviers connaissent mieux leur Paris que les Parisiens de Paris; mais, pour être juste, il faut avouer que ces derniers ignorent Pithiviers.

Tâchons cependant de fixer les limites de ce quatorzième arrondissement : il existe spécialement rue Feydeau et dans tout ce quartier qui environne le théâtre de l'Opéra-Comique; rue des Colonnes, au Palais-Royal, le vice stationne aux portes, mais n'y entre plus, comme dans les derniers jours de l'Empire et dans les premiers de la Restauration; — rue St-Éloi, et dans ces marais infects qui sont l'Hôtel-Dieu et la Morgue, ce qui permet à leurs habitants de mourir sans sortir de chez eux; — rue Saint-Jacques, et partout enfin où le luxe coudoie la misère, la pourpre le haillon, — où un bec de gaz s'allume, où une lanterne fume, — où l'architecte a bâti une maison de triste apparence, à petites croisées cernées de volets, à porte bâtarde (hélas!), à l'infâme numéro, — partout où deux affamés, l'un du cœur, l'autre de l'estomac, se rencontrent et s'entraînent, — où le vice s'accroche au bras de la débauche, — où un bas bleu attire une face rouge, — drame quelquefois, comédie toujours, dont la pièce de cent sous est le *Deus ex machinâ*.

Il a plu toute la journée, une boue grasse et liquide couvre les trottoirs, la rue est tristement éclairée par une lanterne qui projette des rayons avares sur des maisons misérables à l'air sinistre; au moment de la traverser vous vous sentez pris d'un saisissement involontaire, et vous vous mettez à chanter comme les enfants poltrons; une ombre vous accoste, un bas blanc moucheté de boue est le ver luisant qui vous guide, une porte s'ouvre, se referme, une chanson se fait entendre au loin, un sifflement, le bruit de quelque talon attardé résonne sur le pavé, et puis, plus rien; — un silence sinistre et ténébreux, on entendrait un homme voler !

Voilà le vice des rues misérables, où fleurit la lanterne rouge ornée de ces mots : *On loge à la nuit.* Voilà le vice des pauvres, pauvrement fait. — Voilà Vénus en haillons ; voilà Vénus dont l'épaule blanche est marquée par le fer de la police, comme autrefois on marquait les forçats ; voilà l'amour à prix réduit ! O dieu Cupido, tête blonde, profil rose, sur lequel tous les poètes ont écrasé les cerises de la jeunesse, qu'êtes-vous venu faire dans cette galère ?

On loge à la nuit, — on aime à l'heure !

Voulez-vous maintenant le vice en robe de soie, le vice insolent, le vice qui tient le haut du pavé comme l'autre le bas du trottoir ; voulez-vous le vice qui se farde comme une comédienne, pour jouer sa triste comédie, le vice dans une chambre tout en glaces, et qui vautre ses épaules érotiques sur un divan passé qui rougit, le vice qui jette ses éclats de rire comme des étincelles, le vice qui vous prend en voiture et qui vous renvoie nu-pieds, le vice à beauté souriante et que le pauvre regarde comme un affamé regarde l'étalage de Chevet, le vice qui ouvre ses bras à l'homme ivre qui chancelle, le vice qui a des baisers d'honnête femme et des chairs de crinoline, le vice que rêve le collégien et que le vieillard réalise, le vice à haillons de velours, le plus triste de tous ; passez rue de Richelieu, rue Vivienne et sur les boulevards, il se montre là au grand jour — des becs de gaz.

Venez, suivons ces trois jeunes gens qui traversent la rue en lançant des bouffées de cigare et d'esprit ; à leurs mines animées, à leurs bras qui gesticulent comme des moulins joyeux, à leurs longs éclats de rire, on devine qu'ils ont dîné toute la journée, et c'est bien le diable s'ils ne nous conduisent pas où ils vont.

Une maison à trois étages, quatre fenêtres à chaque étage, l'air modeste, paupières baissées, persiennes fermées, c'est une vieille coquette qui s'est fait badigeonner, une petite porte par laquelle on passerait difficilement deux de front, peinte en vert, éclaboussée un jour de boue par un coupé attardé ; on sonne, la porte s'ouvre au premier appel de cette voix arrogante qui s'appelle une sonnette, une longue allée qu'il faut suivre pendant trois minutes pour arriver à l'escalier, trente marches recouvertes d'un tapis énigmatique, que le sphinx n'aurait pas proposé à Œdipe, et que l'établissement ne proposerait pas à un bric-à-brac, une vieille femme à l'air paterne, à l'œil gris surmonté de sourcils menaçants, aux joues flasques et enluminées, la tête enfermée dans un bonnet aux rubans rouges, vêtue d'une robe dont la couleur est encore inédite, vous ouvre, après les politesses d'usage, la porte du sanctuaire, et vous passez alors dans le *salon*.

C'est une pièce de grandeur moyenne, encombrée de canapés, de fauteuils, comme le salon le plus bourgeois. Le *Regret* et le *Souvenir* de M. Dubufe, entourés d'une baguette dont les mouches ont enlevé toutes les dorures, sont fixés au mur, en compagnie des aventures lithographiées d'une princesse inconnue et persécutée, et des œuvres de M. V. Adam. — Sur la cheminée, une vaste pendule en papier mâché, et qui a des airs de bronze vénitien, se laisse vivre sous un cylindre, en s'acharnant à marquer les heures aux demies et les demies aux heures. Dans la cheminée, un feu de rentier l'hiver ; l'été, des fleurs en papier arrosées de musc. — Au milieu du salon, une vaste table surchargée de broderie, de tapisserie, de laine, de fils, de ciseaux, de dés, de ces mille riens qui donnent une contenance plutôt qu'une occupation aux jeunes personnes qui l'entourent.

On se croirait dans un salon du Marais, un soir de thé, un silence décent règne dans cet intérieur qui respire l'honnêteté et le bien-être. Toutes les joies de la famille trouvent là une bienfaisante explication ; ces jeunes filles qui travaillent silencieuses sous l'aile d'une mère attentive et attentionnée, attendant leur père qui va rentrer, et préparant leurs baisers les plus affectueux pour fêter son retour. — Heureuses, trois fois heureuses les lampes qui éclairent ce tableau, si doux à l'œil, si touchant au cœur !

Mais pourquoi la porte s'ouvre-t-elle toutes les deux minutes, en laissant passer une tête dont Méduse ne voudrait pas, et qui adresse aux jeunes filles ce mot incompréhensible:

— « Venez. »

Mais pourquoi l'une d'elles se lèvet-elle comme les nonnes à la voix de Robert ?

That is the question — qui aura bientôt sa réponse :

— Vous ne venez pas pour nous faire poser, n'est-ce pas, mes enfants ?

— Par exemple !

— Ah ! c'est que, voyez-vous, je connais ça... on a bien dîné, et on dit : allons les faire enrager !... mais un moment !...

— Servez-nous du champagne !

— A la bonne heure... vous savez vivre !... Angélique ?

Une voix dans la cour : — Madame ?

— Monte, ma bonne... du champagne ! Ah ! les jeunes gens d'aujourd'hui sont bien dégénérés, je puis le dire !... Ah ! la Restauration, parlez-moi de ça ! de beaux hommes ! ça relevait le métier !... Généreux comme une ville prise, gris comme la gaieté... et pas panués !... tandis qu'aujourd'hui !... Ah ! monsieur ! c'est tous des notaires, et jamais contents ! Aujourd'hui, l'homme tue la femme et ne la paye pas ! — Il n'y a plus d'amour en France, monsieur... Moi, qui vous parle... j'ai roulé dans une voiture tout en or... mais j'ai tout bu, et les années sont venues, bonsoir! j'ai vécu avec ma beauté, et maintenant je vis sur la beauté des autres!... Malédiction !...

— Buvez-moi ça, la mère... un verre de consolation... mousseuse.

— Non, merci ; je vais au collége, reconduire mon fils... Pauvre chéri... il sera l'orgueil de sa mère !... studieux comme pas un... et gentil !... son répétiteur me l'a bien dit... c'est le plus fort de sa classe !... C'est comme son père... au billard il n'avait pas son pareil !...

— Je vous laisse... pas de bêtises ?

— Vous le voyez, nous prenons de la tisane.

— De Champagne, farceurs! n'est-ce pas qu'il est bon ? Et la Bourse ? a-t-on haussé ?

— Baisse complète !

— J'ai bien fait de vendre mes *Lyon*. Si ça continue, Adolphe aura une belle fortune, un jour, et la fortune, c'est tout. Bonsoir, mes petits agneaux ! Pas de bêtises !

PENSÉES
PHILOSOPHIQUES ET DROLATIQUES
Pour les 5 premiers mois du Calendrier (année 1854).

2 Janvier. — *Saint Basile.*

O créanciers, ô tailleurs, ô bottiers, ô couturières, ô modistes, ô vous tous, fournisseurs et fournisseuses, gardez-vous bien d'aller rendre visite à vos débiteurs le 2 janvier, ce serait prendre une peine inutile; l'argent est parti, le métal s'est fondu comme de la cire au brasier dévorant des étrennes; le vide seul, le vide affreux règne dans tous les porte-monnaie, et l'araignée solitaire commence à tapisser sa toile dans maint tiroir où les écus bruissaient joyeusement 48 heures auparavant.

Comment en vil billon l'or pur s'est-il changé?

O étrennes, étrennes maudites, voilà de vos coups!

3 Janvier. — *Sainte Geneviève.*

J'avais autrefois une femme de ménage qui se nommait Geneviève. Elle mangeait mon sucre, prêtait mes paletots à son mari, décachetait mes lettres, emportait mon bois, ne raccommodait pas mon linge, cassait mes porcelaines et faisait mille cancans sur mon compte chez le portier. Pour tout cela je lui donnais 15 francs par mois; en y réfléchissant bien, je trouve que ce n'était vraiment pas trop cher.

4 JANVIER. — *Saint Rigobert.*

Si jamais je me vois forcé de servir de parrain à un enfant dont le père sera mon ennemi intime, ce poupard s'appellera Rigobert.

6 JANVIER. — *Epiphanie.*

C'est le seul jour de l'année où les pâtissiers soient heureux comme des rois. Que de galettes on aperçoit ce jour-là, non-seulement à Paris, mais dans toute l'étendue de la France !

8 JANVIER. — *Sainte Gudule.*

Locataires dont le loyer est inférieur à 400 francs, apprêtez vos armes, je veux dire vos espèces, voici Cerbère embusqué dans sa loge, et qui vous couche en joue avec sa quittance.

15 janvier. — *Saint Maur.*

Déménagez, habitants de Paris ! Habitants de Paris, payez votre loyer ! roulez, tapissières ! circulez, voitures à bras ! brancards, pressez-vous ! Meubles qui montent, meubles qui descendent, palissandre du riche qui heurte le noyer du pauvre ; foin dans l'escalier, paille dans le vestibule, boue sur le pavé ; déménageurs qui crient, déménagés qui se plaignent ; propriétaires qui reçoivent de l'argent quelquefois, des injures très souvent ; locataires qui donnent à leur portier le montant de leur quittance, en donnant le portier à tous les diables ; un va-et-vient, un tumulte, un brouhaha universels, saupoudrés de neige ou humectés de dégel, telles sont les variations plus ou moins brillantes que Paris brode sur ton thème, ô 15 janvier !

21 janvier. — *Sainte Agnès.*

On remarquait, l'année dernière, que les marchés aux fleurs de Paris étaient beaucoup moins bien approvisionnés de fleurs ce jour-là que les années précédentes au même quantième. Le nombre des Agnès diminuerait-il à ce point dans la capitale qu'on craindrait de voir le type s'éteindre et disparaître ? Le personnel féminin de la Comédie-Française et de l'Odéon est heureusement là pour dissiper toutes craintes à cet égard ; il est impossible qu'il n'y ait pas au moins une Agnès parmi ces dames, puisque l'*Ecole des Femmes*, ce chef-d'œuvre de Molière, embellit le répertoire des deux théâtres plus haut cités.

28 janvier. — *Saint Charlemagne.*

Aux lycéens zélés qui ont été deux fois *premiers* et trois fois *seconds* dans les compositions scholaires, salut, gloire, et bon appétit ! L'empereur Charlemagne, d'universitaire mémoire, gratifie ces studieux adolescents d'un jour de congé ordinaire, et d'une heure de déjeuner extraordinaire. Une longue table en fer à cheval est dressée dès l'aurore dans le collège ; pâtés d'Amiens, mayonnaises de homards, croquenbouches, volailles lourdes, vins *légers*, tous les attributs modernes de Comus doublé de Bacchus, sont étalés à profusion devant les lauréats gastronomes. On mange, on boit, on cause, on rit, sans crainte du *pion*; après le dessert, on applaudit aux vers latins lus tout haut par un Virgile qui vient de débuter en seconde, ou aux vers français d'un Victor Hugo qui entre à peine en rhétorique et dans son seizième printemps; on applaudit au discours du proviseur, dont l'exorde traditionnel commence par ces mots bien sentis : *Jeunes élèves*, etc., et dont la péroraison renferme toujours ce trait final, admirablement frappé : *.....et vous serez un jour le fruit de la France, comme vous en êtes aujourd'hui la fleur*; on applaudit le censeur qui éternue; on applaudit le garçon de salle qui vous invite « à vous retirer, » on applaudit tout et à tout, on sort en tumulte, par groupes de trois ou quatre, bras dessus bras dessous, pour opérer une descente dans un débit de tabac voisin, où l'on fait une consommation monstrueuse de cigares de dix centimes; puis, après avoir fumé insolemment sur le boulevard, en « regardant les femmes, » on rentre chez papa et maman, avec un petit commencement de malaise, suite inévitable d'un premier cigare, et l'on prie bobonne de nous servir une ou deux tasses de thé.

Outre les collégiens, l'immortel Charlemagne a encore pour clients (ainsi le veut un dicton dont nous ne nous expliquons pas l'origine) les joueurs malhonnêtes et intéressés qui abandonnent la partie, sous un prétexte quelconque, lorsqu'ils ont réalisé un gros bénéfice; ce procédé inconvenant s'appelle *faire Charlemagne*. C'est là une grossièreté très gratuite que font, suivant nous, au grand empereur, les proverbes, cette sottise des nations. Il nous est impossible de voir dans l'illustre vainqueur de Witikind un *carotteur* de lansquenet, un renard de poules d'honneur, un *filard* de bouillotte, et c'est une tache dont sa mémoire doit être à jamais lavée. Nous recommandons cette thèse historique à la sollicitude de l'Académie des Inscriptions.

14 FÉVRIER. — *Saint Valentin.*

Saint Valentin est, comme chacun sait, le patron des fiancés et des fiançailles, de même que sainte Catherine sert de tutrice aux célibataires femelles qui coiffent à l'envi, mais à contre-cœur, cette sainte, qui ne peut pas se coiffer elle-même, à ce qu'il paraît. Sir Walter Scott, dans son roman de *la Jolie fille de Perth*, nous apprend que, tous les ans, à l'aube de la Saint-Valentin, les plus jolies filles du Perthshire embrassaient solennellement et tendrement, sur les lèvres, les plus beaux garçons du comté. Et les rédacteurs de notre Code civil croient avoir fait une œuvre complète, eux qui ont oublié d'introduire dans la législation française cette agréable coutume !

Quelle omission impardonnable ! voilà comment les bons usages se perdent !

Jeudi gras.
Vendredi gras.
Samedi gras.
Dimanche gras.
Lundi gras.
Mardi gras.

C'est pendant l'intervalle de ces six jours carnavalesques, pendant ce *gras* hexaméron que les pierrots sans préjugés et les pierrettes sans corset, les chicards à panache et les mousquetaires de percaline battent la semelle de rigueur, sous prétexte de danse, sur les planches poudreuses de l'Opéra, tandis que la maussade tribu des dominos et des habits noirs parcourt silencieusement le foyer, comme un sinistre essaim de chauves-souris, à travers les tapis rouges, les appariteurs à colliers d'argent, les sucres de pomme, les bouquets, les cuivres tumultueux de l'orchestre, la chaleur et l'ennui. Oui, l'ennui, l'ennui le plus profond, le plus atroce, le plus britannique! Vous tous, qui allez au bal masqué, et qui que vous soyez d'ailleurs, osez nous dire en face que ce plaisir de convention vous amuse véritablement !

Mercredi des Cendres.

Après l'abondance la diète, après l'orgie la carte à payer, l'huissier derrière le souper, l'hôpital en vedette de l'Opéra, les paupières cernées et les teints plombés marchant à la suite des joues roses et des yeux brillants... Ah! mardi gras, ne t'en vas pas!... Quoi! te voilà parti, mardi gras, te voilà mort, et c'est le mercredi des Cendres qui t'enterre!... Allons, il faut bien se consoler; bonsoir donc, mardi gras, bonsoir, encore une libation de champagne à ta mémoire, et que l'éternité te soit légère! Parisiens et Parisiennes, rappelez-vous que vous êtes poudre et que vous redeviendrez poudre: *Memento quia pulvis es, et in pulverem reverteris!* Ce n'est pas le tout que d'avoir coqueté dans le foyer, minaudé dans les couloirs, crié dans le vestibule, bu du romanée aux *Provençaux*, sucé des ailerons de perdreau chez Vachette, ou coupé en tranches circulaires les ananas de Bignon, pour les imprégner de sauce cardinale au marasquin, il faut jeûner maintenant, il faut se repentir, il faut regretter son argent gaspillé, son esprit mal employé, son cœur éparpillé, et le reste... Ce n'est pas tout, ô merveilleux chicards, que d'être montés hier soir à la Courtille; ce matin, il faut *descendre!*

8 MARS. — *Reminiscere.*

Un des directeurs les plus naïfs de Paris, M. Z*** (le même qui disait ne pouvoir compromettre son caractère jusqu'à faire des *courbatures* dans les bureaux), voulait donner à un enfant dont

il était le parrain désigné, le prénom de *Reminiscere*. — « Mais une chose me con-
» trarie singulièrement, disait-il à un ami
» qu'il consultait sur le choix de ce pré-
» nom, figurez-vous que j'ai cherché
» vainement la biographie de saint *Re-
» miniscere* dans la *Légende dorée* et
» dans la *Vie des Saints*. — Les hagio-
» graphes auront oublié ce saint-là, ré-
» pondit l'interlocuteur, en dissimulant
» une forte envie de rire. — Ils n'ont
» rien oublié du tout, vous n'y êtes pas!
» j'ai consulté à ce sujet le dramaturge
» C***, un savant en *us* ; il m'a assuré
» que le mot *Reminiscere* en forme deux.
» — Deux ! comment cela ? — Sans
» doute, le saint s'appelait *Remi Niscere*,
» comme moi je m'appelle Boniface Z***;
» cela s'entend. Je nommerai mon fil-
» leul Remi tout court, — sans *Nis-
» cere*. »

15 MARS. — *Oculi*.

Le fils du bon saint Eloi se nommait Oculi ; ainsi nous l'apprend la complainte :

« Quand le bon saint Eloi forgeait... »

Il nous est impossible de continuer cette

citation, qui nous entraînerait à parler, comme la noire légende, de *la maman d'Oculi* et de ses travaux filandiers. Abstenons-nous de toute indiscrétion, pendant qu'il est encore temps.

22 mars. — *Lætare.*

Lætare!... lætare, Lutetia! Paris, réjouis-toi ! Avant 48 heures, le souffle printanier va murmurer doucement sous ton ciel, chassant devant lui le mistral, les giboulées, les givres et les rafales, cette triste défroque de l'hiver. Avant 48 heures, le fameux marronnier du 20 mars montrera, aux béotiens attroupés devant sa tige, trois ou quatre échantillons de feuilles ou plutôt de folioles vertes. — Réjouis-toi, citadin, mets au champignon ton paletot de décembre, dépose la flanelle, et achète des chemises de couleur; fringantes Parisiennes, échangez le velours contre la paille de riz, le raide satin contre les légers taffetas, et le noir sombre contre le guilleret gorge-de-pigeon ! Réjouissez-vous ! réjouissez-vous ! Fouets, claquez ! chevaux, galopez ! fumez, locomotives ! (et vous aussi, cigares!) limonadiers, cassez du sucre ! restaurateurs, allumez vos fourneaux ! chefs d'orchestre, récurez vos cuivres ! voici le printemps ! voici l'été !

JEUDI 9 MARS
VENDREDI 10 D°
SAMEDI 11 D°

Pendant ces trois derniers jours, qui précèdent le dimanche de Pâques, une double solennité a lieu sur le boulevard Bourdon, contigu à la Bastille, et dans la grande avenue des Champs-Elysées ; la foire aux jambons et la foire aux lorettes (prononcez Longchamps). Quels beaux jours pour les couturières, les modistes, les cochers de coupés, les loueuses de chaises, les limonadiers de la Porte-Maillot et de Madrid, les ouvreurs de portières, les porteuses de bouquets, les marchands de choucroûte et les charcutiers! Et quand on pense qu'il y a des gens qui croient encore à l'existence de Longchamps, et qui vont sérieusement aux Champs-Elysées pour « voir les modes de Longchamps, » « les toilettes de Longchamps, » « les robes de Longchamps ! » Quel abîme de crétinisme ! Depuis dix ans, Longchamps n'est plus qu'une file double et monotone de voitures, prospectus périodique et carrossable des filles entretenues, des magasins de confections pour hommes et des inventeurs de chaussures à vis par procédé mécanique. La foire aux jambons, elle, au moins, a une raison d'être; c'est la fête du porc, cet animal si laid, si malpropre, mais si nourrissant et si utile; ce comestible y paraît sous toutes ses formes, cru, cuit, fumé, ficelé, haché, lardé, entrelardé, en jambonneaux, en saucisses, en saucissons, en cervelas, en andouilles, en andouillettes, en boudins, blancs, rouges ou noirs, en hures, en *échinés*, en poitrines salées, en hachis omnicolores. La France porcophile et porcomane est représentée là par de robustes gars à sarreaux bleus, à souliers épais, venus qui des Vosges, qui de l'Isère, qui des Basses-Pyrénées, dans de petites carrioles couvertes, et trônant majestueusement dans leurs baraques en planches, entre deux piles de salaisons.— Produits pour produits, marchandises pour marchandises, nous préférons encore ceux du boulevard Bourdon à ceux de Longchamps, le jambon à la lorette; au moins la chair du premier, si elle est fumée, n'est jamais malsaine.

Pendant les trois jours susdits, les établissements musicaux, subventionnés ou non, offrent à leurs abonnés ce qu'ils appellent des *concerts spirituels*, hachis harmoniques, pots-pourris de mélodies, où le sacré et le profane, le grave et le gai, le sérieux et le bouffe, sont assez indiscrètement mélangés. Dans une de ces solennités, nous avons ouï, de nos propres oreilles ouï, l'ouverture de *Guillaume Tell* et celle d'*Obéron*, faisant suite à l'*Ave Maria* de Cherubini !... — Quand une administration quelconque vous joue le mauvais tour de vous envoyer un ou plusieurs billets pour les concerts spirituels en question, ce qu'il y a, suivant nous, de plus spirituel à faire, c'est de ne pas quitter le coin de son feu.

Paris sur le bitume

BRIBES DE CONVERSATION RECUEILLIES ENTRE LA MADELEINE ET LA BASTILLE

Par un Sténographe.

BOULEVARD DE LA MADELEINE.

— Enchanté de vous trouver, monsieur Alphonse ; je sors de chez vous...
— Et vous ne m'avez pas trouvé ?
— Naturellement, puisque vous avez découché. Je venais pour vous parler de ma petite note...
— Je vous demande bien pardon, mais il faut que je sois à mon bureau avant neuf heures.

A L'ANGLE DE LA RUE CAUMARTIN.

— Où allez-vous, Françoise ?
— Porter une lettre à M. Anatole, de la part de madame. Et vous, Julien ?
— Remettre un billet à Mlle Paméla, de la part de monsieur.

A L'ANGLE DE LA RUE DE LA PAIX.

— Je parie que tu vas chez Tahan ?
— Et toi chez Boissier ?

— Pour acheter un *bonheur-du-jour* à ta sauteuse ?

— Pour quérir des pralines à l'adresse de ta baronne ?

— Une idée ! si j'offrais les bonbons à Julie ?

— Alors, je présenterais le meuble pompadour à la baronne ? Ça va.

— Mais à une condition : chacun aura le bénéfice de son cadeau, n'est-ce pas ?

— La baronne contre Julie, c'est entendu !

— Je te vole, mon bon, si tu savais... la baronne se couperose.

— Et Julie commence à souffrir de l'estomac... nous ne nous devons rien.

ENTRE LES RUES LOUIS-LE GRAND ET DE LA MICHODIÈRE.

— Un vieux grigou, qui ne m'a pas seulement donné une paire de bottines !

— Horreur d'homme !

A LA PORTE DE L'OPÉRA-COMIQUE, RUE DE MARIVAUX.

— Qu'est-ce que tu y as donné, au milord ?

— Trois places dans la loge de huit, garanties premier rang.
— Et combien que t'avais déjà fourré de paroissiens dans la boîte ?
— Cinq : deux mères et trois enfants.
— Et si le milord se fâche ?
— Va-t'en voir s'ils viennent ! allons prendre un canon.

DEVANT LE PASSAGE DE L'OPÉRA.

— Pourquoi ne t'a-t-il pas payé ?
— Il a eu le toupet de me dire que la loi n'accordait aucune action pour les dettes de Bourse.
— Quel gredin ! et tu ne lui flanques pas une trépignée ?
— Compte là-dessus !... un homme qui a pris pendant trois ans des leçons de savate !

A L'ENCOIGNURE DU CERCLE DES GANACHES, RUE CHOISEUL.

— On dit que la semaine dernière vous avez gagné 75,000 sur les Avignon?
— Quelque chose comme cela.
— Montez-vous un instant là-haut ?
— Merci, on joue le whist à cinq sous la fiche, c'est trop cher pour moi.

SUR LE BOULEVARD DE GAND.

— Est-ce que tu vas toujours au lans?

— Chez Clarinette? toujours.

— C'est y là que tu as connu Félix?

— Non, c'est à Bercy, dans une partie de matelotte. Y viendras-tu, toi, chez Clarinette, après souper?

— Est-ce que je peux, ma chère? Et mon boulet qui ne me lâche pas!

— Quelle scie que cet homme-là! quand donc lui donneras-tu son compte?

— Attends un peu que j'aie payé mon israélite, et tu verras!

CHEZ LE PATISSIER DE FRASCATI, BOULEVARD MONTMARTRE.

— Médéme, volez-vos faire lé *kaounnte* à *mod*?

— Madame veut-elle me dire ce qu'elle a pris?

— Oh! lé *moindré des choses*: sept petites gâteaux ici, cinq autres là, quatre autres de cette côté, trois autres de cette loui-là, un tout petite galette et deux très *grodes*.

— Cinq francs soixante, madame.

— Very well. Donnez vite à moà un *sherry-glass*, et payez-vô.

AU PASSAGE JOUFFROY.

— Tu connais cette petite femme-là ?
— Plût au ciel que je ne l'eusse jamais connue ! Elle a rincé trois de mes porte-monnaie !
— Allons-donc, et sous quelle forme ?
— Parbleu ! sous forme de robes !...
— De Boyveau-Laffecteur ?
— Mauvais plaisant !

AU CAFÉ DES VARIÉTÉS.

— Tu étais à la première ?
— Non, à la seconde.
— Eh bien ?
— Eh bien, cela a été *empoigné* d'un bout à l'autre ; on ne croit pas que cet *ours*-là aille jusqu'à la fin de la semaine.
— Alors, il faut que cela soit bien mauvais, après ce qu'ils donnent depuis quelque temps ; ce pauvre B***, cela me fait de la peine pour lui !
— Si du moins cette chute-là pouvait nous faire mettre en répétition ?
— Prends garde de le perdre ! c'est la pièce de R*** qui va passer.

— Encore un intrus ! on ne voit plus que cela dans cette boutique-là ! Et sais-tu un peu ce que c'est ?

— Deux actes, un travesti pour Madame ***

— Encore ! ah vraiment ! cette femme-là perdra le théâtre !

— Oui, en attendant que le théâtre la perde !

DEVANT LE VITRAGE DE M. DESFORGES, LE MARCHAND DE COULEURS.

— Encore un tableau de Couture !

— Ça un Couture ? allons donc, tu ne vois pas que c'est un Hamon !

— Hamon, plus souvent ! quand il fera une chasse au sanglier de ce ragoût-là, le thermomètre montera à 75.

— Comment, tu prends une distribution de prix dans un pensionnat de demoiselles pour une chasse au sanglier ! Ah ! ça, tu as donc la cocotte !

— Je te dis que c'est une chasse ! regarde plutôt à droite !

— Je te dis que c'est une distribution de prix ! regarde plutôt à gauche !

A TROIS PAS DU MARCHAND DE GALETTE DES VARIÉTÉS.

— Tiens, vois-tu Grassot, du Palais-Royal, qui marchande une tarte !

— Ah ! le malheureux ! il va se mettre sur le *flanc !*

A LA PORTE DU RESTAURANT VACHETTE.

— ... Les deux femmes se sont données de l'air, sous prétexte qu'elles avaient envie de... respirer, et le jeune homme m'a signifié qu'il n'avait pas le sou pour payer l'addition. Il a déposé sa montre au comptoir...

— C'est bien délicat de sa part.

— Et, en s'en allant, il m'a emporté six couverts.

CHEZ UN MARCHAND DE CHOCOLATS DU BOULEVARD POISSONNIÈRE.

— Madame, je voudrais du chocolat à...

— A la vanille ?

— Non, ce n'est pas assez fort.

— Au salep ?

— Non.

— Au pur caraque ?

— Non, vous dis-je !
— Au maragnano ? au houblon ? au noyer ?
— Non, non, mille fois non !
— A quel arome le désirez-vous donc?
— A l'ambre, et à dose triple ; je me marie ce matin.

AU MAGASIN DU PROPHÈTE, BOULEVARD POISSONNIÈRE.

— Quels noms harmonieux les confectionneurs donnent aujourd'hui à nos vêtements ! Voici un *coachman* !
— A côté d'une *twine* !
— Tout près d'un *tweed* !
— Pas bien loin d'un *over coat* !
— Entre un *mac-intosh* et un *gentleman* !
— Sur les confins d'un *squire*, et au bas bout d'un *D'Orsay cloth* !
— Et, dis-moi, comment trouves-tu ce *velvet waist coat* ?
— Je lui préfère un *watchman*, voire même un *hostler*.
— Ah ! voilà l'habit que j'avais rêvé ! seulement, pour être d'une étoffe aussi brillante, il porte un nom bien boueux !

— Comment ?
— C'est un *cloak !*

A L'ÉTALAGE DE MM. CHEUVREUX-AUBERTOT ET Cᵉ.

— Les belles popelines ! les magnifiques satins ! vois-tu, mon Bibi, si tu voulais être un amour d'homme, tu m'achèterais une robe...
— En laine, ça va de *soi !*

BOULEVARD DU TEMPLE, DEVANT UN RESTAURANT A 32 SOUS.

— Le rosbeef que nous venons de manger me rappelle, pour la qualité de la viande, Médor, un caniche que j'ai beaucoup aimé.
— Pas de ces plaisanteries-là, ça trouble la digestion. Tu n'as pas pris de cure-dent ?
— Le garçon m'a prié de vouloir bien les laisser pour les habitués qui nous succéderaient.
— Misérable !

Papiers trouvés dans un cabanon de Bicêtre.

(*Côté des hommes.*)

I.

16 avril 18...

J'ai passé ma soirée d'aujourd'hui dans un endroit public tellement bizarre, que je ne puis croire encore à son existence, d'autant mieux que j'ai complétement oublié son nom ; je propose donc à mes lecteurs, en guise de charade ou d'énigme, la découverte de ce nom, que je serais bien aise de connaître.

On entre dans l'endroit en question par une porte basse, assez sale et grotesquement illustrée de deux quinquets fumeux qui donnent, à cette antichambre, la physionomie d'un gymnase de danse à dix-huit sous le cachet; deux messieurs en habit noir vous accueillent à l'introït, et, après avoir reçu grâvement le petit morceau de carton crasseux que vous leur mettez dans la main, ils vous exhortent à gravir l'étage supérieur. Vous montez l'étage prescrit, et, tout à coup, vous vous trouvez dans une grande salle, divisée en cases et en compartiments, dans lesquels on dépose chaque individu, comme un parapluie, à son clou étiqueté, dans un bureau de cannes. Au fond de ce bâtiment, on distingue un grand morceau de chiffon rouge percé, je ne sais pourquoi, de deux grands trous que l'administration devrait bien faire ravauder ; en bas du chiffon, se trouve une espèce de fosse disciplinaire, une façon de cave à prisonniers, où de pauvres diables qui, sans doute, ont commis de bien grand crimes pour être punis de la sorte, se démènent comme des damnés, depuis sept heures du soir jusqu'à minuit, en tenant à la main les instruments de leur supplice. Après plusieurs miaulements lamentables sortis de cette cave, et qui m'ont attendri jusqu'aux larmes en faveur des captifs, le chiffon rouge s'est levé ; plusieurs personnes que je ne connais pas, et avec lesquelles du reste, je n'ai nulle envie de faire connaissance, sont venues nous parler tout haut de leurs affaires privées, entièrement privées d'intérêt. Passe encore, si l'histoire de ces gens-là était instructive, et si la manière dont ils la débitaient pouvait piquer la curiosité. Je t'en souhaite! Figurez-vous qu'il s'agit d'une pauvre femme qui croit son fils mort à Austerlitz, et à laquelle on cache jusqu'au dernier moment le retour de ce fils sous prétexte que la joie fait peur. On appelle cela un proverbe, autrement dit la sagesse des nations (jolie sagesse, comme vous-voyez), et il paraît aussi que les personnes en question font métier de jouer ainsi tous les soirs à tant par tête, la sagesse des nations, avec des grimaces, des tournements de bouche et des contorsions dont il m'est impossible de donner l'idée. Ce sont des gens avisés, qui ont eu l'esprit de fonder leur cuisine sur la naïveté du public. J'ai demandé comment plusieurs dames que je voyais là splendidement attifées pouvaient faire, pour payer cent mille francs de pierreries avec six mille d'appointements : on m'a répondu qu'avec de l'ordre, de l'économie et de la patience, ces charmantes personnes venaient à bout de tout. Quant aux hommes, ils m'ont paru surtout attentifs aux gestes répétés d'une quarantaine d'individus, Romains d'origine à ce qu'on dit, et qui poussent la magnanimité habituelle de leur race jusqu'à applaudir bravement les artistes qui les payent pour cela.

On m'a montré là un acteur-auteur qui joue et admire ses pièces, et enfin un ménage d'auteur-acteur et d'actrice-auteuse qui se jouent et s'admirent à qui mieux mieux. Le directeur de ce monument devrait bien donner la liberté aux hommes qui sont renfermés dans sa cave. Les gémissements de ces malheureux doivent singulièrement troubler son sommeil.

II.

2 mai 18...

J'ai été hier la victime d'une horrible mystification à propos de bal public, oui, de bal public, ou, si vous l'aimez mieux, de *bastringue* : figurez-vous, en premier lieu, que je n'avais jamais fourré la patte dans aucun de ces temples de Terpsichore (vieux style), et notez, en second, que la scène se passait allée des Veuves, chaussée de Clignancourt ou dans tout autre endroit analogue, je veux dire *dansalogue*.

L'ami qui m'a joué ce tour, avait promis d'étaler, devant mes yeux, les enchantements d'Alcide, les féeries d'Armide ou les mille changements à vue des frères Cogniard, que sais-je, moi ?.. J'arrive, j'entre et je vois... 1º un contrôleur ; 2º un bureau de cannes ; 3º des arbres en ferblanc ; 4º des vases antiques en carton ; 5º un bassin à jet d'eau et à poissons rouges ; 6º un essaim de danseurs suants et hors d'haleine, passant et repassant autour de l'orchestre, comme des phalènes qui viennent brûler leurs ailes à la flamme d'une bougie, braves gens fort à plaindre, du reste, et que l'administration doit payer bien cher, puisqu'ils s'exposent de gaieté de cœur, par une gymnastique si fatigante, aux flèches aiguës du rhumatisme ou à l'impitoyable fluxion de poitrine; puis, brochant sur le tout, une ronde-major de promeneurs plus tristes que le spleen, plus ennuyeux que la pluie ; spectres ambulants dont la vie ne semble plus être qu'un bâillement immense et qui errent çà et là, le cigare à la bouche et l'argot de coulisse aux lèvres ; des lorettes, des *biches* et des étudiants, au teint plus fané encore que leurs chapeaux, en dépit de la céruse et du rouge d'Angleterre : des adolescents décrépits courant la bague sur des chevaux de bois et des vieillards guillerets se laissant gagner, par ces dames, des porcelaines au billard chinois ; tous ayant l'air d'assister à leurs propres funérailles et de chanter, à bouche fermée, le *De profundis* irrémissible de la vieille gaieté française.

— Pasques Dieu ! dis-je à mon compagnon, je n'aurais jamais cru que l'on s'amusât tant que cela à Paris !

Après tout, cher, la réflexion la plus bouffonne comme aussi la plus naturelle que suggère un pareil spectacle à celui qui le fréquente, n'est-elle pas celle-ci ?

— Qu'on s'enrichit plus vite et plus sûrement en dotant ses concitoyens d'une création de ce genre, qu'en leur faisant hommage d'une œuvre noble et belle ou d'une invention utile. Soyez

Malfilâtre, Palissy, vous êtes presque sûr de mourir affamé à l'hôpital ; mais ouvrez un bal public, montrez à la foire un phoque à deux têtes ou mettez en vente une drogue malsaine, et les métalliques de tous pays pleuvront à l'instant dans le tiroir de votre caisse. Les charmants enfants que nous sommes, mes bons frères les Parisiens !

N'est-ce pas le cas, dites-moi, de citer à ce propos, ce passage de l'Evangile inédit, dicté naguère à ses acolytes par l'un des plus fameux veaux d'or de la Bourse : Bienheureux les hommes sans préjugés ! la pièce de cinq francs est à eux !

III.

26 juin 18...

Je suis allé ce soir dans un lieu public dont tous les clients sont célèbres, — ils le disent du moins. C'est, — découvre-toi, — le café des Variétés, contigu au théâtre du même nom. Journalistes, vaudevillistes, harmonistes, instrumentistes, portraitistes, paysagistes et droguistes, toutes les sections de l'art se coudoient dans ce réfectoire universel.

— Tous ces messieurs qui nous entourent sont donc bien décidément illustres? demandai-je au garçon qui me servait.

— Tous, me répondit-il. Mais ce qu'il y a de plus étonnant, c'est qu'ils ne sont fameux qu'ici ; car je vous certifie qu'une fois dehors, ce sont des gens fort ordinaires.

— Et à qui doivent-ils leur réputation *intrà muros?*

— A moi, oui Monsieur, à moi seul.
— Comme le Desgenais des *Filles de marbre,* je fais les autres, et je les fais même si adroitement, que la célébrité de mes pratiques croît toujours en raison directe de l'importance de leur consommation.

— C'est original.
— N'est-ce pas, Monsieur?
Voici mon tarif d'illustration : pour une simple demi-tasse ou une chope modique, vous restez obscur, complétement obscur; le gloria ou la canette vous font sortir des ténèbres; après deux absinthes frappées ou une bava-

roise au chocolat, vous passez homme d'esprit; le punch au kirsch vous improvise homme de talent, et le déjeûner à la fourchette vous salue homme de génie. Voulez-vous un déjeûner à la fourchette, Monsieur?

— Non, je me contenterai de la simple demi-tasse.

— Vous avez tort; j'aurais fait de vous un critique bourgeoiso-influent ou un dramaturge-loret de la dernière couvée.

— Grand merci.

— Savez-vous que c'est à moi que Grassot doit le succès de ses hurlements; Marie Cabel, les bravos qui accueillent ses points d'orgue, et les *Cosaques*, leurs 150 représentations? Tout Paris, Monsieur, c'est le café des Variétés, et le café des Variétés, c'est moi.

— Garçon, vous avez quelque chose de Louis XIV...., dans le nez.

— Les paradoxes de M. Méry, les mots de M. Gozlan, les boutades de M. Legendre m'appartiennent en pleine propriété; je les revendique. Il y a des lecteurs assez actionnaires pour se figurer que les chroniqueurs les plus amusants de Paris sont MM. Nemo, André et Paul d'Ivoy; que deviendraient ces trois Messieurs, si je n'étais pas là pour revoir leurs articles?

— Et dites-moi, garçon, les canards du *Constitutionnel* et les tragédies de l'Odéon, tout cela émane-t-il aussi de vous?

— Monsieur, ne parlez pas du *Constitutionnel* devant moi, je vous en prie, ce mot-là m'agace les nerfs.

— Et les tragédies?....

— Monsieur, si vous continuez sur ce ton, je serai obligé de vous dire quelque chose de désagréable.

— Allons, allons, garçon, il y a du bon chez vous, il faut le reconnaître. Au revoir.

IV.

14 septembre 18...

Aimez-vous les jockeys? on en a mis partout. Etes-vous passionnés pour le turf, sectateurs des racers, fous des stakes, admirateurs des handicaps, fanatiques des hostlers, et amis dévoués du sport? Alors, faites aujourd'hui comme le peuple le plus spirituel de la terre.

Allez au Champ-de-Mars, malgré le vent et la pluie, et, les pieds dans l'eau comme les palmipèdes, assistez, bouche béante, aux courses de la Société d'encouragement. Un provincial trop curieux demandait, avant-hier, à Mlle Ozy : — La Société d'encouragement, qui diable peut-elle encourager? — Elle encourage les jockeys à maigrir et les chevaux à se consoler, répondit l'aimable comédienne.

Un autre tic d'outre-Manche, que ces courses-là encouragent aussi, un goût britannique qu'elles développent chez nous avec une intensité persistante, c'est la manie des paris. On est véritablement effrayé lorsqu'on entend, depuis les tribunes découvertes jusqu'à l'enceinte des tertres, se croiser et s'entre-croiser, comme un feu de file infiniment trop prolongé, le bruit des engagements : — 6 fr. 50 c. pour *Bataclan* contre *la Rosière!* — Je tiens les 6 fr. 50 c. — 3 fr. 75 c. pour *Royal quand même!* — 2 fr. 50 c. pour *Nicotine* contre *Gagne-Petit!* — Mes bottes pour *le duc de Richelieu?* Il est impossible qu'on ne soit pas très promptement enrichi ou ruiné avec des gageures aussi folles. — Ce bai-brun-là me porte décidément malheur, disait à côté de moi un jeune commis en nouveautés; croiriez-vous qu'aujourd'hui même il vient de me faire perdre trente sous? — Jeune homme, lui répondit un facétieux voisin, au lieu de faire des gageures à vol d'oiseau, soyez plus discret sur le chapitre de vos paris, et gardez pour vous ces mystères paris de Paris.

Je vous parlerais bien aussi des dandies en ferblanc qui portent des voiles verts sur leurs chapeaux, et des disques de carton numérotés à leurs boutonnières, comme les articles d'un magasin à prix fixe; je vous dirais bien quelques mots des lorettes décrépites qui croient jouer la duchesse dans leurs voitures armoriées, en exhalant un parfum de musc et d'ambre qui tue les éléphants à quinze pas, et en parlant un anglais beaucoup trop charabia pour être approuvé par M. Robertson.

Je pourrais m'égayer encore avec vous sur le compte du prétendu Stud-Book français, des entraînés, des entraîneurs, et de la fameuse poule des produits, ou plutôt du produit des poules, que chaque produisant couche en joue; — ils ne veulent pas qu'on mange la poule sans eux. — Mais tout ce caquetage n'est déjà que trop long, et finirait par être pris pour une de ces pharamineuses réclames blago-hippiques qu'insèrent chaque semaine les journaux qui se croient obligés de protéger le fumier et l'écurie.

IV.

3 octobre 18...

Ah ! les compositeurs ! les compositeurs !

Et pourtant, voyez la bizarrerie, j'en connais un spirituel comme quatre hommes d'esprit et un caporal.

Il vient de débarquer à Paris avec sa verve et ses trésors de mélodie.

Je ne sais d'où il vient ; c'est peut-être d'Italie, mais, en tout cas, ce n'est pas de Pontoise, à cause du proverbe.

Entre autres compositions, il nous apporte un opéra en trois actes intitulé : *La Caverne du Désespoir.*

Pas de M. Scribe.

Admis chez M. Perrin, il lui a tenu le langage suivant, ou à peu près :

— J'aime la musique, j'aime les directeurs, j'aime le succès.

Je vous apporte un opéra en trois actes, inédit.

Il a été refusé deux fois.

La première fois à Naples.

La seconde fois à Vienne.

A Naples, je suis présenté à un petit homme dont j'ai oublié le nom, que je n'ai jamais su.

Il me refuse, il me refuse net.

Cet homme jouissait de l'estime générale et d'une excellente santé avant ma visite : on l'enterrait deux jours après.

A Vienne, un grand maigre, Allemand de nom et de cœur, me congédie avec politesse et mon rouleau.

Le soir, on m'apprend qu'il a été écrasé en sortant de son théâtre.

J'allai à l'enterrement de l'Allemand, comme j'avais été à l'enterrement du Napolitain.

Je n'ajouterai qu'un mot à ces deux faits, dont tout le monde vous affirmera l'authenticité :

— Monsieur, voici mon opéra.

Ayant rencontré hier M. Perrin, j'ai tout lieu de croire que la *Caverne du Désespoir* est reçue.

VI.

15 novembre 18...

La famille disparaît de jour en jour; le corps social se démembre; chacun est trop occupé de ses propres intérêts pour songer à ceux de ses parents.

L'agiotage, l'égoïsme, les cafés, la Bourse, la cote, le commerce, en un mot, a détruit la famille. Le temps est un capital, le plus précieux de tous, et notre époque connaît trop bien sa valeur pour le dépenser en relations amicales, en réunions de famille, en poignées de mains, en services désintéressés. Le corps a entraîné l'âme, et les piles d'argent l'ont étouffée. Les hommes ne se parlent plus d'intérêts entre eux, si ce n'est à 6 0/0, plus 1/8ᵉ de commission.

Les restaurants à prix réduits, les cercles et les estaminets ont puissamment contribué à sa destruction. Autrefois, après une longue journée de travail, toute la famille se trouvait réunie autour de la soupière. Là, chacun oubliait ses occupations, ses tracas, pour se mêler à la conversation générale.

C'était en quelque sorte une purification morale. L'esprit se nourrissait en même temps que le corps. Aujourd'hui, tout le monde mange, personne ne dîne !

Pauvre Ruy Gomez de Silva, sais-tu ce que nous faisons de nos portraits de famille ? Des devants de cheminée !

Mais, si vous recevez un pot de fleurs sur la tête, le jour d'un chapeau neuf ;

Si la place que vous postulez vous est refusée sur la recommandation d'un personnage puissant et hostile ;

Si votre réputation est outrageusement calomniée ;

Si votre propriétaire vous donne congé ;

Si tous les concierges et tous les portiers refusent votre mobilier ;

Si votre femme, partie pour aller prendre un bain, reste trois jours absente du lit de sangle conjugal ;

Enfin, si tous les malheurs fondent sur votre sinciput, vous pouvez être convaincu que votre famille s'occupe de vous.

Les parents sont des ennemis donnés par la nature.

L'Académie française, cette vieille folle, finira par perdre tous ses cheveux. L'automne littéraire a commencé !

A l'heure où j'écris ces lignes, il lui manque trois cheveux :

Ancelot,
Saint-Aulaire,
Baour-Lormian.

Le premier était un cheveu de femme ; le second était un crin ; le troisième était une tresse.

Et le temps, le plus impitoyable décoiffeur, s'est amusé à les arracher de l'occiput de l'Académie ! Aussi s'est-elle coiffée de quarante perruques !

Trois poils sont proposés, en remplacement des trois cheveux :

Jules Janin,
Philarète Chasles,
Ponsard...

Le plus grand titre de Jules Janin l'immortalité, est de n'avoir pas commi d'*Études sur la littérature étrangère*.

Philarète Chasles se vante de n'êtr pour rien dans l'*Ane mort*.

Ponsard donne sa parole d'honneu

qu'il n'a jamais lu les ouvrages précédents.

Ponsard a des chances.
Moi, je propose :
Duvert,
Lauzanne,
Arnal.

Duvert, parce qu'il n'est pas encore académicien.

Lauzanne, parce qu'il ne peut se séparer de Duvert.

Et Arnal, parce qu'il égaierait les fauteuils immortels.

Nous verrons bien qui l'emportera !

VII.

16 novembre 18...

Je fais semblant de rire, mais je n'en ai pas envie.

Je les connais bien, malgré mes divagations, ceux qui seront nommés, je les connais !

Le grand Balzac est mort en souriant au pont des Arts : les dindons l'ont bien passé !

Alexandre Dumas n'en sera jamais ;

l'avenir lui réserve l'immortalité des succès !

Et Béranger? et George Sand?

Vous me direz : — mais George Sand est une femme !

— Eh bien ?

— Eh bien, à l'Institut, cela se passe entre z'hommes.

— Vous croyez ? pour moi, je n'en crois rien.

Je nommerais George Sand, et, sur le fauteuil qu'elle ne pourrait occuper, par droit de naissance, je placerais *Valentine, la Mare au Diable, François le Champi, Jacques*, et toutes ces admirables pages, signées de son esprit et de son cœur, plus encore que de son nom.

Mais je ne suis rien, rien de rien.

Que votre très humble souffleur.

VIII.

9 décembre 18...

Le récit d'un crime, d'un vol ou d'un accident est toujours suivi, dans nos feuilles à cinquante-deux francs par an, de ces mots : « la justice informe. »

Sans vouloir connaître le sentiment qui dicte cette éternelle phrase au rédacteur en chef des faits divers, je ne puis m'empêcher de signaler ici son imperfection.

Et d'abord, voyons ce que pense notre vieux Boiste du mot informe, appliqué si gratuitement à la justice.

INFORME, adj. 2 g. — Qui n'a pas la forme qu'il devrait avoir; imparfait.

Donc, si la justice n'a pas la forme qu'elle devrait avoir, si la justice est imparfaite, le journal devrait être aussi généreux que timbré, c'est-à-dire n'employer qu'une fois par an, le 1er janvier, je suppose, cette définition ironique, qu'il répète journellement.

Moi, si j'étais grand format, je renverrais à M. Mirès ceux qui se permettent encore cette plaisante phrase; les condamner à la lecture du *Constitutionnel* serait ma plus douce vengeance.

Dans un pays où la police est si bien faite, (pas un bossu!) il est de toute outrecuidance d'écrire encore : « la justice informe. »

IX.

Vendredi 13 février 18...

Je suis de ceux qui croient à la méphistophélique influence du vendredi. Ainsi, je n'assassinerais jamais mon portier un vendredi ; — un vendredi, je ne mangerais pas de chocolat ambré ; — je ne prêterais pas deux millions à mon meilleur ami, un vendredi ; — et, pour en finir, il est bien des choses que je fais tous les jours, et que je ne ferais pas un vendredi !

Voyez d'abord la longueur démesurée de ce mot : vendredi. — Il sent le soufre, et la queue de Satan s'enroule autour de chacune de ses lettres. — On entend comme un rire sardonique, la flamme vous étouffe, et Pluton agite son rouge étendard, qui porte en caractères de feu: « VENDREDI ! »

Je suis né un vendredi, et je vais me marier bientôt !

Je suis né un vendredi, et ma femme me portera malheur !

Si j'ai des cors aux pieds — et à la tête — c'est que je suis né un vendredi !

Si j'étais né un lundi, je serais joyeux, spirituel et ingambe. — Si j'étais né un mercredi, Hyacinthe serait mon esclave. — Si j'étais né un jeudi, ma vie serait une longue récréation. — Si j'étais né un samedi, j'aimerais les petits canots qui vont sur l'eau. — Si j'étais né un dimanche ou un mardi, j'aurais aimé M. Dennery et compris M. Paul Féval. Mais, hélas ! hélas ! je suis né un vendredi !

Après six jours d'un sublime travail, Dieu s'est reposé un jour, et ce jour est devenu le jour du repos universel : dimanche !

Après six jours d'un infernal travail, Satan s'est reposé un jour, et ce jour est devenu le jour de la damnation universelle : vendredi !

Vendredi est le dimanche du Diable !

X.

22 mars 18...

..... Et moi, je soutiens que la femme est un livre et l'univers un immense cabinet de lecture. Que de femmes tirées à cent mille exemplaires ! — droits de traduction (devant le juge de paix) réservés !

L'hospice des enfants trouvés me semble une bibliothèque de tomes dépareillés ;

La jeune fille, un livre dont les pages n'ont pas encore été coupées ;

La femme mariée, un livre relié — en chagrin ;

La femme enceinte, un livre revu et — considérablement augmenté ;

La femme entretenue, un livre broché — et de cabinet de lecture — gras et taché ;

(A l'endroit où on le quitte, on fait une corne) ;

La vieille fille, un livre sans lecteurs, comme celui de M. Nicolardot.

A vingt ans, la femme est un volume Charpentier ;

A trente ans, c'est un in-quarto ;

A cinquante ans, c'est un bouquin ;

Les officiers de cavalerie en retraite leur servent de quais.

XI.

12 avril 18..,

Je nie les tables tournantes ! je nie les chapeaux tournants, et tout ce qui tourne sans y être forcé. Mais, — quelle est la chose qui n'ait pas son mais ? — mais je constate les pions tournants, et je m'explique :

L'autre jour, des collégiens — ces tuniques sont sans pitié ! — s'amusaient, en l'entourant de leurs doigts superposés, à faire tourner leur pion...

Je me fais un devoir d'ajouter que c'est en bourrique !

XII.

14 avril 18...

Il y a quelques années, un dimanche, je crois, à Saint-Cloud, si j'ai bonne mémoire, certain mendiant, tout de guenilles habillé, prédisait l'avenir à ceux dont la confiance allait jusqu'à lui confier leur main droite ou gauche, pendant cinq minutes, et cela, moyennant deux sous.

Au moment où je me mêlais aux gens de toute sorte qui l'entouraient, un petit bonhomme lui présentait sa main droite.

« Mon enfant, dit après un ample examen le saltimbanque révélateur, un jour, vous roulerez voiture ! »

Je viens de rencontrer, sur le boulevard, l'enfant en question. Le devin de village n'a pas menti : — Il est cocher de fiacre !

XIII.

21 avril 18...

On dit, — on dit tant de choses ! — on dit que l'exposition de peinture (en 1855) tiendra ses cadres dorés allée des Veuves, à dix pas — de mazurka — du jardin Mabille.

Cette nouvelle est terrifiante. En tous temps les promeneurs nocturnes y ont été exposés ; aujourd'hui c'est le tour des peintres.

Allée des Veuves ! allée des Veuves ! ces trois mots sont gros de gourdins, d'attaques, de poignards et de sang.

M. Charles Rabou, M. Charles Rabou lui-même, a écrit des volumes sous ce titre, et quels volumes !

On y assassine à midi, allée des Veuves ! — Allée des Veuves, on vous vole votre mouchoir à trois heures du matin.

Malheureux artistes!—veuves malheureuses!

C'était le cas ou jamais de débaptiser cette fâcheuse allée des Veuves; on l'a appelée avenue Montaigne. Si on nous eût consulté, on l'eût nommée avenue Courbet.

N'est-ce pas honorer les arts et les artistes que de prendre le nom de celui qui a glorifié les artistes et les arts!

Qui oserait lutter avec l'auteur des *Lutteurs* ?

Ils étaient sales, c'est vrai, mais qu'ils sont forts, ces fameux lutteurs! — Ils avaient déposé bien loin leurs hottes et leurs crochets (quelle attention!).— Ce n'étaient plus des chiffonniers, c'étaient des lutteurs sales et forts !

Et l'arc de triomphe, qui assistait au combat, calme comme il appartient à tout bon monument !

Quel réalisme!—On croyait voir l'arc de triomphe lui-même! — On y eût monté pour assister à la représentation de l'Hippodrome, n'eût été le respect qu'on devait à la peinture et la présence du gardien!

Et les *Baigneuses !* Quelle touche ! quel coloris ! Honneur au pinceau qui a su rendre la timidité et l'étonnement d'une paysanne de quarante-cinq ans, qui va se baigner pour la première fois !

XIV.

7 mai 18...

On bâtirait tout un quartier, on comblerait les fosses nasales de trois cent mille priseurs, on remplirait tous les vestiaires de France, avec les pierres de la maison de Shakespeare, les tabatières de Napoléon et les cannes de Voltaire.

Les collectionneurs ont des manies étranges. J'en connais, pour ma part, une centaine qui possèdent le tricorne du grand homme, l'épée avec laquelle il a vaincu, et la plume avec laquelle il a signé son abdication. Bien entendu, chacun d'eux croit avoir la véritable épée, l'authentique chapeau et la vraie plume.

Et celui qui, le premier, a dit : « têtu comme un mulet, » ne connaissait pas les collectionneurs, — ces êtres amphibies, moitié juifs, moitié artistes, qui absorbent les détritus de tous les corps d'état; et qui semblent choisir les plus petites choses pour y accoler les plus grands noms.

Les collectionneurs sont généralement académiciens, vieux et maniaques, quand ils ne sont pas auvergnats. Ils n'ont ni famille, ni amis, ni affections; Paris, pour eux, ne se compose que d'une vingtaine de bric-à-bracqueurs, leurs amis et complices; la plus belle fille d'Ève, après la pomme, ne saurait valoir une figurine taillée dans une vieille bûche par un porcher désœuvré et du XIIIe siècle; un fauteuil de président à la Cour de Cassation ne le dérangerait pas d'une chaise percée du temps de Henri III.

Le collectionneur marié est la chose la plus désopilante du monde. La chambre à coucher de sa femme lui est complétement inconnue; il entre à peine dans la salle à manger; mais, où il vit réellement, où son cœur s'épanche, où son cœur grandit, c'est dans un petit coin de son grand appartement. Là sont ses pantoufles; là aussi sont ses affections. Il cloue, il décloue, il range, il dérange, il époussette lui-même la chère poussière de son cher cabinet, il se mire dans ses vieilles cuirasses, il se drape dans d'illustres guenilles, il se roule dans une divine fange. Rien ne saurait le déranger : il est isolé de l'univers entier ; insouciant de l'avenir, il marche à la conquête du passé. — Sur sa porte et dans son cœur, vous lisez : « Le public n'entre pas ici. »

Ah ! vous pouvez bien le faire... tout ce que vous voudrez ! Une femme ne saurait l'inquiéter, lui qui vit dans un sérail ! Mais si, par hasard, vous lui enlevez une vieille ferraille convoitée depuis longtemps, il répétera partout : — Ce gredin-là m'a sganarellisé.

Moi, si jamais je songe à la collection, ce sera pour collectionner des collectionneurs.

*
* *

J'en connais un, un gros, un frénétique, un enragé, un à tous crins, un collationneur de forte trempe.

Il a commencé par collectionner les tabatières ; il a vendu ses tabatières pour collectionner les boutons, depuis les habits les plus reculés jusqu'à nos guêtres ; il a changé ses boutons contre une armée de clefs ; ses clefs ont été remplacées par une infinité de visières de casquette. — De tabatières en boutons, et de clefs en visières de casquette il n'a conservé qu'un seul objet, la tabatière de Napoléon Ier, la véritable, bien entendu.

Il marche la tête baissée, l'air rêveur et les bras croisés, un farceur lui ayant dit qu'il avait quelque chose de Napoléon Ier — sa tabatière.

XV.

11 juin 18...

Il est plusieurs choses, en ce très bas monde, qui me divertissent fort. Il en est une surtout que je ne veux pas laisser inaperçue.

Il vous est arrivé bien souvent, j'aime à le croire, d'aller rue Saint-Lazare pour prendre le chemin de fer de Rouen ; — boulevard Montparnasse pour saisir le chemin de fer de Rennes; — place Roubaix pour envahir le chemin de fer du Nord ; — assez de citations, n'est-ce pas ? — Muni de votre billet (moi, je prends toujours les troisièmes,) vous êtes-vous amusé à regarder la composition du train qui doit vous conduire à destination ?

Les troisièmes sont à côté de la locomotive ;

Les secondes viennent ensuite ;

Les premières forment la queue ;

L'administration semble dire au machiniste, en classant ainsi ses voitures :

Démantibulez les troisièmes ;

Ecrasez un peu, si vous voulez, les secondes ;

Mais respectez surtout les premières.
— Si un choc a lieu, — et ils ont souvent lieu les chocs !

Les troisièmes sont — gibusées.

Les secondes sont — légèrement déformées.

Les premières sont — indemnisées.

Ainsi va le monde — et la locomotive.

XVI.

8 juillet 18...

On dit — je ne sais trop pourquoi — sale comme un peigne. J'ai chez moi plusieurs peignes qui sont loin d'être sales — comme un peigne.

Mais en revanche, je connais des

notaires, des claqueurs, des peintres, des huissiers, des ambassadeurs, des employés — très sales.

Pourquoi alors ne dit-on pas :
Sale comme un notaire ;
Sale comme un claqueur ;
Sale comme un peintre ;
Sale comme un bureaucrate ;
Au lieu de — sale comme un peigne.

XVII.

5 août 18...

Diderot écrivait à Mlle Voland : — Je cite textuellement — « Une huitaine de complaisances mal entendues peut vous briser... »

Cette phrase a fort embarrassé moi et les miens.

Je l'ai relue une huitaine de fois, our le moins, et j'ai toujours interompu ma lecture pour crier à tous umons : — Mon Dieu ! mon Dieu ! u'est-ce que cela peut vouloir dire ? u'entendait-il, Diderot, par une comlaisance ? Comment une complaisance, épétée huit fois, peut-elle briser Mlle Voand ou toute autre ?

Faut-il impliquer de cette phrase qu'un mari ou un ami — Mlle Voland était l'amie de Diderot — ne doit pas avoir de complaisances mal entendues pour sa femme — ou son amie, bien entendu ?

Ou bien encore... — Non.

Mon Dieu ! mon Dieu ! qu'est ce que cela peut vouloir dire ?

Donc, il ne faut pas avoir de complaisances pour sa femme — il faut la battre, — la priver de nourriture, — de divertissements, — de dentelles et de Brillat-Savarin, — car, — oui, Monsieur ! — vous la briseriez !

Mais, si la femme se prête aux complaisances de son mari, — si elle les lui demande à genoux, — le mari, en devenant complaisant jusqu'au huitième degré, cesse-t-il d'être briseur ?

Je suis dans un embarras extrême ! (*ter*).

..... « Des complaisances qui peuvent briser..... »

Mon Dieu ! mon Dieu ! qu'est-ce que cela peut vouloir dire ?

XVIII.

6 août 18...

La décadence est une chose affreuse. Elle s'attache à tout; elle dégrade tout : d'un Obélisque elle fait un Rambuteau ; elle brise nos idoles après avoir renversé nos autels; elle aune notre pourpre et la travestit en rideaux de cabaret ; elle démolit nos statues à coups de pioche, et nos croyances à coups de paradoxe ; son argile est de la boue, ses géants des nains; elle dépeuple le passé, elle le rapetisse à sa taille ; elle escompte le présent, elle escamote l'avenir. La décadence est partout, dans tout. Votre chapeau, décadence ! votre paletot, décadence ! vos bottes, décadence ! vos dieux, décadence ! votre progrès, décadence ! votre amour, décadence ! votre amitié, décadence ! vos feuilletons, vos drames, vos toiles, vos marbres, vos bronzes, décadence ! décadence ! Je vous le dis, tout n'est que décadence !

Et vos chansons mêmes..... décadence !

Soyez un grand homme; violez la Renommée (cette marchande de robinets); et quand ses trompettes d'or auront répété aux quatre coins du monde vos vertus, vos œuvres, votre nom, un nourrisseur intègre, mais farceur, choisira ce nom même, votre nom, pour en baptiser le bœuf gras !

Et libre à vous de répéter avec le Georges de *la Dame Blanche :*

.... Je regrette
De n'en pouvoir être que le parrain !...

XIX.

8 août 18...

Un drôle, un crétin, gros, trapu, obtus, et toutes les rimes en u (il est marié), né de parents pauvres, mais voleurs, s'avise un beau matin de songer à son établissement. Il se fait fruitier, pour utiliser les fruits de son éducation, une éducation d'Auvergnat. Il est fruitier, c'est entendu. Il va à la halle; il fend le bois de la voisine, et la tête du voisin; tous les lundis, il bat les murailles; les autres jours, c'est sa femme; il vend de la chicorée cuite, des poires, du raisin : son fromage de Brio et son petit dernier marchent tout seuls ; il enflera votre note, si vous ne le payez pas régulièrement ; d'un extérieur crapuleux, d'une conversation sans suite, comme les rois des théâtres de banlieue, il jouit de l'estime de son quartier.

Tout cela est fort bien, et quant à moi, je n'y vois pas d'inconvénient.

Mais, savez-vous le nom qu'il tient de ses parents, le savez-vous ?

Votre fruitier s'appelle Léonidas !... Oh ! David !...

XX.

22 août 18...

Lorsque je songe à l'Italie, à ce ciel bleu comme une bride de chapeau, à ses nuits étoilées, à ses jours odorants ; à cette terre où Dieu a semé ses plus belles fleurs, où les hommes ont laissé leurs plus grands souvenirs, mes paroles se rhythment et mes yeux répandent des larmes de douze pieds — avec césure.

Oh ! ma pauvre Italie, tu n'étais qu'une fleur, et la décadence t'a fanée, et le vent de nos paroles t'a effeuillée !

Des langues de chien hachées et mêlées à un oignon infect, nous sont débitées chaque jour sous la rubrique de fromage d'Italie !

* *

Pompeï est une station de chemin de fer !

* *

Où allons-nous, où allons-nous ?
Au progrès, en omnibus !
En chaise de poste, au néant !

XXI.

23 août 18...

Tenez, après tout, c'était un honnête garçon et un charmant esprit ; il s'est noyé et il a eu raison.

— Il aurait pu se noyer dans ses larmes, il a préféré la Seine ; hier, c'était un pantalon, un gilet, une chemise et un paletot ; aujourd'hui, ce n'est plus qu'une épave. — Il n'a pas attendu la mort, il l'a bue ! Nous l'avons vu ruisselant et inanimé ; il nous léguait deux cigares éteints et le soin de congédier sa femme de ménage, plus une pièce de vers avec laquelle nous avons allumé une bougie. Décidément, il a bien fait de se noyer. — Pauvre ami !

XXII.

26 août 18...

Une maison, une vieille maison, une sale maison, située aux abords de l'Hôtel-de-Ville, s'est écroulée, il y a trois ans.

Ce que je vous apprends là n'est pas neuf, mais c'est toujours palpitant. — Or, voici ce que j'écrivis alors sur mon album, à propos de ce démolitif événement :

Sous les ruines, on a découvert sept cadavres !

Mais on s'émeut moins à ce chiffre d'aplatis, en songeant à celui qu'elle aurait pu aplatir.

Il est du devoir de Paris de faire rebâtir cette baraque aux frais de ses contribuables.

Ils sont nombreux, qu'ils se fouillent.

Une vieille maison s'est écroulée, un palais s'élèvera.

Ce sont de chétives pierres qui gisent sur la place déserte ; ce seront des blocs de marbre qui encombreront ses abords grouillants.

La mission est grande, nos concitoyens la comprendront tout entière.

Nous ne nous adresserons pas à leur cœur, ils n'en ont pas; mais à leur bourse.

La caisse est ouverte; en avant la grosse caisse!

Mais, diront-ils, c'était une mauvaise maison. Oui, c'était une très mauvaise maison : si elle avait été bonne, elle ne se serait pas écroulée, répondrons-nous.

Mme Grognard, locataire, a fait preuve d'un courage et d'une diète au-dessus de tout éloge.

Admiration et dévouement, c'est notre offrande à nous.

Mme Grognard, qui connaît notre respect pour le beau sexe, dont elle ne fait pas partie, a bien voulu nous autoriser à ouvrir cette souscription.

Lorsque nous lui avons fait part de nos intentions, elle sortait de chez un marchand de vins, et a paru fort émue.

Elle nous a tendu la main et nous a dit : courage! oui, courage!

Notre illustre sculpteur, X***, Italien

d'origine et Auvergnat de cœur, s'est mis à notre disposition pour les ornements.

Notre illustre peintre Z*** se charge des peintures.

Oui, courage !

Plusieurs orgues de Barbarie nous ont offert leur répertoire !

Lazary nous promet des artistes !

Oui, courage !

« Donnez, donnez, sur cette terre;
» Madam' Grognard vous le rendra ! »

La souscription est ouverte ; qu'on se fouille !

. . . .
. . . .

Papiers trouvés dans un cabanon de Bicêtre.

(Côté des Femmes.)

L'amour est un pique-nique, où chaque convive cherche à faire payer son écot à l'autre.

*
* *

L'amoureux payant est une bûche économique, créée et mise au monde pour chauffer à ses dépens les jolies femmes.

Payant ou payé, il faut qu'un homme à femmes opte entre ces deux rôles.

* * *

Le remords pèse bien moins sur l'estomac que le homard.

* * *

Une habituée de Mabille peut, à la rigueur, se passer de considération ; mais de bottines, jamais.

* * *

Pour certains restaurateurs, le bordeaux-médoc n'est que du bordeaux médiocre ; ils servent ce vin comme ils le prononcent.

* * *

Je ne sais pourquoi, mais il me semble que je serais flattée d'être demandée en mariage par un pacha à trois queues.

* * *

Le désir est la sauce aux truffes de la pensée.

* * *

Si j'étais recherchée par deux Turcaret, qui me fissent cadeau du château d'Eu et de ses dépendances, je leur promettrais volontiers de les aimer pour *Eu* même.

☆

Pour une femme moderne, il y a des rôles historiques qu'il serait bien difficile de soutenir jusqu'au bout : celui de Jeanne d'Arc, par exemple.

☆

Jeunes actrices, entre deux amoureux qui vous dédient, l'un une pièce de vers et l'autre une pièce de rhum, n'hésitez pas, prenez la pièce de rhum.

☆

Un de mes soupirants, qui mange de l'ail, m'a envoyé, pour ma fête, une cave à odeurs ; j'ai accepté la cave, et j'ai expulsé le soupire — ail.

☆

Que de villageoises couronnées à Nanterre, si l'on pouvait être en même temps rosière et nourrice !

☆

L'amour est une infamie à deux ; — voilà mon opinion.

Je suis sûr qu'Hyacinthe évente son nez, pendant la canicule, pour faire croire qu'il est un éventé.

* *

M. Bouilly, l'auteur de *Fanchon la Vielleuse*, était très sujet aux fautes d'orthographe ; c'est à lui que nous devons le cuir-Bouilly.

* *

Un caricaturiste, qui travaille pour M. Plon, imprimeur, me disait l'autre jour : — Quand j'apporte une lithographie à mon bourgeois, je regarde d'abord s'il est de bonne humeur, et je confie mon dessin à la mine de Plon.

* *

Le jaloux suppose, l'afficheur appose, le jobard pose, la metteuse de sangsues en pose, le receveur des contributions impose, le vin vieux et le témoin déposent, et la lorette se repose.

* *

La modestie est la gravelle de l'âme, elle provient du calcul.

*
* *

Si je visitais l'école de cavalerie, je ne pourrais m'empêcher de dire, en regardant les murailles de cet établissement :
— Quels sots murs !

*
* *

Je suppose Androclès charcutier ; croyez-vous qu'il n'eût pas mené à l'abattoir son lion libérateur, pour en faire des saucissons... de lion ?

*
* *

L'amour est une pantoufle coquette ; le mariage est une vieille savate.

*
* *

Un homme amoureux est une véritable peau de lapin, qu'une femme retourne à volonté, et qu'elle fait sécher en la mettant au clou.

*
* *

Mémoire pour mémoire, je préfère celle des dates à ceux de mes fournisseurs.

*
* *

On frémit de penser que si François Ier eût été sourd-muet, il n'aurait pas pu ire, à la bataille de Pavie, le fameux ot : « Tout est perdu, fors l'honneur. »

**

Un bon canal digestif vaut mieux que le canal de l'Ourcq, ou même que deux canots de la Société des Régates.

**

Si le sultan avait été contemporain du poète de l'*Iliade*, il aurait nommé Homère pacha.

**

Les gilets de flanelle ont beaucoup d'analogie avec les tyrans ; les uns et les autres se nourrissent de la sueur du peuple.

**

Quand j'entends, de ma fenêtre, les choristes des petits théâtres chanter à leurs répétitions, je me rappelle que mon domicile est situé rue des Faussets-du-Temple.

**

Le jaune est la couleur des maris qui acceptent l'existence avec un front serein.

**

La difficulté est le vin blanc de la poésie : elle tue le vers.

Répandons les eaux sales de notre conscience dans le cœur d'un ami ; un ami est un plomb donné par la nature.

* *

Ce matin, je me suis résolue subitement à partir pour les îles d'Hyères ; parole d'honneur, avant Hyères, je ne savais pas ce que je ferais aujourd'hui.

* *

Je demandais à M. D*** : Est-il vrai, comme on le dit, que vous permutiez votre grand établissement contre une boutique de parfumerie ? — Ce bruit-là manque tout à fait de fondement, me répondit-il.

ÉPAVES (OBJETS PERDUS)
Déposés au bureau Azur
Par des cochers vertueux.

Ont été trouvées, l'année dernière, sur la voie publique, et déposées, bureau restant, les épaves suivantes :

1° Le testament de l'hippopotame, rédigé en la forme olographe, hippographe, et potamographe ; l'intéressant animal lègue sa peau aux biches de Wiesbaden, ses défenses à M. Lassagne, son mufle à Grassot, ses pieds à Mlle P***, de l'Opéra, et ses cuirs à M. B*** ;

2° Le tracé du chemin de fer de Paris à l'Odéon, avec deux embranchements : le premier sur l'abattoir Rochechouart, le second sur les Délassements-Comiques ;

3° Un cache-nez, ayant appartenu à notre incommensurable Hyacinthe du Palais (Royal) ;

4° Deux décorations : la première, de l'Eperon d'or, et la seconde du cinquième acte de *Constantinople*;

5° Les réflexions d'un étranger qui a suivi la promenade de Longchamps, croyant assister à la foire aux jambons, du boulevard Bourdon (il a vu nos plus jolies galantines en douillette, et il a trouvé que nos plus célèbres cornichons avaient un certain port frais);

6° La grosse cravate d'un monsieur pectoral, qui s'en est servi pour tamponner l'épistaxis de son concierge;

7° L'érysipèle d'un dilettante qui, par mégarde, a reçu un coup d'air de Paul Henrion;

8° Les bottes de la maison Richer et de sept lieues;

9° Un paysage-vignoble, attribué à Salvator Rosa, et peint sur tôle vernie, avec lequel, pendant dix ans, on a imité le tonnerre et les vents, dans un théâtre de province;

10° Un matelas qui n'a vécu que l'espace d'un cardeur;

11° L'idée-halle centrale de M. Baltard, architecte ;

12° Les chaussettes d'un monsieur qui a eu des hauts — et des bas. — Les chaussettes sont savonnées ;

13° Les impressions d'un homme grêlé, qui maltraite sa femme ;

14° Un des couteaux qu'on enfonçait jadis à la Porte-Saint-Martin, au-dessus de la tête d'un des Chinois mauvais teint de M. Marc Fournier ;

15° Siphon d'eau de Seltz, — et deux de culottes ;

16° Le coupe-cor d'un pédicure jaloux, qui vient chez sa maîtresse pour l'épier ;

17° La pensée suivante, égarée sur le bitume par un carrossier philosophe : « Le malheur est un touriste qui arrive en chaise de poste, et qui s'en retourne en coucou ; »

18° Un bonnet à poil, ayant appartenu à un fumiste ;

19° Deux baignoires : la première en zinc, la seconde (Théâtre-Français). —

La première seule est garantie contre les fuites ;

20° Un nouveau système de carafes à poignées, découvert par un faïencier qui est dans les anses ;

21° *Le bijou perdu,* par Mme Mario Cabel. — Nous avons reçu la récompense promise ;

22° Une lettre et un nègre, l'un portant l'autre.— Le nègre est affranchi, la lettre ne l'est pas ;

23° Deux mauvais sujets, refusés partout ; le premier, de vaudeville, et le second, de magnétisme ;

24° Un magasin de contrebande, établi depuis longtemps entre Pau et Barcelonne ;

25° Les cuirs d'un corroyeur qui a perdu son tan — à apprendre les finesses de la langue ;

26° Deux ronds flancs, deux flancs beaux, provenant d'une Vénus Aphrodite — en plâtre ;

27° L'insolente proposition manuscrite d'un pâtissier dilettante, qui veut acheter le si bémol de Roger, et lui offre un biscuit de sa voix ;

28° La première page des confidences d'un médecin célèbre, qui dit tout ce qu'il panse ;

29° Trois brochettes : la première d'ordres étrangers, et la seconde de mauviettes ; la troisième est celle dont l'Opéra a l'intention de se servir pour élever le ténor inconnu, mais futur, dont le *do* empêchera le public de dire *ut* à ce théâtre ;

30° Les mouchettes et le foulard qui ont déblayé tour à tour, et *vice versâ*, le nez et la bougie de Grassot ;

31° Un serin privé — de l'aile droite ;

32° Une mèche de cheveux, et une autre de quinquet ;

33° Deux bottes : la première de foin, provenant de la table d'un poète de l'école du bon sens, et la seconde de cuir, ayant appartenu à M. B***, — la seconde seule est éculée ;

34° Deux pipes : l'une, en terre, ayant appartenu à une sous-maîtresse de Saint-Denis ; la seconde d'eau-de-vie, provenant de la cave d'un membre de la Société de Tempérance : celle-ci est vide ;

35° Un tour de cheveux et un cheveu de Tours ;

36° Un tableau de Marines (Seine-et-Oise), représentant un paysage ; sur le premier plan, une mère très agitée ;

37° L'étrille d'un vieux cheval et les trilles que fait Gueymard en chantant le *Prophète ;*

38° Une jarre conservée à Aix, comme ayant appartenu à l'illustre auteur de l'*Histoire du Consulat*, et connue dans la ville sous le nom de jarre-Thiers ;

39° Deux bouteilles d'eau : l'une emplie dans le Puy-de-Dôme, et l'autre dans le puits de Grenelle ;

40° Un traité sur l'avarice, par deux banquiers juifs, et un homme traité de la varice par le système Flamet.

41° Un maire suspendu, dans une voiture qui ne l'était pas ;

42° La tabatière d'un commissaire priseur ;

43° Deux greniers, le premier à fourrages, le second illustrant une romance ;

44° Les bâillements d'un invalide qui s'est amusé à lire Bureau dans la *Presse* (les *Chasseurs de chevelures*) ;

45° Deux livres, une de chandelle, et l'autre de la comtesse Dash ;

46° Un gant qui a été ramassé — sur le boulevard ;

47° Un chacal du Jardin des Plantes et trois schakos d'infanterie ;

48° Un scénario d'opéra-comique, qui est allé jusqu'à Vincennes — par la petite poste ;

49° La place de Saint-Marc — au Vaudeville ;

50° Une cafetière — en chair et en os;

51° Dix lames de canif, jetées samedi soir sur la voie publique, par un coutelier qui ne veut pas travailler les *dix manches* ;

52° L'appel de fonds fait par une commandite à ses actionnaires, lequel s'est résumé, pour l'infortuné gérant, par la pelle... au dos.

VOYAGE EN WAGGON
De Chose à Machin.

Le théâtre représente : un Employé de chemin de fer (pantalon de toile, tunique de drap noir, boutons d'or, casquette) ; il se promène dans la gare ; cinq waggons qui se suivent et se ressemblent ; une locomotive qui parle comme Grassot ; un marchand de journaux qui s'achète la *Presse*, et qui se la lit. Au lever du rideau, les portières des waggons sont ouvertes, un employé agite une cloche et un autre employé, qui n'attend qu'un son pour lâcher les voyageurs, ouvre les portes des salles d'attente. Tumulte, vociférations ; coup de cloche ; un douanier bâille dans le fond.

LA GARE.

SCÈNE I.

UNE GROSSE DAME, UNE MAIGRE DEMOISELLE, UN LONG JEUNE HOMME, UN BALLON DÉGUISÉ EN CHIEN (PERSONNAGE MUET), L'EMPLOYÉ.

L'EMPLOYÉ, voix de stentor.

En waggon, messieurs ! en waggon !

LA GROSSE DAME, voix entrecoupée.

Et Tarot ? Hortense !

LA MAIGRE DEMOISELLE, voix vinaigrée.

Alfred ! le chien de maman ?

LE LONG JEUNE HOMME, voix sèche.

Il est là !

LA MAIGRE DEMOISELLE, à la grosse dame.

Il est là !

LA GROSSE DAME.

Pauvre bête !

LE BALLON, voix de chien.

Hou ! hou ! hou !

LA GROSSE DAME.

Comme il est intelligent ! et sa muselière ?

LA MAIGRE DEMOISELLE.

Sa muselière ? Elle est dans la malle !

LE LONG JEUNE HOMME.

Nous voilà bien !

L'EMPLOYÉ, passant.

Il faut mettre ce chien en cabanon.

LA GROSSE DAME, émue.

Tarot en cabanon ! y pensez-vous, monsieur ?

L'EMPLOYÉ.

Je ne sais pas s'il s'appelle Tarot, mais je vous dis...

LA GROSSE DAME.

Jamais, monsieur, jamais !

LE BALLON.

Hou ! hou ! hou !

LA GROSSE DAME.

Comme il est intelligent ! je ne m'en séparerai jamais !

LA MAIGRE DEMOISELLE.

On ne nous laissera pas monter, maman !

LA GROSSE DAME.

Vous irez à pied, mademoiselle !

LE LONG JEUNE HOMME.

Soixante-cinq lieues !

L'EMPLOYÉ.

Vous n'avez plus que cinq minutes, dépêchez-vous !

LA GROSSE DAME.

Pauvre bête ! si intelligente !

(Ils se dirigent vers les cabanons ; en passant, le Ballon lève la patte sur le douanier, qui ne cesse de bâiller. Premier coup de cloche.)

LA GROSSE DAME, bas à la Demoiselle.

Hortense, tu le cacheras sous ton châle !

LA MAIGRE DEMOISELLE.

Mais, maman...

LA GROSSE DAME.

Silence ! on nous épie.

(Ils disparaissent.)

UN PETIT MONSIEUR, à l'Employé.

Et ma malle, monsieur ? et ma...

L'EMPLOYÉ.

Vous la recevrez demain.

LE PETIT MONSIEUR.

Demain ! mais c'est qu'il y a des draps..

L'EMPLOYÉ.

Il ne fallait pas arriver en retard.

LA GOUVERNANTE du petit Monsieur.

Les chaussettes de monsieur...

LE PETIT MONSIEUR.

Mes chaussettes, monsieur !

LA GOUVERNANTE.

Un melon !

LE PETIT MONSIEUR.

Des rideaux !

(Second coup de cloche.)

LA GOUVERNAETE.

Un pâté, des oreillers !

LE PETIT MONSIEUR.

Des côtelettes !

LA GOUVERNANTE.

Et des pantoufles !

(Troisième et dernier coup de cloche ; le train démarre ; le petit Monsieur se penche à la portière et gesticule, l'Employé n'entend que oufle. Le Douanier, qui a fini de bâiller, s'aperçoit que le bas de son pantalon est mouillé. Perplexités. Le train part.)

—

EN 2ᵐᵉ CLASSE.
SCÈNE II.

LA GOUVERNANTE.
Sont-ils malhonnêtes, ces chemins de fer !

LE PETIT MONSIEUR.
J'écrirai à l'administration.

UNE DAME BLONDE, à un Monsieur ganté.
Et Alfred, est-il parti ?

LE MONSIEUR GANTÉ.
Je ne crois pas.

LA DAME BLONDE.
Il a l'argent ! nous voilà bien !

LE MONSIEUR GANTÉ.
Nous voilà bien !

LA DAME BLONDE.
Sans argent !

LA GOUVERNANTE, dans ses dents.
Sans draps !

LE PETIT MONSIEUR, dans son coin.
Sans souper !

UNE DAME effrayante à voir.

Aussi c'est leur faute ! pourquoi indiquent-ils cinq heures, quand c'est à quatre heures et demie qu'on part ? ils le font exprès !

UN VOYAGEUR, le cœur sur la main.

Pardon, madame : l'heure a été bien indiquée.

LA DAME effrayante à voir.

Pas sur mon journal toujours ! voyez vous-même, monsieur.

(Le journal passe de main en main jusqu'à celle du Voyageur, qui s'incline.)

LE VOYAGEUR, le cœur sur la main (parcourant le journal).

Orléans... Nord... Est...

LA DAME effrayante à voir.

Ouest ! voyez... cinq heures !

LE VOYAGEUR, le cœur sur la main.

Parbleu ! votre journal est de l'année dernière !

LA DAME effrayante à voir.

Eh bien ! monsieur.

LE VOYAGEUR, le cœur sur la main.

Eh bien ! madame, les heures de départ changent tous les ans !

LA DAME effrayante à voir.

Excusez ! alors il faudrait acheter un journal tous les ans ? merci ! le voyage coûte bien assez cher comme cela !

(Hilarité générale.)

L'EMPLOYÉ.

Dix minutes d'arrêt !

TOUS.

Ah ! ah ! ah !

LA DAME BLONDE, au Monsieur ganté.

Va voir si Alfred est dans le train... je suis d'une inquiétude...

LE MONSIEUR GANTÉ, demeurant à Pau.

J'aimerais mieux aller manger une brioche...

—

Pendant les 10 minutes d'arrêt.

L'EMPLOYÉ.

Vos billets? (A une forte femme qui a l'air commun, et à un Auvergnat qui en a la chanson) Mais c'est une troisième, que vous avez là ! et vous êtes montés dans les secondes ?

LA FORTE FEMME.

Vous croyez, monsieur ?

L'EMPLOYÉ.

Mais certainement !

LA FORTE FEMME.

Dame ! quand c'est la première fois qu'on voyage !

L'EMPLOYÉ.

On doit faire attention !

LA FORTE FEMME.

Faites excuse ! je ne voulais pas monter comme ça dans vos boîtes, mais...

L'EMPLOYÉ.

Vous payerez la différence !

LA FORTE FEMME.

C'est M. Castagnol, mon mari...

L'EMPLOYÉ.

Trois francs, vite !

LA FORTE FEMME.

Voilà, monsieur ! quand c'est la première fois qu'on voyage... (À son mari :) Tu l'as voulu, Castagnol !

(Celui-ci oppose d'énergiques fouchtra, mais sans succès. La forte Femme ne cesse de répéter : Quand c'est la première fois qu'on voyage ! L'Employé leur tourne le dos.

—

EN 1re CLASSE.

SCÈNE III.

UNE ROBE LILAS, à la grosse Dame.

Vous êtes certaine que votre chien n'est pas enragé ?

LA GROSSE DAME.

Lui ? la pauvre bête !

LA ROBE LILAS.

Mais voyez comme il tire la langue !

LA GROSSE DAME.

C'est pour jouer ; il est si intelligent !

UN MONSIEUR, qui a une calotte.

Madame, c'est très imprudent, de voyager avec des animaux.

UN MONSIEUR qui en mériterait une.

Par un temps pareil surtout !

UNE DAME qui a lu *Corinne*.

Sans muselière ! ô Italia !

LA GROSSE DAME.

N'ayez pas peur. Tarot ! Tarot !

LE BALLON.

Ra ! ra ! rrrra !

LA DAME qui a lu *Corinne*.

Oh ! je le sens, mon cœur palpite !

LE BALLON.

Ra ! ra ! rrrra !

LE MONSIEUR qui a une calotte.

Tenez-le, madame, tenez-le !

LE MONSIEUR qui en mériterait une.

Si je ne me retenais pas ! mais il y a des dames !

LA GROSSE DAME.

Ici ! ici ! c'est pour jouer, je vous assure.

LA DAME qui a lu *Corinne*.

Oh ! si j'avais vu cela, je ne serais jamais montée dans ce compartiment.

LA GROSSE DAME, au Ballon.

Viens avec maîtresse, là ! là !

LE BALLON.

Ra ! ra ! rrrra !

LA GROSSE DAME.

Comme il est intelligent !

QUELQU'UN qui n'a encore rien dit.

Il y a des personnes vraiment fort extraordinaires !

LA DAME qui a lu *Corinne*.

Qui semblent créées et mises au monde pour souffleter le bon sens !

UN MONSIEUR, en nankin.

Si le chemin de fer savait qu'on voyage avec des chiens !

UNE DAME qui a un polisson de nez.

Ma foi, si j'étais l'administration...

UN VOYAGEUR chauve.

Il y a une amende très forte !

UN CALICOT.

Cela abîme tout ! cela laisse des poils partout !

UN DE CES HOMMES qui font autorité.

Et notez qu'ils sont très bien dans les cabanons! Moi qui vous parle, j'ai un chien, c'est-à-dire une chienne ravissante, et noire, quoique sa mère fût blanche, mais d'un très beau noir. Je lui fais sa pâtée moi-même... d'une autre personne, elle ne la mangerait pas... elle connaît bien ma domestique, qui était celle de ma mère... une vieille brave femme, dont le fils a été racheté par mon père... qui avait servi sous l'Empire, et qui ne pouvait comprendre... mais les mères sont ainsi faites... Eh bien, quand je reste quelques jours absent, elle ne mange pas... Un boyard russe m'en a offert cinq cents francs... il n'en voulait pas démordre... C'est un homme très riche... en Russie, il a trente-deux villages qui lui appartiennent : terres, hommes, enfants, femmes et vieillards. Son chien aurait épousé ma chienne... et vous comprenez... Mais je suis assez à mon aise pour tenir à mes fantaisies... et ma chienne, qui semblait flairer ce qui se passait, m'en aimait davantage, vraiment. Un jour, je le vis arriver en calèche, avec deux chevaux gris, les plus beaux chevaux que j'aie jamais vus... c'est sa manie... les chiens... les chevaux.. c'est sa plus grosse dépense... comme sa fille, du reste... celle qui a épousé le neveu du ministre... La jeune fille aurait préféré un de ses cousins, qui est lieutenant de vaisseau maintenant, et qui étudiait alors la médecine, un charmant garçon, du reste... Elle ne peut souffrir les chiens... ma chienne seule a toujours trouvé grâce devant elle. Ce mariage a fait grand bruit, dans le temps, à Paris ; on en a parlé pendant huit jours. — Eh bien, en voulez-vous mille francs ? me dit-il, je vous en offre mille francs ! voyons, est-ce entendu ? Je compris aussitôt qu'il s'agissait de ma chienne : — Seigneur... je lui donnais ce nom comme tout le monde... en Russie, on ne parle pas autrement à ces gens-là... ils sont très bien, du reste, et je suis de ceux qui croient à la civilisation prochaine de la Russie... Je le vois encore, il avait un pantalon vert, avec des guêtres et un chapeau, je m'en souviens parfaitement, un chapeau noir, comme tout le monde...

Je ne comprends pas qu'on ne change pas la coiffure des hommes... ces longs tuyaux de poêle, si laids et si incommodes... Les chapeaux à la mousquetaire, à la bonne heure !... je les ai lus au moins quatre fois... c'est très intéressant... l'amitié de ces quatre jeunes gens... D'Artagnan surtout... Il dressait les oreilles et semblait attendre ma réponse : Mille francs, c'est beaucoup, mais ce n'est pas encore assez. Le boyard me lança un regard... le lendemain, il vendait son château et quittait le pays... Cependant, sa fille... celle dont le mariage avait, je crois, arrangé les affaires du papa... un dissipateur s'il en fut... je puis vous le dire mieux que personne... c'est une idée qu'on se fait... une routine... mais ils sont très bien en cabanon !

UNE BONNE D'ENFANT, sans enfants.

C'est absurde !

LE BALLON.

Ra ! ra ! rrrra !

TOUS, cris de femme, tumulte.

Oh ! bien sûr, il est enragé ! ouvrez les portes ! monsieur ! monsieur !

LA GROSSE DAME.

Tarot ! Tarot ! ici ! (le chien s'élance par la portière qu'on vient d'ouvrir.) Comme il est intelligent !

EN 3ᵉ CLASSE.

SCÈNE IV.

Le compartiment est au complet ; dix personnes sont installées sur des morceaux de bois. Ce sont : d'abord un monsieur haut en couleur, qui, debout, serait peut-être un peu trop grand, mais qui, assis, fait assez bon effet : le col noir qui l'étrangle et la rosette qui émaille sa boutonnière, indiquent itérativement que Monsieur a servi dans la cavalerie, et ses cheveux blancs, que Monsieur est à la retraite ; les sous-pieds et la cravache sont autant de preuves auxquelles nous renvoyons les incrédules. Vient ensuite une dame brune, qui a dû être jolie *dans les temps* ; un jeune homme, qui n'a des yeux — des yeux passables, du reste — que pour sa voisine, une très appétissante blonde ; celle-ci est assise à côté d'une grande dame, qui n'a ni beauté ni jeunesse, mais ce que nous sommes convenus d'appeler l'air comme il faut ; quelque chose comme une tante ou une amie de la famille, si famille il y a. Les cinq autres personnes, types insignifiants, et que nous passerons sous silence, sont les figures qu'on rencontre journellement en waggon, et qui semblent mises au monde et en voiture dans l'unique but de grossir les dividendes des actionnaires ; classe d'une utilité incontestable, mais d'un agrément fort modéré. Le silence est opaque. Le militaire s'évente avec un mouchoir dans lequel il semble avoir découpé sa rosette, tant rouge il est. Le petit jeune homme dont les yeux ardents envoient des dépêches télégraphiques au cœur de sa blonde voisine, frise sa moustache. La tante tire de sa poche un volume, dont nous cherchons en vain à lire le titre. Voilà pour le tableau. Il y a bien, dans un coin, un mioche qui dévore des gâteaux, mais, comme il ne paye que demi-place au bureau, il serait fort injuste de lui consacrer ici une place entière. Enfin, la glace se brise, et :

PREMIER VOYAGEUR.

Ils n'y sont pas !

DEUXIÈME VOYAGEUR.

J'en étais sûre.

TROISIÈME VOYAGEUR.
Elle est si longue à sa toilette !

PREMIER VOYAGEUR.
Il le disait bien.

TROISIÈME VOYAGEUR.
Elle sera contente !

PREMIER VOYAGEUR.
Et *lui* qui les attend ?

DEUXIÈME VOYAGEUR.
Il aura été *les* avertir.

TROISIÈME VOYAGEUR.
Et nos malles ?

PREMIER VOYAGEUR.
Nous irons chez *elle*.

DEUXIÈME VOYAGEUR.
Et *lui*, que dira-t-il ?

PREMIER VOYAGEUR.
Il est sans doute chez *eux*.

TROISIÈME VOYAGEUR.
Les provisions sont restées avec *elle*.

PREMIER VOYAGEUR.
Et les matelas qu'*il* devait apporter !

DEUXIÈME VOYAGEUR.

Je le *lui* disais bien, mais il ne croit qu'en *eux* ! Voyager ainsi est intolérable ! Nous allons arriver, *on* nous les demandera ; que répondre ? Croiront-*ils* ce que nous leur dirons ? J'en doute.

TROISIÈME VOYAGEUR.

A la grâce de Dieu ! *elle* les connaît très bien, après tout; sans *eux*, tout cela ne serait pas arrivé, mais *lui* l'a voulu ; c'est leur faute !

(A cette histoire intéressante, tout le compartiment s'endort.)

LE BUFFET.

SCÈNE V.

UN COQUARDEAU.

Mangeras-tu quelque chose, ma femme ?

LA FEMME.

Oh ! non ! je n'ai pas faim.

UN COQUARDEAU.

Pourtant, tu n'as rien pris, ce matin...

si ce n'est mon bras. (Rire épais comme de la bouillie.)

UN ARTUR, qui s'appelle Arthur.

Ah! madame... cela frise l'impudence!

UN COQUARDEAU.

Moi, malgré mon café, je vais croquer... pas le marmot, par exemple, (rire comme ci-dessus), mais un n'importe quoi. Arthur, ne quittez pas ma femme pendant ce temps-là... je ne fais que manger et revenir... (Il descend du waggon en fredonnant :

Chantez, et que tout respire
La négresse et le bonheur.)

L'ARTHUR.

Quel lourdaud, que ce cher cousin !

LA FEMME.

Monsieur Arthur !

L'ARTHUR.

Franchement, n'ai-je pas un peu raison ?

LA FEMME.

C'est mon mari !... (Pour l'intelligence du texte, ce lambeau de phrase est terminé par un soupir.)

L'ARTHUR.

C'est mon cousin, et cela ne m'empêche pas...

LA FEMME.

Si nous descendions... j'étouffe !

L'ARTHUR.

Si vous saviez ce que je souffre !

LA FEMME.

Arthur !...

L'ARTHUR.

Laure !...

(Ils s'envolent à tire d'ailes du côté opposé à celui qui a été parcouru par M. Coquardeau.)

UNE VOIX, dans le nez et dans le fond.

En waggon, messieurs, en waggon !

COQUARDEAU, rentrant.

Là ! je me sens plus en train ! (Rire comme les précédents.) Eh bien ! où sont-ils donc ? (Il se penche à la portière.) Laure ! Arthur ! les imprudents ! on va partir... Arthur ! Laure !

LA VOIX, en uniforme.

Il est défendu de se pencher !

COQUARDEAU.

Mais, monsieur... (un bruit de cloche se fait entendre.) Le signal du départ ! mon Dieu ! Laure ! Ar... (Demandez le reste au vent qui l'a emporté.)

SCÈNE VI.

LES MÊMES, moins les PRÉCÉDENTS.

(Le train file plus vite qu'Hercule aux pieds d'Omphale.)

SCÈNE VII.

(Où l'on se demande ce que sont devenus Laure et Arthur, question à laquelle vient de répondre M. Scribe, de l'Académie, que l'on n'interrogeait pas :

« Laure est une chimère ! »)

(Voir *Robert le Diable,* pour la musique.)

SCÈNE VIII.

Et Arthur ?

SCÈNE IX.

Et Coquardeau ?

SCÈNE X.

Où est-il en ce moment ?

SCÈNE XI.

Il est... (voir Molière — en passant.)

SCÈNE XII.

L'AUTEUR ET LE LECTEUR.

LE LECTEUR.

Trouvez-vous cela drôle?

L'AUTEUR.

Et vous?

LE LECTEUR.

Franchement, non ; et vous?

L'AUTEUR.

C'est plus commun que drôle; vous parlez de Coquardeau, sans doute?

LE LECTEUR.

Que le diable vous emporte!

L'AUTEUR.

Lui, c'est le chemin de fer.

SCÈNE XIII.

Où M. Coquardeau déplore l'absence de sa femme... elle a la clef de sa malle.

SCÈNE XIV.

Où tout le monde cherche celle de cette intrigue.

SCÈNE XV.

L'AUTEUR.

Il n'y en a pas.

SCÈNE XVI.

Où cette réponse satisfait tout le monde, excepté M. Coquardeau, qui éprouve le besoin de changer de gilet de flanelle.

SCÈNE XVII.

Où Laure et Arthur ouvrent la malle du Coquardeau, avec la clef qu'elle a ; stupéfaction en y rencontrant deux perruques, des faux mollets, deux râteliers complets à deux fins, pour mâcher et jouer aux dominos. Laure se félicite d'avoir quitté un homme qui l'aurait inévitablement ruinée avec le double-six de sa mâchoire.

SCÈNE XVIII.

Où M. Coquardeau, en fouillant toutes ses poches, trouve, dans l'une d'elles, une clef mignonne ; il se trouve face à face avec une malle, qui est celle de sa femme, et s'aperçoit que cette clef est celle de ladite malle. Il l'ouvre et rencontre une pile de lettres dont l'orthographe lui est connue ; examen fait et signature aidant, il constate que ces lettres sont d'Arthur. Il apprend en même temps que celui-ci tutoyait sa femme...

SCÈNE XIX.

Où Laure écrit à Coquardeau...

SCÈNE XX.

Qu'il ne la considère plus comme sa femme.

ÉPILOGUE.

LE LECTEUR.

Assez de scènes comme cela ! assez ! assez !...

L'AUTEUR.

Monsieur, nous sommes arrivés...

LE LECTEUR.

Arrivés où ?

L'AUTEUR.

A vingt scènes ! de Paris à...

LE LECTEUR.

Il est ignoblement vieux, usé et rafalé !... Je suis vengé !

La toile tombe, — gare à ceux qui ont des œils-de-perdrix.

TABLE DES MATIÈRES.

Dialogue servant de Préface. v
Canardorama. 1
Pensées (les) d'un pavé de Paris. . . . 6
Notice historique sur Paris. 8
    Statistique. . . . .
    Population. 10
    Consommation. 11
    Climat et température. 12
    Production. 14
    Tableau des produits de l'industrie
      parisienne. 15
    Exportation. 19
    Importation. 19
    Longage. 20
    Hygiène publique. 21
    Ethnographie. 26

Division géographique 28
    1ᵉʳ Arrondissement 28
    2ᵉ   — 30
    3ᵉ   — 32
    4ᵉ   — 34
    5ᵉ   — 36
    6ᵉ   — 37
    7ᵉ   — 38
    8ᵉ   — 40
    9ᵉ   — 41
    10ᵉ   — 43
    11ᵉ   — 44
    12ᵉ   — 44
Sommaire historique 46
  Banlieue 50
    1ᵉʳ Arrondissement 51
    2ᵉ   — 57
    3ᵉ   — 68
    4ᵉ   — 76
    5ᵉ   — 82
    6ᵉ   — 88
    7ᵉ   — 93
    8ᵉ   — 99
    9ᵉ   — 105
    10ᵉ   — 111
    11ᵉ   — 116
    12ᵉ   — 129
    13ᵉ   — 138

Memento quotidien du gobe-mouche et
    de l'étranger. 150
Divertissements des environs de Paris . 152
Paris à table. . . . . , . 153
Tableau comparé des cartes de la Maison
    Dorée et de Paul Niquet. 157
Dictionnaire de la langue bleue ou Glos-
    saire franco-parisien. 185
L'Hygiène à Paris. 262
Où chacun devrait percher 272
Les Chansons de la rue 277
Comme quoi l'amour fait aller le com-
    merce. 283
Les Bals publics. 290
Les Voitures à Paris. 297
Paris en manches de chemises. . . . 305
Les Spectacles qu'on voit gratis. . . . 311
Chapitre des mystifications. 318
Enseignes et Écriteaux. 328
Les Chemins de ronde. 333
Révélations d'une casquette de loutre. . 341
Les Nègres blancs 355
Études flânologiques. 363
Encore un de plus. 377
Le 14ᵉ Arrondissement 384
Pensées philosophiques et drôlatiques pour
    les trois premiers mois du calendrier. 395
Paris sur le bitume. 409

Papiers trouvés dans un cabanon de Bicêtre. — Côté des hommes. 418
— Côté des femmes 457
Épaves (objets perdus) déposés au bureau Azur. 464
Voyage en waggon, de Chose à Machin. 471

FIN DE LA TABLE.

Paris. — Imprimerie Dubuisson et Cᵉ, rue Coq-Héron 5.

www.ingramcontent.com/pod-product-compliance
Lightning Source LLC
Chambersburg PA
CBHW072211240426
43670CB00038B/780